清代新疆军事驻防官员任免情况研究资料汇编（第一册）

于志勇　主编

远方出版社

图书在版编目（CIP）数据

清代新疆军事驻防官员任免情况研究资料汇编. 第一册 / 于志勇主编. --呼和浩特：远方出版社，2023.12
ISBN 978-7-5555-1832-7

Ⅰ.①清… Ⅱ.①于… Ⅲ.①驻防-官员-史料-新疆-清代 Ⅳ.①D691.42

中国国家版本馆 CIP 数据核字（2024）第 028514 号

清代新疆军事驻防官员任免情况研究资料汇编（第一册）

QINGDAI XINJIANG JUNSHI ZHUFANG GUANYUAN RENMIAN QINGKUANG YANJIU ZILIAO HUIBIAN DI-YI CE

主　　编	于志勇
责任编辑	于丽慧
版式设计	王志利
封面设计	李鸣真
出版发行	远方出版社
社　　址	呼和浩特市乌兰察布东路 666 号　邮编：010010
电　　话	（0471）2236473 总编室　2236460 发行部
经　　销	新华书店
印　　刷	呼和浩特市圣堂彩印有限责任公司
开　　本	880 毫米×1230 毫米　1/32
字　　数	278 千
印　　张	10.5
版　　次	2023 年 12 月第 1 版
印　　次	2023 年 12 月第 1 次印刷
印　　数	1-1 000
标准书号	ISBN 978-7-5555-1832-7
定　　价	98.00 元

如发现印装质量问题，请与出版社联系调换

内蒙古师范大学基本科研业务费专项资金资助
(Supported by the Fundamental Research Funds for the Inner Mongolia Normal University)
项目编号：2022JGHQ008。

编委会

主　编：于志勇
副主编：李慧敏　朝乐门
编　委：竺清萱　包董董　张　彤
　　　　　刘敬怡　于志敏　包玉莲

序　言

　　《清代新疆军事驻防官员任免情况研究资料汇编（第一册）》，介绍了清代新疆地区军事驻防制度概况。详细列出清代新疆地区军事驻防将军、都统官职设置情况，以及终清一朝官员任免的具体情况。按照军事驻防官员的任职、离职情况，以时间和事件为线索，梳理汇编成集。清制，驻防八旗官员，无论正任署任，其受命、到任、命离、卸职皆需上折谢恩，基本上用满文书写。这些奏折，现还有许多保存在军机处满文月折档中。此外，上谕档、明发档、电报档、军机处录副奏折等中，也有数量不等的相关信息。这都是现存较原始、较权威的第一手资料，且时间书写到月日，特别明确。资料汇编史料首采档案，并主要以档案为准衡量《实录》等其他文献的正误。

　　清代新疆地区的军事驻防情况是研究清代八旗驻防制度的重要组成部分。新疆军事驻防制度高效完善，官职任免情况清晰明了。清政府对新疆地区的统治侧重于军事驻防的威慑和迅速调动，有效地保障了版图的统一和稳定。通过军事驻防所必需的经济支持，反映了当时新疆地区的发展状况和该地区的历史背景。该书的出版有助于补充与深化清代边疆地区军事驻防的研究，丰富新疆地区军事史的研究内容，尽可能详尽地展示区域军事驻防基本情况，具有重要学术意义。间接考查清代边疆地区的社会应对特殊性，可以为边疆地区的发展研究提供借鉴。本书系统地搜集整理了清代新疆地区军事驻防官员任免情况，为清代八旗军事驻防研究提供了重要的历史依据。从历史文献入手，可以全面了解清代新疆地区军事驻防全貌，比较前人的研究成果，补充完善、改正清代新疆军事驻防官员任免情况数据。该书中的军事驻防研究填补了新疆地区专门史研究的空白。

因篇幅有限，本册主要整理汇总了清代"伊犁将军"和"乌鲁木齐都统"两职官员的任免情况，其他待后期完整呈现。

凡 例

一、本表按一职一表。每表采取以人系事，以时为序的方式编纂。设一栏三目，即姓名与籍贯、任职、离职三目。

二、清代新疆驻防将军、都统、大臣，在设置初期，其名称、驻地等屡有变迁。本表于每一表之前作简要考述；并在表内相应处予以说明。

三、官员的任职、离职，本表除书写谕命任离职时间外，力求从档案等第一手资料中搜寻实际到离任时间，并在相关栏目中标出。

四、凡正任官一人一栏。两任之间的署护理官员，其任、离职时间明确者与正任官同样单列条目，唯在姓名后加＊号。

五、凡正任官任内的署、护理官员，不单列条目，其署、护理情形均附记正任官"任职"栏下。具体分如下两种情形：

①正任官谕命与到任之间的任内署，其署、护理情况以括号形式（字体用楷体）记于任命与到任之间。

②正任官到任与离职之间的任内署，其护理情况以楷体记于到任之后。

凡一条目内若同时出现谕命与到任之间的任内署和到任与离职之间的任内署，仍综合如上原则办理。

六、本研究基于清代档案资料等公开史料，为历史研究内容。涉及新疆地区军事驻防内容为清代历史资料，与现代社会无涉密关联。

目 录

伊犁将军资料汇编　　／001

乌鲁木齐都统资料汇编　　／138

参考文献　　／327

伊犁将军资料汇编

阿 桂

钦定八旗通志

乾隆二十五年,五月任。是年设立。

乾隆二十七年,八月回京。

钱表(满)

乾隆二五年庚辰(1760)八、壬辰、廿一,9.29;副都任总理伊犁事务。

乾隆二六年辛巳(1761)

清实录

乾隆二十五年庚辰八月二十一日壬辰又谕曰:"阿桂现在伊犁总理事务,著加恩授为都统。"

高宗实录(八)卷六百一十九 P961

东华录

乾隆二十五年八月壬辰"以阿桂总理伊犁事务授为都统"。

乾隆(三) P723

碑传集

"本籍满洲正蓝旗人,赐入正白旗,今为正白旗人。公名阿桂,字广庭,一字云严,姓章佳氏,生康熙五十六年八月三日……二十一年十二月驻扎科布多授镶红旗蒙古副都统。二十二年，因成衮札布赴巴里坤，命公代其任，留乌里雅苏台办事。十月赴科布多办事。二十三年八月补授工部侍郎，领索伦兵千名往塔尔巴哈台驻扎……二十四年八月回部各城遂以次克捷，十二月公奏在阿克苏办理安抚各事宜，明年还伊犁……二十七年上意六月以原衔充经筵讲官，升隶正白旗……（三十年）闰二月为乌什回人赖穆黑图拉作乱，命公驰赴行在请训，前往伊犁。三十二年三月补授伊犁将军。"

《近代中国史料丛刊第九十三辑》（卷二十八　P1679~1685）

清史列传

"阿桂，正蓝旗满洲人，章佳氏……（乾隆二十五年）七月，加都统衔……二十八年正月回京……六月，充经筵讲官，谕曰：阿桂在军营殊为无力，且在伊犁办事亦甚妥协，著加恩抬入上三旗，嗣是隶正白旗……二十九年三月，署伊犁将军，寻调署四川总督……（三十年）闰二月乌什回人赖和木图拉作乱，命赴伊犁办事，三月命驰至乌什与将军明瑞协力攻城……（三十五年五月）命阿桂回伊犁与明瑞协同办事……三十二年二月授伊犁将军……三十三年二月授副将军。"

卷二十六（P1~P3）

清史稿·列传

"阿桂，字广庭，章佳氏。初为满洲正蓝旗人，以阿桂平回部驻伊犁治事有劳，改隶正白旗……二十五年，移驻伊犁……二十九年，命署伊犁将军……三十二年，授伊犁将军……三十三年，以傅恒为经略，阿桂及阿里衮为副将军，仍授阿桂兵部尚书、云贵总督。"

列传一〇五（卷三一八　P10737~10739）

附注：考异一　乾隆二十五年阿桂任职时间

考异二　乾隆二十七年阿桂离职时间

明 瑞

钦定八旗通志

乾隆二十七年，八月任。

乾隆三十一年，十二月回京。

清史稿·表

乾隆二十七年壬午，十月，伊犁将军。

乾隆三十二年丁亥，三月乙丑迁。

清史稿校注

乾隆二十七年壬午，十月，伊犁将军。校：案清史稿本纪十二高宗三、清国史高宗本纪、高宗实录，明瑞授伊犁将军在十月十六日乙巳，乾隆朝东华录同。

钱表（满）

乾隆二七年壬午（1762）十、乙巳、十六，12.1；正白领卫授。〔十、乙巳；设管理伊犁等处将军。〕

乾隆三二年丁亥（1767）三、乙丑、一，3.30；改云督。

清实录

乾隆二十七年壬午十月十六日乙巳谕，"伊犁为新疆都会，现在驻兵屯田，自应设立将军总管事务，昨已简用明瑞膺其任，著授为总管伊犁等处将军，所有敕印旗牌该部照例颁给。"

高宗实录（九）卷六百七十三　P519

乾隆三十二年丁亥三月初一日乙丑"云贵总督员缺，著明瑞补授前往经理，军务相度办理，并将此通谕中外知之"。

高宗实录（十）卷七百八十　P578

东华录

乾隆二十七年十月乙巳"设伊犁将军，以明瑞为之"。

乾隆（三） P750

乾隆三十二年三月乙丑"其云贵总督员缺，令明瑞补授，前往永昌接办军务"。

乾隆（三） P846

满档

乾隆二十七年十一月十六日伊犁办事大臣明瑞奏接任伊犁将军而谢恩折：今年十一月十二日接到军机处来文内降旨，伊犁将军乃新辟边疆，现已建立城市、驻兵，故该处理应设将军管理。现明瑞在那里总理事务，即授之将军。

乾隆二十七年十二月十七日朱批
乾隆二十七年十一月十六日具奏
1991-014　065-2071

乾隆三十一年十二月初四日伊犁将军明瑞等奏伊犁回屯歉收无法交完应征额粮并将将军印务交阿桂暂署后启程进京折：明瑞十二月十四日将将军印交给阿桂，这天，从伊犁启程前往京城。

乾隆三十一年十二月二十七日朱批
乾隆三十一年十二月初四日具奏
2212-002　078-2733

乾隆三十二年二月二十二日伊犁将军明瑞奏速往行宫觐见并聆听训谕赴滇办理缅甸事件折：明瑞二月二十二日接到军机大臣付恒来文内今年二月十七日降旨，明瑞回京另派往云南。

乾隆三十二年二月三十日朱批
乾隆三十二年二月二十二日具奏
2217~033　079~0391

清史列传

"明瑞，富察氏，满洲镶黄旗人……二十七年三月诏赴伊犁，九月授领侍卫内大臣，十月授伊犁将军。"

（卷二十二 P28）

清史稿·列传

"明瑞，字筠亭，富察氏，满洲镶黄旗人，承恩公富文子……（乾隆）二十七年，出为伊犁将军，进加骑都尉世职。……三十二年二月，命明瑞以云贵总督兼兵部尚书，经略军务。"

列传一一四 （卷三二七 P10888~10889）

阿桂（署）

钦定八旗通志·表

乾隆三十一年，八月任。

满档

乾隆三十一年十二月初四日伊犁将军明瑞等奏伊犁回屯歉收无法交完应征额粮并将军印务交阿桂暂署后启程进京折：明瑞十二月十四日将将军印交给阿桂，这天，从伊犁启程前往京城。

乾隆三十一年十二月二十七日朱批

乾隆三十一年十二月初四日具奏

2212-002 078-2733

阿 桂

钦定八旗通志·表

乾隆三十一年，八月任。

乾隆三十三年，六月回京。

清史稿·表

乾隆三十二年丁亥，伊犁将军。

乾隆三十三年戊子，二月丙戌召。（伊勒图）署。十月丙子忧。（永贵）署。

清史稿校注

乾隆三十二年丁亥，伊犁将军。校：案清史稿本纪十三高宗四、清国史高宗本纪、高宗实录，是年三月初六日庚午，阿桂自伊犁参赞大臣升伊犁将军。

乾隆三十三年戊子，二月丙戌召。（伊勒图）署。十月丙子忧。（永贵）署。校：案清国史高宗本纪、高宗实录，是年二月二十八日丙戌，命阿桂来京，授征缅副将军，伊犁将军印务著伊勒图以喀什噶尔办事大臣署理；三月十七日乙巳，伊勒图调署伊犁将军；至十月二十九日癸未，命伊勒图回京守制，伊犁将军印务著永贵署理。

钱表（满）

乾隆三二年丁亥（1767）三、庚午、六，4.4；前工尚授。

乾隆三三年戊子（1768）二月，授副将军。四、戊寅、廿一，6.5；改兵尚。

清实录

乾隆三十二年丁亥三月初六日庚午又谕曰："明瑞到京已差往滇省，其总理伊犁等处将军员缺，即著阿桂补授。"

高宗实录（十）卷七百八十 P584

乾隆三十三年戊子二月二十八日丙戌"阿里衮，阿桂著授为副将军，舒赫德著授为参赞大臣……谕军机大臣等，伊犁将军阿桂，经历战阵，伊犁现亦无事，著即驰驿来京，候朕训示后，遣伊前往云南。伊犁将军印务。著伊勒图署理"。

高宗实录（十）卷八百零五 P883

乾隆三十三年戊子三月己丑初一日谕"军机大臣等，征剿缅匪今岁暂止进兵，伊犁将军阿桂可不必趱行前来，著仍在伊犁驻劄办事，候朕再行降旨，阿桂既不前来，著伊勒图仍在喀什噶尔，额敏和卓仍在叶尔羌办事"。

高宗实录（十）卷八〇六　P891

乾隆三十三年戊子四月丙子十九日又谕，"昨降旨令安泰前往喀什噶尔更换伊勒图，伊勒图前往伊犁更换阿桂，伊勒图不必候安泰即赴伊犁，阿桂俟伊勒图到时速行来京，将此并传谕伊勒图知之"。

高宗实录（十）卷八〇九　P930

乾隆三十三年戊子四月二十一日戊寅"阿桂著补授兵部尚书，阿桂未到之先，兵部尚书事务，著托恩多兼署"。

高宗实录（十）卷八百零九 P938

东华录

乾隆三十三年二月乙酉"阿桂著授为副将军……阿桂见已传旨令其来京再赴滇省"。

乾隆（三）P876

满档

乾隆三十二年四月十三日署伊犁将军阿桂奏谢授伊犁将军之恩折：今年四月初三日接到圣旨内，明瑞来京城派往云南，伊犁等地的总督将军之缺立即由阿桂补授。谢恩。

乾隆三十二年五月初六日朱批
乾隆三十二年四月十三日具奏
2224-048　079-2133

乾隆三十三年三月二十二日喀什噶尔办事大臣伊勒图奏奉旨署理伊犁将军印务谢恩折：今年三月二十一日接到军机处字寄内，乾隆三十三年二月二十八日降旨，现让阿桂来京后派往云南，伊犁将军印务派伊勒图署理。现叶尔羌无大事，著额敏和卓赴喀什噶尔主办事务。

乾隆三十三年四月二十三日朱批
乾隆三十三年三月二十二日具奏
2265-023　082-1568

乾隆三十三年三月二十二日吐鲁番郡王额敏和卓等奏奉旨留任叶尔羌办事大臣折：三月二十二日接到军机处大学士领侍卫内大臣忠勇公付恒、大学士营吉山等的字寄内，乾隆三十三年二月三十日降旨，最近朕让阿桂来京，派他到云南，伊犁将军事务由伊勒图署理。著额敏和卓赴喀什噶尔主办事务。由于缅甸盗贼暂不讨伐，所以阿桂仍留在伊犁办理事务，需要他来时另下旨。伊勒图仍在喀什噶尔，额敏和卓在叶尔羌办理事务，如已启程再返回。三月二十日臣额敏和卓接到让臣在喀什噶尔办事的圣旨，臣准备一天后于二十二日从叶尔羌启程，时接到仍留叶尔羌办理事务的圣旨。

乾隆三十三年四月二十三日朱批
乾隆三十三年三月二十二日具奏
2265-022　082-1563

乾隆三十三年五月十五日喀什噶尔办事大臣伊勒图奏闻由喀什噶尔启程前往伊犁接任将军日期折：伊勒图今年五月十四日接到军机处大学士忠勇公付恒等字寄内，乾隆三十三年四月十九日降旨："最近朕派安泰赴喀什噶尔替换伊勒图，派伊勒图去伊犁替换阿桂，伊勒图来到伊犁后阿桂再启程前往京城。现在重新告诉阿桂，伊勒图无须等安泰立即赴伊犁。伊勒图到伊犁后，阿桂加紧来京。"伊勒图暂将印交给了秦璜，第二天启程前往伊犁。

乾隆三十三年六月十七日朱批
乾隆三十三年五月十五日具奏
2271-012　082-2822

乾隆三十三年六月初四日伊犁将军阿桂等奏闻由伊犁卸任启程返京日期折：伊勒图今年六月初三日到达伊犁之后，臣阿桂这天把将军印交给他。臣阿桂六月初四日从伊犁启程。

乾隆三十三年六月二十七日朱批

乾隆三十三年六月初四日具奏

2272-015.1　082-3090

碑传集

"本籍满洲正蓝旗人，赐入正白旗，今为正白旗人。公名阿桂，字广庭，一字云严，姓章佳氏，生康熙五十六年八月三日……二十一年十二月驻扎科布多授镶红旗蒙古副都统。二十二年，因成衮札布赴巴里坤，命公代其任，留乌里雅苏台办事。十月赴科布多办事。二十三年八月补授工部侍郎，领索伦兵千名往塔尔巴哈台驻扎……二十四年八月回部各城遂以次克捷，十二月公奏在阿克苏办理安抚各事宜，明年还伊犁……二十七年上意六月以原衔充经筵讲官，升隶正白旗……（三十年）闰二月为乌什回人赖穆黑图拉作乱，命公驰赴行在请训，前往伊犁。三十二年三月补授伊犁将军。"

《近代中国史料丛刊第九十三辑》（卷二十八　P1679～1685）

清史列传

"阿桂，正蓝旗满洲人，章佳氏……（乾隆二十五年）七月，加都统衔……二十八年正月回京……六月，充经筵讲官，谕曰：阿桂在军营殊为无力，且在伊犁办事亦甚妥协，著加恩抬入上三旗，嗣是隶正白旗……二十九年三月，署伊犁将军，寻调署四川总督……（三十年）闰二月乌什回人赖和木图拉作乱，命赴伊犁办事，三月命驰至乌什与将军明瑞协力攻城……（三十五年五月）命阿桂回伊犁与明瑞协同办事……三十二年二月授伊犁将军……三十三年二月授副将军。"

卷二十六（P1～P3）

清史稿·列传

"阿桂，字广庭，章佳氏。初为满洲正蓝旗人，以阿桂平回部驻伊犁治事有劳，改隶正白旗……二十五年，移驻伊犁……二十九年，命署伊犁将军……三十二年，授伊犁将军……三十三年，以傅恒为经略，阿桂及阿里衮为副将军，仍授阿桂兵部尚书、云贵总督。"

列传一百五（卷三一八　P10737~10739）

附注：考异七　乾隆三十三年阿桂离职日期
　　　考订三　阿桂交印、伊勒图接署日期

伊勒图（署）

清史稿·表

乾隆三十三年戊子，二月丙戌召。（伊勒图）署。

清史稿校注

乾隆三十三年戊子，二月丙戌召。（伊勒图）署。校：案清国史高宗本纪、高宗实录，是年二月二十八日丙戌，命阿桂来京，授征缅副将军，伊犁将军印务著伊勒图以喀什噶尔办事大臣署理；三月十七日乙巳，伊勒图调署伊犁将军。

清实录

乾隆三十三年戊子二月二十八日丙戌谕"军机大臣等，伊犁将军阿桂，经历战阵，伊犁现亦无事，著即驰驿来京，候朕训示后，遣伊前往云南。伊犁将军印务，著伊勒图署理……阿桂不必俟伊勒图至彼交代，奉旨后即将印务委该处副都统一员先行暂署"。

高宗实录（十）卷八百零五　P883

乾隆三十三年戊子三月己丑初一日谕"军机大臣等，征剿缅匪今岁暂止进兵，伊犁将军阿桂可不必趱行前来，著仍在伊犁驻劄办事，候朕再行降旨，阿桂既不前来，著伊勒图仍在喀什噶尔，额敏和卓仍在叶尔羌办事"。

高宗实录（十）卷八〇六　P891

满档

乾隆三十三年三月二十二日喀什噶尔办事大臣伊勒图奏奉旨署理伊犁将军印务谢恩折：今年三月二十一日接到军机处字寄内，乾隆三十三年二月二十八日降旨，现让阿桂来京后派往云南，伊犁将军印务派伊勒图署理。现叶尔羌无大事，著额敏和卓赴喀什噶尔主办事务。

乾隆三十三年四月二十三日朱批
乾隆三十三年三月二十二日具奏
2265-023　082-1568

乾隆三十三年三月二十二日吐鲁番郡王额敏和卓等奏奉旨留任叶尔羌办事大臣折：三月二十二日接到军机处大学士领侍卫内大臣忠勇公付恒、大学士营吉山等的字寄内，乾隆三十三年二月三十日降旨，最近朕让阿桂来京，派他到云南，伊犁将军事务由伊勒图署理。著额敏和卓赴喀什噶尔主办事务。由于缅甸盗贼暂不讨伐，所以阿桂仍留在伊犁办理事务，需要他来时另下旨。伊勒图仍在喀什噶尔，额敏和卓在叶尔羌办理事务，如已启程再返回。三月二十日臣额敏和卓接到让臣在喀什噶尔办事的圣旨，臣准备一天后于二十二日从叶尔羌启程，时接到仍留叶尔羌办理事务的圣旨。

乾隆三十三年四月二十三日朱批
乾隆三十三年三月二十二日具奏
2265-022　082-1563

乾隆三十三年三月二十三日新署伊犁将军伊勒图奏奉旨回任喀什噶尔办事大臣折：臣伊勒图于三月二十三日在路途接到军机处大学士付恒等字寄内，乾隆三十三年二月三十日降旨，伊勒图仍留喀什噶尔，额敏和卓仍在叶尔羌。臣伊勒图这天立即返回喀什噶尔接印。

乾隆三十三年四月二十五日朱批
乾隆三十三年三月二十三日具奏
2266-004　082-1675

附注：考订二　伊勒图乾隆三十三年二月署，未到署任

伊勒图

钦定八旗通志·表

乾隆三十三年，六月任，十二月回京。

清史稿·表

乾隆三十三年戊子，（阿桂二月丙戌召）署伊犁将军。

清史稿校注

乾隆三十三年戊子，（阿桂二月丙戌召）署伊犁将军。校：案清国史高宗本纪、高宗实录，是年二月二十八日丙戌，命阿桂来京，授征缅副将军，伊犁将军印务著伊勒图以喀什噶尔办事大臣署理；三月十七日乙巳，伊勒图调署伊犁将军；至十月二十九日癸未，命伊勒图回京守制，伊犁将军印务著永贵署理。

钱表（满）

乾隆三三年　戊子（1768）七、辛丑、十六，8.27；理尚授，仍兼。礼尚永贵署。

乾隆三四年　己丑（1769）理尚兼：十、甲子、十六，11.13；授副将军。十、壬申；改兵尚。十二、辛亥、三，12.30；回任。（十、乙卯，福将增海署；十、壬申；授理尚。）

清实录

乾隆三十三年戊子三月十七日乙巳"以喀什噶尔办事大臣伊勒图署

伊犁将军，察哈尔都统安泰为喀什噶尔办事大臣"。

高宗实录（十）卷八百零七　P902

乾隆三十三年戊子四月十九日丙子又谕，"昨降旨令安泰前往喀什噶尔更换伊勒图，伊勒图前往伊犁更换阿桂，伊勒图不必候安泰即赴伊犁，阿桂俟伊勒图到时速行来京，将此并传谕伊勒图知之"。

高宗实录（十）卷八〇九　P930

乾隆三十三年戊子七月十六日辛丑"以理藩院尚书伊勒图为伊犁将军，仍兼理藩院尚书"。

高宗实录（十）卷八百一十五　P1017

乾隆三十三年戊子十月二十九日癸未又谕曰："伊勒图之母病故，著回京守制，赏银五百两治丧，并遣散秩大臣一员侍卫十员，前往赐奠。所有伊犁将军印务，著永贵署理。"

高宗实录（十）卷八百二十一　P1153

东华录

乾隆三十三年七月辛丑"以伊勒图为伊犁将军，仍兼理藩院尚书"。

乾隆（三）P885

乾隆三十四年十月甲子"伊勒图人尚勇往，著即授为副将军猛密司一路即领兵前往"。

乾隆（三）P919

乾隆三十四年十月壬申"伊勒图为兵部尚书，伊勒图见在军营，以托庸兼署"。

乾隆（三）P922

满档

乾隆三十三年五月十五日喀什噶尔办事大臣伊勒图奏闻由喀什噶尔启程前往伊犁接任将军日期折：伊勒图今年五月十四日接到军机处大学士忠勇公付恒等字寄内，乾隆三十三年四月十九日降旨："最近朕派安泰赴喀什噶尔替换伊勒图，派伊勒图去伊犁替换阿桂，伊勒图来到伊犁后阿桂再启程前往京城。现在重新告诉阿桂，伊勒图无须等安泰立即赴伊犁。伊勒图到伊犁后，阿桂加紧来京。"伊勒图暂将印交给了秦璜，第二天启程前往伊犁。

乾隆三十三年六月十七日朱批
乾隆三十三年五月十五日具奏
2271-012 082-2822

乾隆三十三年六月初四日伊犁将军阿桂等奏闻由伊犁卸任启程返京日期折：伊勒图今年六月初三日到达伊犁之后，臣阿桂这天把将军印交给他。臣阿桂六月初四日从伊犁启程。

乾隆三十三年六月二十七日朱批
乾隆三十三年六月初四日具奏
2272-015.1 082-3090

乾隆三十三年十二月初一日伊犁将军伊勒图奏请假回京丁忧折：最近接到乾隆三十三年十月二十九日降旨内，伊犁将军伊勒图母病故，伊勒图需回京百日奔丧守孝，再返回伊犁。这期间将军印务由永贵署理。

乾隆三十三年十二月二十六日朱批
乾隆三十三年十二月初一日具奏
2293-002.1 084-0913

乾隆三十三年十二月十九日伊犁将军伊勒图等奏将军印务交永贵署理后启程赴京城日期折：永贵十一月二十四日来到库车，接到署理伊犁将军印的圣旨。二十六日从库车启程前往伊犁，此事奏报过。永贵十二月十三日来到伊犁接印并办理事务。臣伊勒图这天立即启程前往京城。

乾隆三十四年正月十四日朱批
乾隆三十三年十二月十九日具奏
2302-035 084-3254

清史稿·列传

"伊勒图，纳喇氏，满洲正白旗人。乾隆初，以世管佐领授三等侍卫，累迁镶红旗蒙古副都统。出驻乌鲁木齐，移阿克苏。（乾隆）三十二年，授伊犁参赞大臣，移喀什噶尔。内擢理藩院尚书，外授伊犁将军。三十四年，师征缅甸，授副将军，从经略大学士傅恒分道进军，缅甸人拒戛鸠江，筑寨。伊勒图偕参赞大臣阿里衮与战，夺寨三，杀贼五千馀。师还，授兵部尚书。复外授伊犁将军。……三十六年，左授参赞大臣，驻乌什，移塔尔巴哈台。三十八年，复授伊犁将军。兵部议禁鸟枪，伊勒图以土尔扈特部新归附，牧马御豺虎恃鸟枪，不当一体收禁。四十八年，加太子太保，赐双眼花翎。五十年七月，卒，谥襄武，封一等伯，祀贤良祠。"

列传一百二十二（卷三三五 P11026~11027）

附注：考订三 阿桂交印、伊勒图接署日期

考订四 伊勒图交印、永贵接署日期

嵩椿（署）

清实录

乾隆三十三年戊子九月初四日己丑（1768.10.14）"以伊犁将军伊勒图为镶黄旗领侍卫内大臣，镶黄旗领侍卫内大臣嵩椿署伊犁将军。"

高宗实录（十）卷八百一十八 P1092

附注：考异八 嵩椿未署伊犁将军

永贵（署）

钦定八旗通志·表

乾隆三十四年。

乾隆三十五年，正月回京。

清史稿·表

乾隆三十三年戊子，（阿桂十月丙子忧）署。

乾隆三十四年己丑，十月乙卯免。（增海）署。

清史稿校注

乾隆三十三年戊子，（阿桂十月丙子忧）署。校：案清国史高宗本纪、高宗实录，是年二月二十八日丙戌，命阿桂来京，授征缅副将军，伊犁将军印务著伊勒图以喀什噶尔办事大臣署理；三月十七日乙巳，伊勒图调署伊犁将军；至十月二十九日癸未，命伊勒图回京守制，伊犁将军印务著永贵署理。

钱表

乾隆三三年 戊子（1768）七、辛丑、十六，8.27；（伊勒图）理尚授，仍兼。礼尚永贵署。

清实录

乾隆三十三年戊子十月二十九日癸未又谕曰："伊勒图之母病故，著回京守制，赏银五百两治丧，并遣散秩大臣一员侍卫十员，前往赐奠，所有伊犁将军印务，著永贵署理。"

高宗实录（十）卷八百二十一　P1153

乾隆三十四年己丑十月二十四日壬申谕曰："观保现已革任，礼部尚书员缺，仍著永贵调补。"

高宗实录（十一）卷八百四十五　P310

乾隆三十五年五月初七日癸未又谕曰："永贵自署理伊犁将军以来，并未实心任事，所办哈萨克马匹一案，伊明知巴尔品被人朦蔽，乃隐忍不奏，经朕降旨询问，始行奏闻。又凉州庄浪兵丁应赔倒马银两，将并无干涉之热河官兵俸饷，一并扣存，亦未据声明具奏。是以令伊来京，自应即予革职，但永贵平日尚属谨慎，不至竟当废弃。永贵著加恩补授都察院左都御史，革职留任，效力行走，不准戴用翎顶。"

高宗实录（十一）卷八百五十八　P491

满档

乾隆三十三年十一月二十五日乌什参赞大臣永贵奏署理伊犁将军谢恩折：最近臣永贵将乌什印交付给舒赫德。十一月十三日前往京城，此事奏报过。这月二十四日来到库车，接到乾隆三十三年十月二十九日降旨内，伊犁将军伊勒图母病故，伊勒图需回京百日奔丧守孝，再返回伊犁。这期间将军印务由永贵署理。永贵十一月二十六日从库车返回，前往伊犁。

乾隆三十三年十二月二十日朱批
乾隆三十三年十一月二十五日具奏
2292-014.1　084-0734

乾隆三十三年十二月十九日伊犁将军伊勒图等奏将军印务交永贵署理后启程赴京城日期折：永贵十一月二十四日来到库车，接到署理伊犁将军印的圣旨。二十六日从库车启程前往伊犁，此事奏报过。永贵十二月十三日来到伊犁接印并办理事务。臣伊勒图这天立即启程前往京城。

乾隆三十四年正月十四日朱批
乾隆三十三年十二月十九日具奏
2302-035　084-3254

乾隆三十五年正月初十日署伊犁将军永贵奏报伊犁将军印务移交增海日期折：正月初九日增海到达伊犁，臣把将军印交给增海。

乾隆三十五年二月初五日朱批
乾隆三十五年正月十一日具奏
2362-047　088-1489

清史列传

"永贵，满洲正白旗人……（乾隆）三十三年十月，署伊犁将军……三十四年十月调礼部尚书……降三级调用。三十五年四月,理藩院尚书增海奏……五月,谕曰:永贵自署伊犁将军以来,未能实心任事……著加恩补授左都御史,革职留任,效力赎罪。"

(卷二十一 P25~28)

清史稿·列传

"永贵,字心斋,拜都氏,满洲正白旗人……(乾隆)三十三年,署伊犁将军。移吏部,再移礼部。坐厄鲁特兵盗哈萨克马转诬哈萨克,办事大臣巴尔品断狱未得其实,永贵论劾,语有所诿饰。又以凉州、庄浪满洲兵损马当偿,误扣热河兵饷,召还京师,命授左都御史,命不得用翎顶。"

列传一百七(卷三二〇 P10762~10764)

附注: 考异九　永贵命署日期
　　　考异十　永贵免职和卸署日期
　　　考订四　伊勒图交印、永贵接署日期
　　　考订六　永贵卸署、增海接署日期

永庆(署)

满档

乾隆三十四年十月十六日署伊犁将军永贵奏将办理伊犁等处事务大臣印交永庆掌管以便暂行办理事务折:臣永贵奉旨与舒赫德一起去塔尔巴哈台的时候,将当地的事务交给永庆署理,印交给永庆使用。

乾隆三十四年十一月初七日朱批
乾隆三十四年十月十六日具奏
2339-006.1　086-3301

附注: 考订五　永庆接署日期

宗室增海（署）

钦定八旗通志·表

乾隆三十五年，正月任，五月调。（宗室）

清史稿·表

乾隆三十四年己丑，（永贵十月乙卯免）署。十二月辛亥迁。

钱表

乾隆三四年己丑（1769），十、乙卯；福将增海署；十、壬申；授理尚。

清实录

乾隆三十四年己丑十月初七日乙卯又谕曰："增海著前往伊犁署理将军印务。"

高宗实录（十一）卷八百四十四　P282

乾隆三十四年己丑十二月初三日辛亥又谕，"滇省现在撤兵，伊勒图到京后，仍可回伊犁将军之任。增海，俟伊勒图到任后，著仍回福州将军任。其理藩院尚书事务，既有福隆安兼署，增海仍可带衔前往。所有福州将军员缺，现系温福署理，毋庸另行补授"。

高宗实录（十一）卷八百四十八　P355

满档

乾隆三十四年十二月二十四日新署伊犁将军增海奏报经哈密往伊犁赴任日期折：增海十一月二十一日从京城出发，十二月二十三日到达哈密，二十四日前往伊犁。

乾隆三十五年正月初九日朱批
乾隆三十四年十二月二十四日具奏
2359-017　088-0656

乾隆三十五年正月初十日署伊犁将军增海奏报接任日期折：臣增海十一月二十一日从京城出发，十二月二十三日到达哈密，二十四日从哈密启程。正月初九日到达伊犁，永贵将印务交给臣。

乾隆三十五年二月初六日朱批
乾隆三十五年正月十日具奏
2361-001　088-1492

乾隆三十五年五月初六日新署乌什参赞大臣增海奏报自伊犁启程前往乌什接任日期折：将军伊勒图五月初一日到达伊犁，臣增海派人把印交给他。五月初六日立即前往乌什。

乾隆三十五年五月二十九日朱批
乾隆三十五年五月初六日具奏
2371-016　089-0046

附注：考异十一　增海卸署、伊勒图接印日期
　　　考订六　永贵卸署、增海接署日期

伊勒图

钦定八旗通志·表

乾隆三十五年，五月任。

乾隆三十六年，七月调。

清史稿·表

乾隆三十四年己丑，伊犁将军。

乾隆三十六年辛卯，七月丁未迁。

钱表（满）

乾隆三四年　己丑（1769）十二、辛亥、三，12.30；回任。

乾隆三五年　庚寅（1770）六、壬辰、十八，8.8；兵尚授。

乾隆三六年 辛卯（1771）七、丁未、九，8.18；授参赞，往乌什。

清实录

乾隆三十四年己丑十二月初三日辛亥又谕，"滇省现在撤兵，伊勒图到京后，仍可回伊犁将军之任。增海，俟伊勒图到任后，著仍回福州将军任，其理藩院尚书事务，既有福隆安兼署，增海仍可带衔前往。所有福州将军员缺，现系温福署理，毋庸另行补授"。

高宗实录（十一）卷八百四十八　P355

乾隆三十六年辛卯七月初九日丁未"命伊犁将军伊勒图为参赞大臣，前往乌什办事"。

高宗实录（十一）卷八百八十八　P900

满档

乾隆三十五年四月初八日伊犁将军伊勒图奏报抵达哈密并启程前往伊犁日期折：臣伊勒图四月初七日到达哈密，第二天立即从哈密启程前往伊犁。

乾隆三十五年五月初一日朱批
乾隆三十五年四月初八日具奏
2368-027　088-2886

乾隆三十五年五月初六日伊犁将军伊勒图奏报接任日期折：五月初一日来到伊犁接印办理事务，增海五月初六日前往乌什。

乾隆三十五年五月二十九日朱批
乾隆三十五年五月初六日具奏
2371-014　089-0040

乾隆三十六年七月十八日伊犁将军伊勒图奏报俟舒赫德返回伊犁接将军印后再启程追赶朝觐土尔扈特台吉折：臣伊勒图从伊犁出发，七月十八日到达胡苏图布拉克驿站，接到七月初一日圣旨内，先前舒赫德六月二十五日从伊犁启程来到玛纳斯，命令臣伊勒图带土尔扈特台吉朝觐皇上，将将军印务交舒赫德署理。奉此旨，臣伊勒图暂驻伊犁等舒赫德来时将印交与他后启程追赶朝觐土尔扈特台吉。

乾隆三十六年八月初六日朱批
乾隆三十六年七月十八日具奏
2435-007　093-2173

乾隆三十六年七月十九日伊犁将军伊勒图奏报舒赫德到达伊犁并移交将军印务日期折：舒赫德七月十六日到达伊犁，臣将印交给他后这天立即前往京城。

乾隆三十六年八月初十日朱批
乾隆三十六年七月十九日具奏
2435-014　093-2206

乾隆三十六年七月二十五日伊犁将军伊勒图奏补放乌什参赞大臣谢恩折：臣伊勒图七月二十四日来到乌鲁木齐，接到领侍卫内大臣尚书忠勇公傅隆阿字寄内，乾隆三十六年七月初九日降旨，现旌额理病故，停止伊勒图带领见皇帝的人前往京城，任命伊勒图为参赞大臣，赴乌什办理事务。

乾隆三十六年八月十二日朱批
乾隆三十六年七月二十五日具奏
2435-031　093-2306

清史稿·列传

"伊勒图，纳喇氏，满洲正白旗人。乾隆初，以世管佐领授三等侍卫，累迁镶红旗蒙古副都统。出驻乌鲁木齐，移阿克苏。（乾隆）三十二年，授伊犁参赞大臣，移喀什噶尔。内擢理藩院尚书，外授伊犁将军。三十四年，师征缅甸，授副将军，从经略大学士傅恒分道进军，缅甸人拒戛鸠江，筑寨。伊勒图偕参赞大臣阿里衮与战，夺寨三，杀贼五千馀。师还，授兵部尚书。复外授伊犁将军。……三十六年，左授参赞大臣，驻乌什，移塔尔巴哈台。三十八年，复授伊犁将军。兵部议禁鸟枪，伊勒图以土尔扈特部新归附，牧马御豺虎恃鸟枪，不当一体收禁。四十八年，加太子太保，赐双眼花翎。五十年七月，卒，谥襄武，封一等伯，祀贤良祠。"

列传一百二十二（卷三三五　P11026~11027）

附注：考异十一　增海卸署、伊勒图接印日期

考异十二　伊勒图交印和舒赫德接署日期

舒赫德

钦定八旗通志·表

乾隆三十六年，七月任。

乾隆三十八年，是年回京。

清史稿·表

乾隆三十六年辛卯，十月己巳，伊犁将军。

乾隆三十八年癸巳，七月戊午召。

清史稿校注

乾隆三十八年癸巳，七月戊午召。校：案清史稿本纪十三高宗四、高宗实录，是年七月戊午朔，命舒赫德回京。

钱表（满）

乾隆三六年 辛卯（1771）十、己巳、二，11.8；都统授。十一、丁巳、廿一，12.26；授户尚，留任。

乾隆三七年 壬辰（1772）（户尚）

乾隆三八年 癸巳（1773）（户尚）七、戊午、一，8.18；召京。

清实录

乾隆三十六年辛卯十月初二日己巳谕，"此次土尔扈特投诚，朕恐伊勒图办理未善，特令舒赫德前往伊犁帮助。所办俱属妥协，已命舒赫德

署理伊犁将军，授伊勒图为参赞大臣，往乌什办事。今渥巴锡人等，入觐遣回，一切安插，甚关紧要，著将舒赫德授为总统伊犁等处将军，专办此事。安泰在塔尔巴哈台，不能经理诸务，著将伊勒图授为塔尔巴哈台参赞大臣，在彼办事。伊勒图由乌什先至伊犁，与舒赫德商办事竣，再往塔尔巴哈台。现在乌什无事，安泰著赏给都统衔，往乌什办事。"

高宗实录（十一）卷八百九十四 P1003

乾隆三十六年十一月二十一日丁巳"户部尚书员缺，著舒赫德补授"。

高宗实录（十一）卷八百九十七 P1060

乾隆三十八年癸巳七月初一日戊午谕曰，"舒赫德现在回京，伊犁将军员缺，著伊勒图补授"。

高宗实录（十二）卷九百三十八 P633

东华录

乾隆三十六年十一月丁巳"户部尚书员缺著舒赫德补授，舒赫德未到京之前，所有户部尚书事务仍著素尔讷兼署"。

乾隆（三）P1004

满档

乾隆三十六年七月十八日伊犁将军伊勒图奏报俟舒赫德返回伊犁接将军印后再启程追赶朝觐土尔扈特台吉折：臣伊勒图从伊犁出发，七月十八日到达胡苏图布拉克驿站，接到七月初一日圣旨内，先前舒赫德六月二十五日从伊犁启程来到玛纳斯，命令臣伊勒图带土尔扈特台吉朝觐皇上，将将军印务交舒赫德署理。奉此旨，臣伊勒图暂驻伊犁等舒赫德来时将印交与他后启程追赶朝觐土尔扈特台吉。

乾隆三十六年八月初六日朱批
乾隆三十六年七月十八日具奏
2435-007 093-2173

乾隆三十六年七月十九日署伊犁将军舒赫德奏报抵达伊犁署理将军印务及伊勒图启程追赶前往朝觐之土尔扈特台吉折：七月十七日臣舒赫德来到伊犁，接印署理土尔扈特事务。这月十六日伊勒图启程，在伊犁旧城见面商讨事务，十七日舒赫德进入伊犁城，接印，办理事务。

乾隆三十六年八月十日朱批

乾隆三十六年七月十九日具奏

2435-012　093-2198

乾隆三十六年七月十九日伊犁将军伊勒图奏报舒赫德到达伊犁并移交将军印务日期折：舒赫德七月十六日到达伊犁，臣将印交给他后这天立即前往京城。

乾隆三十六年八月初十日朱批

乾隆三十六年七月十九日具奏

2435-014　093-2206

乾隆三十六年十月二十三日署伊犁将军舒赫德奏实授伊犁将军而谢恩折：十月二十二日接到十月初二日降旨内，补授舒赫德为伊犁将军。

乾隆三十八年十一月十三日朱批

乾隆三十六年十月二十三日具奏

2428-017　093-0366

乾隆三十八年七月十四日伊犁将军舒赫德奏闻七月十四日奉旨自伊犁启程回京以赞金川军务折：七月十三日接到领侍卫内大臣尚书忠勇公傅隆阿来文内，乾隆三十八年六月二十六日降旨，七月十四日启程返京。

乾隆三十八年八月初四日朱批

乾隆三十八年七月十四日具奏

2535-042　099-3509

碑传集

"（乾隆三十六年）上亦虑伊犁将军伊勒图一人不能经理，命公往相度机宜，公察其无他奏，上嘉之……渥巴锡自庚寅十月启行入……是年上授为伊犁将军。十一月授户部尚书……公姓舒穆鲁，字伯容，别字明亭。正白旗满洲人。"

《近代中国史料丛刊第九十三辑》（卷二十七　P1673~1675）

清史列传

"舒赫德，满洲正白旗人，祖徐元梦……三十六年，士尔扈特汗渥巴锡台吉策克伯多尔济并喀鄂拓克台吉乌巴什舍楞等全部归顺，命往伊犁经理抚辑，寻授伊犁将军。"

（卷二十　P29~36）

清史稿·列传

"舒赫德，字伯容，舒穆鲁氏，满洲正白旗人，徐元梦孙也……三十六年，土尔扈特汗渥巴锡等自俄罗斯来归，众疑其伪降，舒赫德力白无他志，命如伊犁宣抚，寻授伊犁将军。"

列传一百（卷三一三　P10682~10686）

　　附注：考异十二　伊勒图交印和舒赫德接署日期
　　　　　考异十三　舒赫德召京、交印日期
　　　　　考订七　舒赫德命署、接署日期

伊勒图

钦定八旗通志

　　乾隆三十九年。

　　乾隆四十一年，四月回京。

　　乾隆四十一年，十一月任。

　　乾隆四十七年，七月故。

清史稿·表

乾隆三十八年癸巳，伊犁将军。

乾隆四十八年癸卯，六月辛酉，陛见。(明亮)署。八月甲戌革。

乾隆四十八年癸卯，仍任。

乾隆五十年乙巳，七月乙亥卒。

清史稿校注

乾隆四十八年癸卯，仍任。校：案清史稿本纪十四高宗五、清国史高宗本纪、高宗实录，是年六月辛酉朔，谕准伊勒图来京陛见；七月初九日戊戌，明亮缘屈参属员，解任质讯，伊犁将军著海禄自署乌鲁木齐都统调署；至八月十五日甲戌，命海禄补授乌鲁木齐都统，仍署理伊犁将军印务，俟伊勒图陛见回任，海禄再赴乌鲁木齐之任。

乾隆五十年乙巳，七月乙亥卒。校：案高宗实录，是年七月初十日丁巳，伊勒图卒，至二十八日乙亥，赏银治丧，派员奠醊；同日，奎林自乌鲁木齐都统调伊犁将军。

钱表（满）

乾隆三八年 癸巳（1773）七、戊午；塔尔巴哈台参赞授。

乾隆四一年 丙申（1776）（病）索诺木策凌署。

乾隆四八年 癸卯（1783）六、辛酉、一，6.30；召陛。八、甲戌、十五，9.11；仍授。六、辛酉；乌鲁木齐都统明亮署。七月，解。海禄署；八、甲戌；解。

乾隆五十年 乙巳（1785）七、丁巳、十，8.14；死（襄武）。

清实录

乾隆三十八年癸巳七月初一日戊午谕曰，"舒赫德现在回京，伊犁将军员缺，著伊勒图补授"。

高宗实录（十二）卷九百三十八　P633

乾隆四十八年癸卯六月初一日辛酉又谕，"伊勒图奏请陛见，已准其来京，明亮著前往署理伊犁将军。所有乌鲁木齐都统事务，著海禄径由云南驰驿迅速前往署理，不必来京请训，海禄扣算程途，约计抵乌鲁木齐接受交代后，明亮前赴伊犁，务在九月内。伊勒图可于彼时启程，伊勒图到京陛见，已届冬底，其回任须俟明年四月。明亮交代将军印务，即著来京陛见，仍著海禄署乌鲁木齐都统事务，俟明亮陛见回任，海禄再来京另候简用"。

高宗实录（十五）卷一千一百八十二　P827

乾隆五十年乙巳七月二十八日乙亥又谕，"据永铎奏，伊勒图于本月初十日病故等语……又以乌鲁木齐都统奎林为伊犁将军"。

高宗实录（十六）卷一千二百三十五　P604

满档

乾隆三十八年七月十四日塔尔巴哈台参赞大臣伊勒图奏谢授伊犁将军之恩折：今年七月十日接到领侍卫内大臣尚书忠勇公傅隆阿字寄内，乾隆三十八年六月二十三日降旨，令伊勒图立即去伊犁办理将军事务。

乾隆三十八年八月初七日朱批
乾隆三十八年七月十四日具奏
2536-014　100-0040

乾隆三十八年八月初四日伊犁将军伊勒图奏闻接任日期折：臣伊勒图七月二十二日从塔尔巴哈台启程，八月初四日到达伊犁接将军印。

乾隆三十八年八月二十六日朱批
乾隆三十八年八月初四日具奏
2538-041　100-0594

乾隆四十一年四月初八日伊犁将军伊勒图奏奉旨进京陛见谢恩折：今年四月初七日接到领侍卫内大臣尚书忠勇公傅隆阿字寄内，乾隆四十一年三月十九日降旨，伊勒图在伊犁已五年多，理应返京面圣。

乾隆四十一年五月初四日朱批

乾隆四十一年四月初八日具奏
2682-032　109-0350

乾隆四十一年四月二十五日伊犁将军伊勒图等奏报移交伊犁将军印信启程进京陛见日期折：索诺木策凌今年四月二十一日到伊犁，这天臣伊勒图把将军印立即交给他。臣四月二十五日从伊犁启程返京。
乾隆四十一年五月二十三日朱批
乾隆四十一年四月二十五日具奏
2684-022　109-0779

乾隆四十一年十一月二十八日伊犁将军伊勒图等奏报交接将军印信日期折：臣伊勒图今年十一月二十四日到伊犁，索诺木策凌这天把将军印交给他。十一月二十七日索诺木策凌从伊犁启程返回乌鲁木齐职任地。
乾隆四十一年十二月二十二日朱批
乾隆四十一年十一月二十八日就具奏
2705-004　110-2636

乾隆四十八年十月初六日乌鲁木齐都统海禄奏报遵旨自伊犁回任折：今年十月初三日接到领侍卫内大臣尚书和珅字寄内，乾隆四十八年九月初十日降旨内，伊勒图奏报阿布勒心思已病故，现在卡伦附近的哈萨克无人管理，出现盗贼等事。伊勒图要求不去京城。现不需海禄去伊犁，命海禄去乌鲁木齐接都统职。明年伊勒图赴京时再由海禄署理伊犁将军印，乌鲁木齐事务由图思义署理。现臣海禄奉旨到乌鲁木齐接都统职，臣海禄十月初六日立即从伊犁启程赴乌鲁木齐。明年等伊勒图字寄再去伊犁署理。
乾隆四十八年十一月初三日朱批
乾隆四十八年十月初六日具奏
2982-005　128-1402

乾隆五十年正月十七日伊犁将军伊勒图奏遵旨让奎林署理伊犁将军

印务折：今年正月十三日接到大学士领侍卫内大臣公阿桂等的字寄内乾隆四十九年十二月十二日降旨，派奎林去伊犁署理将军印，伊勒图立即返京面圣。

乾隆五十年二月十二日朱批
乾隆五十年正月十七日具奏
3056-009　133-2009

乾隆五十年三月二十一日定边左副将军奎林奏谢放乌鲁木齐都统恩折：三月二十日在正定接到军机处字寄内，乾隆五十年三月十九日降旨，从永安处奏报内，现补授长清为西安将军，乌鲁木齐都统缺由奎林补授，永铎到乌鲁木齐后，奎林交代事务后再去署理伊犁将军印。奎林到伊犁后，伊勒图再返京。

乾隆五十年三月二十三日朱批
乾隆五十年三月二十一日具奏
3063-007　133-3266

乾隆五十年七月十五日伊犁将军奎林奏到任日期折：臣奎林七月十四日到伊犁，参赞大臣永铎派人把伊犁将军印交给臣。

乾隆五十年八月初七日朱批
乾隆五十年七月十五日具奏
3080-022　134-3096

录副奏折

奏报将军德英阿患病出缺情形循例代办将军事务并代呈遗折事（03-2884-047）：……德英阿自揣病体难支，遂于十四日商之奴才容安，具折奏请赏假一月。奴才容安亦附片奏闻在案，德英阿病势沉重，两日以来，辗转床褥，一息奄奄，兹于五月十七日寅时因病出缺。奴才容安查照乾隆五十年，前任将军伊勒图在任病故，唯照参赞大臣永铎暂行代理，旧案当将王命旗牌令箭及将军印信敬谨请至参赞大臣衙门，暂行恭代所有地方应办事件……

五月十八日

道光九年六月十二日奉朱批钦此

清史稿·列传

"伊勒图，纳喇氏，满洲正白旗人。乾隆初，以世管佐领授三等侍卫，累迁镶红旗蒙古副都统。出驻乌鲁木齐，移阿克苏。（乾隆）三十二年，授伊犁参赞大臣，移喀什噶尔。内擢理藩院尚书，外授伊犁将军。三十四年，师征缅甸，授副将军，从经略大学士傅恒分道进军，缅甸人拒戛鸠江，筑寨。伊勒图偕参赞大臣阿里衮与战，夺寨三，杀贼五千馀。师还，授兵部尚书。复外授伊犁将军。……三十六年，左授参赞大臣，驻乌什，移塔尔巴哈台。三十八年，复授伊犁将军。兵部议禁鸟枪，伊勒图以土尔扈特部新归附，牧马御豺虎恃鸟枪，不当一体收禁。四十八年，加太子太保，赐双眼花翎。五十年七月，卒，谥襄武，封一等伯，祀贤良祠。"

列传一百二十二（卷三三五　P11026~11027）

附注：考订八　命伊勒图赴伊犁办理将军事务日期

索诺木策凌（署）

钦定八旗通志·表

乾隆四十一年，四月署，十一月调。

钱表

乾隆四一年、丙申（1776）伊勒图病，索诺木策凌署。

满档

乾隆四十一年四月初一日乌鲁木齐都统索诺木策凌奏奉旨署理伊犁将军印务谢恩折：索诺木策凌三月三十日到哈密，接到领侍卫内大臣尚书忠勇公傅隆阿字寄内,乾隆四十一年三月十九日降旨,伊勒图在伊犁已五年多,理应返京面圣。索诺木策凌将乌鲁木齐都统事务交由永庆署理。索诺木策凌立即到伊犁署理将军印务。臣索诺木策凌四月初一日从哈密来伊犁。

乾隆四十一年四月十六日朱批
乾隆四十一年四月初一日具奏
2680-012　108-3459

乾隆四十一年四月二十五日伊犁将军伊勒图等奏报移交伊犁将军印信启程进京陛见日期折:索诺木策凌今年四月二十一日到伊犁,这天臣伊勒图把将军印立即交给他。臣四月二十五日从伊犁启程返京。

乾隆四十一年五月二十三日朱批
乾隆四十一年四月二十五日具奏
2684-022　109-0779

乾隆四十一年十一月二十八日伊犁将军伊勒图等奏报交接将军印信日期折:臣伊勒图今年十一月二十四日到伊犁,索诺木策凌这天把将军印交给他。十一月二十七日索诺木策凌从伊犁启程返回乌鲁木齐职任地。

乾隆四十一年十二月二十二日朱批
乾隆四十一年十一月二十八日就具奏
2705-004　110-2636

附注:考异十四　索诺木策凌署

明亮(署)

清史稿·表

乾隆四十八年癸卯,(伊勒图六月辛酉,陛见)署。八月甲戌革。

清史稿校注

乾隆四十八年癸卯，（伊勒图六月辛酉，陛见）署。八月甲戌革。校：案清史稿本纪十四高宗五、清国史高宗本纪、高宗实录，是年六月辛酉朔，谕准伊勒图来京陛见；七月初九日戊戌，明亮缘屈参属员，解任质讯，伊犁将军著海禄自署乌鲁木齐都统调署；至八月十五日甲戌，命海禄补授乌鲁木齐都统，仍署理伊犁将军印务，俟伊勒图陛见回任，海禄再赴乌鲁木齐之任。

钱表

乾隆四八年癸卯（1783），六、辛酉；乌鲁木齐都统明亮署。七月，解。海禄署：八、甲戌；解。

清实录

乾隆四十八年癸卯六月初一日辛酉又谕："伊勒图奏请陛见，已准其来京，明亮著前往署理伊犁将军，所有乌鲁木齐都统事务，著海禄径由云南驰驿迅速前往署理，不必来京请训，海禄扣算程途，约计抵乌鲁木齐接受交代后，明亮前赴伊犁，务在九月内，伊勒图可于彼时启程。伊勒图到京陛见，已届冬底，其回任须俟明年四月。明亮交代将军印务，即著来京陛见，仍著海禄署乌鲁木齐都统事务，俟明亮陛见回任，海禄再来京另候简用。"

高宗实录（十五）卷一千一百八十二　P827

乾隆四十八年七月初九日戊戌"于是明亮屈参阿林，未能加意看守……著将图思义原摺及阿林原呈，钞寄绰克托阅看，令速驰赴乌鲁木齐，会同图思义将明亮等解任审讯……海禄到乌鲁木齐时，即速赴伊犁署理将军印务，命伊勒图来京陛见。"

高宗实录（十五）卷一一八四　P856

乾隆四十八年癸卯八月十五日甲戌"……将明亮革职拿解来京……其乌鲁木齐都统员缺著海禄补授，海禄仍赴伊犁署理将军事务，俟伊勒图陛见回任后，海禄再赴乌鲁木齐之任。"

高宗实录（十五）卷一千一百八十六　P878

满档

乾隆四十八年十月初六日乌鲁木齐都统海禄奏报遵旨自伊犁回任折：今年十月初三日接到领侍卫内大臣尚书和珅字寄内，乾隆四十八年九月初十日降旨内，伊勒图奏报阿布勒心思已病故，现在卡伦附近的哈萨克无人管理，出现盗贼等事。伊勒图要求不去京城。现不需海禄去伊犁，命海禄去乌鲁木齐接都统职。明年伊勒图赴京时再由海禄署理伊犁将军印，乌鲁木齐事务由图思义署理。现臣海禄奉旨到乌鲁木齐接都统职，臣海禄十月初六日立即从伊犁启程赴乌鲁木齐。明年等伊勒图字寄再去伊犁署理。

乾隆四十八年十一月初三日朱批

乾隆四十八年十月初六日具奏

2982-005　128-1402

清史列传

"明亮，富察氏，满洲镶黄旗人……（乾隆）五十八年，授伊犁将军……（六十年）九月，黑龙江总管舍尔图肯控将军舒亮等令兵丁交纳貂皮，减值市物，钦差福长安按鞫得实，明亮任内亦有贱价购买之事，革职留乌鲁木齐效力"。

（卷二十九　P13~18）

清史稿·列传

"明亮，富察氏，满洲镶黄旗人，都统广成子，亦孝贤高皇后侄也……（乾隆）四十八年，移伊犁将军，而富通当引见，开泰惧失庇，投水死。事闻，上逮明亮诣京师，狱成，罪绞待决。四十九年，甘肃固原回复乱，大学士阿桂出视师，命释明亮，赐蓝翎侍卫从军……五十八年，移伊犁将军。六十年，复入为正红旗汉军都统。坐在黑龙江令兵输貂予贱值，夺职，留乌鲁木齐自效。"

列传一百十七（卷三三〇 P10928~10931）

附注：考订九 明亮未到署任

海禄（署）

钱表

乾隆四八年癸卯（1783），六、辛酉；乌鲁木齐都统明亮署。七月，解。海禄署：八、甲戌；解。

清实录

乾隆四十八年七月初九日戊戌"于是，明亮屈参阿林，未能加意看守……著将图思义原摺及阿林原呈，钞寄绰克托阅看，令速驰赴乌鲁木齐，会同图思义将明亮等解任审讯……海禄到乌鲁木齐时，即速赴伊犁署理将军印务，命伊勒图来京陛见。"

高宗实录（十五）卷一一八四 P856

乾隆四十八年癸卯八月十五日甲戌"……将明亮革职拿解来京……其乌鲁木齐都统员缺，署海禄补授，海禄仍赴伊犁署理将军事务，俟伊勒图陛见回任后，海禄再赴乌鲁木齐之任。"

高宗实录（十五）卷一千一百八十六 P878

满档

乾隆四十八年九月初二日乌鲁木齐都统海禄奏补放乌鲁木齐都统暂署伊犁将军印务谢恩折：海禄八月二十九日到乌鲁木齐，接到图思义奏闻内降旨内，乌鲁木齐都统暂由图思义署理。海禄到乌鲁木齐后到伊犁署理将军印务。九月初二日前往伊犁。

乾隆四十八年九月二十九日朱批
乾隆四十八年九月初二日具奏
2976-033 128-0206

乾隆四十八年十月初六日乌鲁木齐都统海禄奏报遵旨自伊犁回任折：今年十月初三日接到领侍卫内大臣尚书和珅字寄内，乾隆四十八年九月初十日降旨内，伊勒图奏报阿布勒心思已病故，现在卡伦附近的哈萨克无人管理，出现盗贼等事。伊勒图要求不去京城。现不需海禄去伊犁，命海禄去乌鲁木齐接都统职。明年伊勒图赴京时再由海禄署理伊犁将军印，乌鲁木齐事务由图思义署理。现臣海禄奉旨到乌鲁木齐接都统职，臣海禄十月初六日立即从伊犁启程赴乌鲁木齐。明年等伊勒图字寄再去伊犁署理。

乾隆四十八年十一月初三日朱批

乾隆四十八年十月初六日具奏

2982-005　128-1402

清史列传

"海禄，蒙古正蓝旗人，姓齐普齐特。"

（卷二十四　P50）

附注：考订十　海禄未接署

傅景（署）

满档

乾隆四十九年五月十七日伊犁将军伊勒图奏前往喀什噶尔办理燕起案领队大臣傅景署理伊犁将军折：伊勒图去喀什噶尔，将印交给傅景。

乾隆四十九年六月初六日朱批

乾隆四十九年五月十七日具奏

3021-021　131-0410

附注：考订十一　傅景接署日

永铎（署）

满档

乾隆五十年三月二十八日西安将军永铎奏接旨调补伊犁参赞大臣谢恩折：今年三月二十四日接到大学士领侍卫内大臣公阿桂、领侍卫内大臣辅佐大学士尚书和珅字寄内，乾隆五十年三月十九日降旨，任西安将军永铎为伊犁参赞大臣辅佐伊犁将军，西安将军缺由长清补授，长清的乌鲁木齐都统缺由奎林补授，奎林的乌里雅苏台将军缺由复兴补授。

乾隆五十年四月初九日朱批
乾隆五十年三月二十八日具奏
3065-037　134-0170

乾隆五十年七月十五日伊犁参赞大臣永铎奏将伊犁将军印交奎林亲赴乌鲁木齐署理都统印务折：奎林七月十四日到伊犁，臣永铎派人把伊犁将军印交给他。臣十五日从伊犁启程前往乌鲁木齐。

乾隆五十年八月初七日朱批
乾隆五十年七月十五日具奏
3080-024　134-3104

录副奏折

奏报将军德英阿患病出缺情形循例代办将军事务并代呈遗折事（03-2884-047）：……德英阿自揣病体难支，遂于十四日商之奴才容安，具折奏请赏假一月。奴才容安亦附片奏闻在案，德英阿病势沉重，两日以来，辗转床褥，一息奄奄，兹于五月十七日寅时因病出缺。奴才容安查照乾隆五十年，前任将军伊勒图在任病故，唯照参赞大臣永铎暂行代理，旧案当将王命旗牌令箭及将军印信敬谨请至参赞大臣衙门，暂行恭代所有地方应办事件……

五月十八日

道光九年六月十二日奉朱批钦此

附注：考订十二　永铎署

奎　林

钦定八旗通志

乾隆四十七年，七月署。

乾隆五十一年，十一月回京。

清史稿·表

乾隆五十年乙巳，伊犁将军。

乾隆五十二年丁未，十一月乙酉革。

清史稿校注

乾隆五十年乙巳，伊犁将军。校：案高宗实录，是年七月初十日丁巳，伊勒图卒，至二十八日乙亥，赏银治丧，派员奠醊；同日，奎林自乌鲁木齐都统调伊犁将军。

乾隆五十二年丁未，十一月乙酉革。校：案清史稿本纪十五高宗六、高宗实录，是年十一月二十二日乙酉，奎林缘肆行婪脏属犯，革职拿问，速解来京；十二月二十七日庚申，永铎自署伊犁将军调盛京将军。

钱表（满）

乾隆五十年　乙巳（1785）七、乙亥、廿八、9.1；乌鲁木齐都统授。

乾隆五二年　丁未（1787）九、乙酉、廿一、10.31；革、逮。乌鲁木齐都统永铎署。

清实录

乾隆五十年乙巳七月二十八日乙亥"又以乌鲁木齐都统奎林为伊犁

将军"。

高宗实录（十六）卷一千二百三十五 P604

乾隆五十二年丁未十一月二十二日乙酉又谕，"据海禄参奏奎林各款，现在查讯已有证据数款。业经降旨革职，拏解来京审讯。伊犁地方紧要，其将军员缺，著保宁补授。李世杰久任川省，熟悉该处地方情形，所有四川总督员缺，著李世杰调补。李世杰接奉此旨，即驰赴新任，毋庸来京陛见。保宁俟李世杰到川接印后，即驰驿来京请训，再赴伊犁将军之任……奎林现在由伊犁启程入觐，如此负恩卑鄙，不可仍邀恩眷，令其瞻觐，著由六百里传谕勒保即派大员将奎林革职拏问，迅速押解来京。"

高宗实录（十七）卷一千二百九十三 P351

满档

乾隆五十年正月十七日伊犁将军伊勒图奏遵旨让奎林署理伊犁将军印务折：今年正月十三日接到大学士领侍卫内大臣公阿桂等的字寄内乾隆四十九年十二月十二日降旨，派奎林去伊犁署将军印，伊勒图立即返京面圣。

乾隆五十年二月十二日朱批
乾隆五十年正月十七日具奏
3056-009　133-2009

乾隆五十年三月二十一日定边左副将军奎林奏谢放乌鲁木齐都统恩折：三月二十日在正定接到军机处字寄内，乾隆五十年三月十九日降旨，从永安处奏报内，现补授长清为西安将军，乌鲁木齐都统缺由奎林补授，永铎到乌鲁木齐后，奎林交代事务后再去署理伊犁将军印。奎林到伊犁后，伊勒图再返京。

乾隆五十年三月二十三日朱批
乾隆五十年三月二十一日具奏
3063-007　133-3266

乾隆五十年七月初七日吐鲁番领队大臣尚安奏遵旨并前往乌鲁木齐署理都统印务折：今年七月初七日接到领侍卫内大臣、辅佐大学士事务的尚书和珅字寄内，乾隆五十年六月二十四日降旨，将军伊勒图病，派奎林署理伊犁将军印。长清六月初二日从乌鲁木齐启程前往西安路过哈密。尚安携带吐鲁番领队大臣印务，七月初七日立即从吐鲁番启程另奏。

乾隆五十年七月二十八日朱批

乾隆五十年七月初七日具奏

3079-023　134-2899

乾隆五十年七月初九日乌鲁木齐都统奎林奏奉旨自乌鲁木齐启程前往伊犁署理伊犁将军印务折：臣奎林初九日启程前往伊犁。

3079-020　134-2881

乾隆五十年七月十五日伊犁将军奎林奏到任日期折：臣奎林七月十四日到伊犁，参赞大臣永铎派人把伊犁将军印交给臣。

乾隆五十年八月初七日朱批

乾隆五十年七月十五日具奏

3080-022　134-3096

乾隆五十年八月十七日署伊犁将军奎林奏实授伊犁将军谢恩折：今年八月十五日接到乾隆五十年七月二十八日降旨，伊勒图的伊犁将军缺由奎林补授，奎林的乌鲁木齐都统缺由永铎补授，伊勒图的正白旗领侍卫内大臣缺由阿克同阿补授。

乾隆五十年九月十二日朱批

乾隆五十年八月十七日具奏

3084-030　135-0551

乾隆五十二年十一月初三日伊犁将军奎林奏遵旨将伊犁将军印交参赞大臣海禄署理后启程赴京折：十一月初二日接到大学士领侍卫内大臣和珅字寄内，乾隆五十二年十月十四日降旨，臣奎林接旨启程面圣，把将军印暂交海禄署理，派永铎署理伊犁将军事务。臣把伊犁将军印交给海禄署理后于十一月初三日立即从伊犁启程返京。

乾隆五十二年十一月二十二日朱批
乾隆五十二年十一月初三日具奏
3176-027　140-3504

清史稿·列传

"奎林，字直方，富察氏，满洲镶黄旗人，承恩公傅文子也……（乾隆）四十五年，出为乌鲁木齐都统。骁骑校常福杖毙披甲多罗，奎林论劾，上以多罗不孝，罪当死，责奎林误劾。改授乌里雅苏台将军。坐在乌鲁木齐失察各州县浮报粮值，命以公爵畀其叔傅玉承袭。复授乌鲁木齐都统。迁伊犁将军。

奎林贵戚有军功，嗜酒躁急。五十二年，参赞海禄疏劾，上命乌鲁木齐都统永铎勘奏。逮至京师，命诸皇子、军机大臣会刑部按治，狱成，奎林坐擅杀罪人，拟杖；海禄所劾不尽实，亦有罪，坐诬告，死罪，未决，拟流；帝以奎林孝贤皇后侄，而禄海所论劾不尽虚，拟罪乃反重，失平，命俱夺职，在上虞备用处拜唐阿上效力。"

列传一百十八（卷三三一　P10944～10946）

附注：考异十五　奎林署理和实授日期
　　　考异十六　奎林离职日期
　　　考订十三　奎林乾隆四十九年十二月署未到任
　　　考订十四　奎林召京、交印日

海禄（署）

满档

乾隆五十二年十一月初一日喀喇沙尔办事大臣尚安奏遵旨赴乌鲁木

齐署理都统事务令穆和蔺掌喀喇沙尔印务折：十月二十九日接到军机处字寄内，乾隆五十二年十月十四日降旨，奎林面圣，暂将将军印交给海禄署理，派永铎署理伊犁将军事务，永铎把都统印暂交领队大臣永泰署理。派尚安署理乌鲁木齐都统。臣尚安接旨，十一月初一日立即携带喀喇沙尔领队大臣印赴乌鲁木齐。臣到乌鲁木齐后就把喀喇沙尔领队大臣印与穆和蔺交换。

乾隆五十二年十一月十九日朱批
乾隆五十二年十一月初一日具奏
3176-003　140-3347

乾隆五十二年十一月初三日伊犁参赞大臣海禄奏报暂署伊犁将军印俟都统永铎到来移交折：将军奎林十一月初三日启程面圣时把将军印交给臣海禄，臣谢恩署理。等永铎到后臣将印交给永铎。海禄辅佐永铎。

乾隆五十二年十一月二十二日朱批
乾隆五十二年十一月初三日具奏
3176-030　140-3522

乾隆五十二年十一月初三日伊犁将军奎林奏遵旨将伊犁将军印交参赞大臣海禄署理后启程赴京折：十一月初二日接到大学士领侍卫内大臣和珅字寄内，乾隆五十二年十月十四日降旨，臣奎林接旨启程面圣，把将军印暂交海禄署理，派永铎署理伊犁将军事务。臣把伊犁将军印交给海禄署理后于十一月初三日立即从伊犁启程返京。

乾隆五十二年十一月二十二日朱批
乾隆五十二年十一月初三日具奏
3176-027　140-3504

乾隆五十二年十一月初五日古城领队大臣博厚奏暂署乌鲁木齐都统印务折：今年十月初一日接到都统永铎处送文内最近接到的降旨内，派永铎署理伊犁将军印，派尚安署理乌鲁木齐都统印。奉此旨，因臣博厚距离近，就让臣来乌鲁木齐暂时署理都统印，派乌鲁木齐协领阿林署理古城领队大臣印。臣博厚十月初二日立即从古城启程，这天到三台会见协领阿林，交付领队大臣印。臣初四日到乌鲁木齐永铎处，永铎派人把都统印及乌鲁木齐领队大臣钤记等交给臣。等尚安到达后再转交给他。

乾隆五十二年十一月二十三日朱批

乾隆五十二年十一月初五日具奏

3176-033　140-3545

附注：考订十五　海禄命署、接署日

宗室永铎（署）

钦定八旗通志

乾隆五十二年，十一月任。（宗室）

乾隆五十三年，五月回京。

清史稿·表

乾隆五十二年丁未，署（保宁）。

清史稿校注

乾隆五十二年丁未，署（保宁）。校：案清史稿本纪十五高宗六、高宗实录，是年十一月二十二日乙酉，奎林缘肆行婪赃属犯，革职拿问，速解来京；十二月二十七日庚申，永铎自署伊犁将军调盛京将军。

钱表

乾隆五二年 丁未（1787）九、乙酉、廿一，10.31；（奎林）革、逮。乌鲁木齐都统永铎署。

清实录

乾隆五十二年丁未十二月二十七日庚申又谕曰："盛京将军、公永玮病故，所遗员缺著永铎补授。永铎现署伊犁将军事务，俟保宁抵伊犁时将应行事件交代毕再行来京请训赴任"。

高宗实录（十七）卷一千二百九十五　P400

满档

　　乾隆五十二年十一月初一日喀喇沙尔办事大臣尚安奏遵旨赴乌鲁木齐署理都统事务令穆和蔺掌喀喇沙尔印务折：十月二十九日接到军机处字寄内，乾隆五十二年十月十四日降旨，奎林面圣，暂将将军印交给海禄署理，派永铎署理伊犁将军事务，永铎把都统印暂交领队大臣永泰署理。派尚安署理乌鲁木齐都统。臣尚安接旨，十一月初一日立即携带喀喇沙尔领队大臣印赴乌鲁木齐。臣到乌鲁木齐后就把喀喇沙尔领队大臣印与穆和蔺交换。

乾隆五十二年十一月十九日朱批
乾隆五十二年十一月初一日具奏
3176-003　140-3347

　　乾隆五十二年十一月初三日伊犁将军奎林奏遵旨将伊犁将军印交参赞大臣海禄署理后启程赴京折：十一月初二日接到大学士领侍卫内大臣和珅字寄内，乾隆五十二年十月十四日降旨，臣奎林接旨启程面圣，把将军印暂交海禄署理，派永铎署理伊犁将军事务。臣把伊犁将军印交给海禄署理后于十一月初三日立即从伊犁启程返京。

乾隆五十二年十一月二十二日朱批
乾隆五十二年十一月初三日具奏
3176-027　140-3504

　　乾隆五十三年五月初十日署伊犁将军永铎奏将军印务移交保宁折：今年五月初十日将军保宁、参赞大臣舒濂到伊犁，臣永铎把将军印等派官交付给保宁，这月十九日臣从伊犁启程返京。

乾隆五十三年六月初三日朱批
乾隆五十三年五月初十日具奏
3191-031　141-3380

附注：考异十七　永铎命署日
　　　考异十八　永铎命调和卸署日期

保　宁

钦定八旗通志

乾隆五十三年，五月任。

乾隆五十五年，四月回京。

乾隆五十六年，三月任。

乾隆五十九年，是年升。

清史稿·表

乾隆五十二年丁未，伊犁将军。（永铎）署。

乾隆五十五年庚戌，四月，入觐。（永保）署。

乾隆五十六年辛亥，（永保三月卸）回伊犁将军。

乾隆五十九年甲寅，十二月庚子迁。

清史稿校注

乾隆五十九年甲寅，十二月庚子迁。校：案清史稿本纪十五高宗六、高宗实录，保宁自伊犁将军调吏部尚书，明亮自黑龙江将军调伊犁将军在十二月二十三日丙子。又案历法，是年十二无"庚子"。此"庚子"当作"丙子"。

钱表（蒙）

乾隆五二年 丁未（1787）十一、乙酉、廿二，10.30；川督授。

乾隆五五年 庚戌（1790）六、壬子、三，7.14；署川督。永保署。

乾隆五九年 甲寅（1794）十二、丙子；改吏尚。

清实录

乾隆五十二年丁未十一月二十二日乙酉又谕，"据海禄参奏奎林各

045

款，现在查讯已有证据数款，业经降旨革职，拏解来京审讯。伊犁地方紧要，其将军员缺，著保宁补授。李世杰久任川省，熟悉该处地方情形，所有四川总督员缺，著李世杰调补。李世杰接奉此旨，即驰赴新任，毋庸来京陛见。保宁俟李世杰到川接印后，即驰驿来京请训，再赴伊犁将军之任"。

高宗实录（十七）卷一千二百九十三　P351

乾隆五十二年十一月二十三日丙戌又谕，"昨据海禄参奏奎林各款，现在查讯，其中证据确实者，已有数款，业经降旨，将奎林革职，解京审讯。其伊犁将军员缺，将保宁补授……又谕，伊犁将军员缺紧要，著保宁补授，李世杰调补四川总督，尚未明颁谕旨，著先行传谕保宁，李世杰一入川省，保宁即往迎交代，来京请训，再赴新任"。

高宗实录（十七）卷一二九三　P355

乾隆五十五年庚戌六月初三日壬子谕，"两江总督员缺，著孙士毅调补，保宁著于途次即驰往署理川督印务。"

高宗实录（十八）卷一三五三　P164

乾隆五十六年辛亥正月二十四日己亥"以伊犁将军保宁为御前大臣。"

高宗实录（十八）卷一千三百七十一　P396

乾隆五十九年甲寅十二月二十三日丙子谕，"保宁著补授吏部尚书，所遗伊犁将军员缺，著明亮补授，俟明亮到彼交代后，保宁再行来京"。

高宗实录（十九）卷一千四百六十七　P595

东华录

乾隆五十九年十二月丙子"金简卒，以保宁为吏部尚书，由伊犁将军迁"。

乾隆（五）　P1714

满档

乾隆五十三年五月初十日伊犁将军保宁奏报接任日期折：今年五月初十日臣保宁、参赞大臣舒濂到伊犁，永铎把将军印等派官交付给臣，这月十九日永铎从伊犁启程返京。

乾隆五十三年六月初三日朱批
乾隆五十三年五月初十日具奏
3191-032　141-3385

乾隆六十年正月二十八日伊犁将军保宁奏谢补放吏部尚书之恩折：最近接到降旨内补授保宁为吏部尚书，伊犁将军之缺补授明亮。

乾隆五十六年闰二月初一日朱批
乾隆五十六年正月二十八日具奏
3493-021　159-2689

乾隆六十年四月二十一日伊犁将军保宁奏报伊犁将军印务移交明亮后启程赴避暑山庄日期折：明亮四月十一日到伊犁，把将军印派人交付明亮后，臣保宁启程回京。

乾隆六十年五月十七日朱批
乾隆六十年四月二十一日具奏
3402-002　160-0859

清史稿·列传

"保宁，图伯特氏，蒙古正白旗人，靖逆将军纳穆札勒子……次年（乾隆五十二年），调伊犁将军，兼内大臣，筹备仓储……五十五年，入觐，途次命赴四川暂署总督事。次年，回任，加太子少保，授御前大臣。

六十年，召授吏部尚书，兼镶黄旗汉军都统，甫数月，复出为伊犁将军……（嘉庆）七年，召还京，授领侍卫内大臣，管理兵部，兼管三库。"

列传一百二十九（卷三四二　P11111~11112）

附注：考异十九　保宁命授日，《钱表》阳历误
　　　考订十六　保宁接印日
　　　考订十七　保宁交印、明亮接印日

永保（署）

钦定八旗通志

乾隆五十五年，四月任。

乾隆五十六年，三月调。

清史稿·表

乾隆五十五年庚戌，（保宁四月入觐）署伊犁将军。

乾隆五十六年辛亥，三月卸。

钱表

乾隆五五年　庚戌（1790）六、壬子、三，7.14；（保宁）署川督。永保署。

满档

乾隆五十五年三月二十二日塔尔巴哈台参赞大臣永保奏奉旨署理伊犁将军印务谢恩折：臣永保接到从保宁处奏文中乾隆五十五年二月二十七日降旨，今年朕八十岁万寿允许保宁进京贺寿。保宁进京期间伊犁将军由永保署理。现在乌鲁木齐的是尚安，特成额接旨加紧去塔尔巴哈台署理参赞大臣事务，永保交代之后再启程去伊犁。

乾隆五十五年四月十七日朱批

乾隆五十五年三月二十二日具奏

3279-033　147-2369

乾隆五十五年四月十五日伊犁将军保宁等奏将伊犁将军印交永保署理启程陛见折：永保四月初七日到伊犁接将军印，臣保宁十五日从伊犁

启程。

乾隆五十五年五月十五日朱批
乾隆五十五年四月十五日具奏
3282-023　147-2922

附注：考异二十　永保署日
　　　考订十八　永保卸署日

明　亮

钦定八旗通志

乾隆五十九年，十二月任。

至乾隆六十年。

清史稿·表

乾隆五十九年甲寅，伊犁将军。

乾隆六十年乙卯，九月丙寅革。

清史稿校注

乾隆五十九年甲寅，伊犁将军。校：案清史稿本纪十五高宗六、高宗实录，保宁自伊犁将军调吏部尚书，明亮自黑龙江将军调伊犁将军在十二月二十三日丙子。又案历法，是年十二无"庚子"。此"庚子"当作"丙子"。

乾隆六十年乙卯，九月丙寅革。校：案清史稿本纪十五高宗六、高宗实录，是年九月十八日丙寅，明亮缘前黑龙江将军任内，侵渔貂皮，革职审讯。

钱表（满）

乾隆五九年 甲寅（1794）十二、丙子；黑将改。

乾隆六十年 乙卯（1795）九、丙寅、十八，10.30；革。

清实录

乾隆五十九年甲寅十二月二十三日丙子"谕曰、保宁著补授吏部尚书。所遗伊犁将军员缺。著明亮补授。俟明亮到彼交代后。保宁再行来京。"

高宗实录（十九）卷一千四百六十七　P595

满档

乾隆六十年正月二十八日伊犁将军保宁奏谢补放吏部尚书之恩折：最近接到降旨内补授保宁为吏部尚书，伊犁将军之缺补授明亮。

乾隆五十六年闰二月初一日朱批
乾隆五十六年正月二十八日具奏
3493-021　159-2689

乾隆六十年四月二十一日伊犁将军明亮奏报接任日期折：明亮四月十一日到伊犁，臣保宁把将军印派人交付明亮后，启程回京。

乾隆六十年五月十七日朱批
乾隆六十年四月二十一日具奏
3502-006　160-0879

乾隆六十年九月二十五日吏部尚书保宁奏补放伊犁将军谢恩折：保宁九月二十三日到盛京属地接到军机处来文内乾隆六十年九月十七日降旨，令明亮回京治罪，补授保宁为伊犁将军。

乾隆六十年十月初二日朱批
3512-016　160-3157

清史稿·列传

"明亮，富察氏，满洲镶黄旗人，都统广成子，亦孝贤高皇后侄也……（乾隆）四十八年，移伊犁将军，而富通当引见，开泰惧失庇，投水死。事闻，上逮明亮诣京师，狱成，罪绞待决。四十九年，甘肃固原回复乱，大学士阿桂出视师，命释明亮，赐蓝翎侍卫从军……五十八年，移伊犁将军。六十年，复入为正红旗汉军都统。坐在黑龙江令兵输貂予贱值，夺职，留乌鲁木齐自效。"

列传一百十七（卷三三〇 P10928~10931）

附注：考异二十　明亮革职、保宁命授日期

考订十七　保宁交印、明亮接印日

保　宁

清史稿·表

乾隆六十年乙卯，伊犁将军。

嘉庆五年庚申，正月辛酉召。

嘉庆五年庚申，松筠闰四月甲子革后，保宁仍任。

嘉庆七年壬戌，正月壬午召。

清史稿校注

嘉庆五年庚申，正月辛酉召。校：案仁宗实录，是年正月初八日辛酉，命保宁来京供职。

嘉庆五年庚申，松筠闰四月甲子革后，保宁仍任。校：案仁宗实录，是年正月初八日辛酉，命保宁来京供职；闰四月十二日甲子，谕松筠识见迂疏，著以副都统职衔为伊犁领队大臣。

嘉庆七年壬戌，正月壬午召。校：案仁宗实录，是年正月初十日壬午，命保宁来京供职。

钱表（蒙）

乾隆六十年　乙卯（1795）九、丙寅；吏尚授。

嘉庆元年　丙辰（1796）（吏尚）

嘉庆二年　丁巳（1797）（吏尚）十一、戊子、廿三，1.9；授协。

嘉庆三年　戊午（1798）（吏尚）

嘉庆四年 己未（1799）（吏尚：正、戊辰、九，2.13；迁武英。）

嘉庆五年 庚申（1800）正、辛酉、八，2.1；召京。闰四、甲子、十二，6.4；仍署。

嘉庆七年 壬戌（1802）正、壬午、十，2.12；召京。

章表

嘉庆元年 丙辰（1796）

嘉庆五年 庚申（1800）正月召

魏表

乾隆六十年九月十八日（1795，10，30）　　　任

嘉庆五年正月八日（1800，2，1）　　　到京供职

清实录

乾隆六十年乙卯九月十八日丙寅"吏部尚书保宁为伊犁将军"。

高宗实录（十九）卷一千四百八十七　P888

嘉庆二年丁巳十一月二十三日戊子"以伊犁将军保宁协办大学士"。

仁宗实录（一）卷二十四　P302

嘉庆四年己未正月初九日戊辰"命伊犁将军、协办大学士保宁为大学士"。

仁宗实录（一）卷三十七　P420

嘉庆五年庚申正月初八日辛酉"命大学士、伊犁将军保宁来京供职，以陕甘总督松筠为伊犁将军"。

仁宗实录（一）卷五十七　P748

东华录

嘉庆二年十一月戊子"以保宁协办大学士，由伊犁将军迁"。

嘉庆（一）　P23

嘉庆四年正月戊辰"命保宁为武英殿大学士"。

嘉庆（一）　P36

嘉庆五年正月辛酉"招保宁来京，以松筠为伊犁将军，仍留陕省帮办剿贼事宜"。

嘉庆（一） P87

满档

乾隆六十年九月二十五日吏部尚书保宁奏补放伊犁将军谢恩折：保宁九月二十三日到盛京属地接到军机处来文内乾隆六十年九月十七日降旨，令明亮回京治罪，补授保宁为伊犁将军。

乾隆六十年十月初二日朱批
3512-016　160-3157

乾隆六十年九月二十五日吏部尚书保宁奏遵旨速赴新授伊犁将军任折：保宁补授为伊犁将军。

乾隆六十年十月初二日朱批
乾隆六十年九月二十五日具奏
3512-014　160-3148

清史稿·列传

"保宁，图伯特氏，蒙古正白旗人，靖逆将军纳穆札勒子……次年（乾隆五十二年），调伊犁将军，兼内大臣，筹备仓储……五十五年，入觐，途次命赴四川暂署总督事。次年，回任，加太子少保，授御前大臣。

六十年，召授吏部尚书，兼镶黄旗汉军都统，甫数月，复出为伊犁将军……（嘉庆）七年，召还京，授领侍卫内大臣，管理兵部，兼管三库。"

列传一百二十九（卷三四二　P11111~11112）

附注：考异二十一　明亮革职、保宁命授日期

松 筠

清史稿·表

嘉庆五年庚申，伊犁将军。闰四月甲子革。

清史稿校注

嘉庆五年庚申，伊犁将军。闰四月甲子革。校：案仁宗实录，是年闰四月十二日甲子，谕松筠识见迂疏，著以副都统职衔为伊犁领队大臣。

钱表（蒙）

嘉庆五年 庚申（1800）正、辛酉；陕督授。闰四、甲子；解。

章表

嘉庆五年 庚申（1800）正月命闰二月革

魏表

嘉庆五年正月八日（1800，2，1）　　　任

嘉庆五年闰四月十二日（1800，6，4）　难胜任，调伊犁领队大臣

备：仍留陕省帮办剿贼事宜，未到任

清实录

嘉庆五年庚申正月初八日辛酉"命大学士伊犁将军保宁来京供职，以陕甘总督松筠为伊犁将军，仍留陕省帮办剿贼事宜"。

仁宗实录（一）卷五十七 P748

嘉庆五年闰四月十二日甲子"谕内阁，松筠上年在陕甘总督任内……将松筠授为伊犁将军，仍令赴湖北暂署督篆，并令居首督办剿贼之事，而松筠甫经到楚，仍即称病，漫无展布，辄行恳请陛见，朕于伊初奏到时，尚以松筠在彼或能得力，未经允准，而伊又称有恩出自上之事，必须面奏，具折恳请，随经降旨准行，及松筠到京，经朕日日召见，面加询问，则其所欲面陈者，仍系私盐私铸请宽禁例二项，并无奇谋祕策，

……今朕姑念松筠所言虽属失当，而其心究为国家公事……是松筠前往军营实属无益，而似此识见迂疎，亦岂能胜伊犁将军之任，松筠著加恩为赏给副都统职衔，前往伊犁作为领队大臣，并赏戴花翎，替换珠尔杭阿回京。其伊犁将军员缺，仍著保宁实授，俟简放有人，再行更换"。

仁宗实录（一）卷六十五　P875

东华录

嘉庆五年正月辛酉"召保宁来京，以松筠为伊犁将军，仍留陕省帮办剿贼事宜"。

嘉庆（一）　P87

嘉庆五年闰四月甲子"……是松筠前往军营实属无益，而似此识见迂疏，亦岂能胜任伊犁将军之任，松筠著加恩尚给副督统职衔，前往伊犁作为领队大臣，并赏戴花翎替换珠尔杭阿回京，其伊犁将军员缺，仍著保宁实授，俟简放有人，再行更换"。

嘉庆（一）　P104

续碑传集

"公，名松筠，字湘浦，姓玛拉特氏，先世喀尔沁部人。喀尔沁为元时大臣济勒玛之后，始迁祖达尔弥岱从太宗文皇帝平察哈尔布拉尼汗，遂为正蓝旗蒙古人……（嘉庆）五年春正月，额勒登保率兵六千自川入陕，上复命那彦成驰赴徽县，贼乃三路分窜，上命长麟代公为陕西总督，而以公为伊犁将军，又命公暂署湖广总督，夏五月八觐。又请驰私铸私盐之禁，不称旨，以副都统改领队大臣。七年春始授伊犁将军……上令运送之玉于所在弃置，及玉庆为喀喇沙尔办事大臣……十四年，上乃以公为喀什噶尔参赞大臣。"

《近代中国史料丛刊第九十九辑》（卷一）

清史列传

"松筠，玛拉特氏，蒙古正蓝旗人……（嘉庆）五年正月，授伊犁将军，寻命署理湖广总督，驰往湖北剿贼……著赏给副都统衔前赴伊犁作为领队大臣……七月，复授伊犁将军……（十四年）著赏给头等侍卫作为喀什噶尔参赞大臣……（十八年）六月，命以协办大学士兼任伊犁将军……二十年，以审办塔什密里克逆回仔牙墩一案，未候命下，将首从均置重辟，严旨切责，革去太子太保衔，仍革职留任……（二十一年）五月，召还京，命在御前大臣上行走。"

（卷三十二　P1～7）

清史稿·列传

"松筠，字湘浦，玛拉特氏，蒙古正蓝旗人……（嘉庆）五年春，额勒登保、那彦成会剿，乃分路遁。於是命长麟代为陕甘总督，授松筠伊犁将军，未之任，暂署湖广总督。自请入觐面陈军事，先在陕上疏言：'贼不患不平，而患在将平之时。既平之后，请弛私盐、私铸之禁，俾馀匪散勇有所谋生'。帝以其言迂阔，置之。至京，复以为请，忤旨，降副都统衔，充伊犁领队大臣。

七年，擢伊犁将军……十三年冬，大芳复谋逆，捕其党五十馀人诛之。次年，檄调马友元等百馀人赴伊犁种地，悉斩於途。诏斥未鞫而杀，失政体，降喀什噶尔参赞大臣。复授陕甘总督。

十八年，复出为伊犁将军，拜东阁大学士，改武英殿大学士……二十年，喀什噶尔回人仔牙敦作乱，亲往治之。仔牙敦就获，与布鲁特比图尔第迈莫特并置极刑。诏斥松筠不待命，削宫衔，召还京。"

列传一百二十九（卷三四二　P11113～11117）

　　附注：考异二十二　嘉庆五年松筠未到任

　　　　考异二十三　松筠革职日期

保 宁

钱表（蒙）

嘉庆五年 庚申（1800）闰四、甲子、十二，6.4；仍署。

嘉庆七年 壬戌（1802）正、壬午、十，2.12；召京。

章表

嘉庆五年 庚申（1800）闰二月命

嘉庆七年 壬戌（1802）正月召

魏表

嘉庆五年闰四月十二日（1800，6，4）　　　任

嘉庆七年正月十日（1802，2，12）　　　召到京供职

清实录

嘉庆五年闰四月十二日甲子"松筠著加恩赏给副都统职衔，前往伊犁作为领队大臣，并赏戴花翎，替换珠尔杭阿回京。其伊犁将军员缺，仍著保宁实授，俟简放有人，再行更换"。

仁宗实录（一）卷六十五　P875

嘉庆七年壬戌正月初十日壬午"命大学士伊犁将军保宁来京供职，以伊犁领队大臣松筠为将军"。

仁宗实录（二）卷九十三　P240

东华录

嘉庆五年闰四月甲子"……是松筠前往军营实属无益，而似此识见迂疏，亦岂能胜任伊犁将军之任，松筠著加恩尚给副督统职衔，前往伊犁作为领队大臣，并赏戴花翎替换珠尔杭阿回京，其伊犁将军员缺，仍著保宁实授，俟简放有人，再行更换。"

嘉庆（一）　P104

嘉庆七年正月壬午"召保宁来京供职，以松筠为伊犁将军。"

嘉庆（一） P147

满档

嘉庆七年二月初七日伊犁领队大臣奏谢授伊犁将军恩折：今年二月初六日接到正月十日降旨，保宁在伊犁年久且年老，赐恩返京，伊犁将军缺由松筠补授，松筠的领队大臣之缺另降旨。

嘉庆七年三月初六日朱批
嘉庆七年二月初七日具奏
3637-017　169-1036

嘉庆七年二月二十二日伊犁将军保宁奏卸任回京折：保宁二月二十二日从伊犁启程返京，将军印交给了松筠。

嘉庆七年三月二十一日朱批
嘉庆七年二月二十二日具奏
3637-032　169-1175

清史稿·列传

"保宁，图伯特氏，蒙古正白旗人，靖逆将军纳穆札勒子……次年（乾隆五十二年），调伊犁将军，兼内大臣，筹备仓储……五十五年，入觐，途次命赴四川暂署总督事。次年，回任，加太子少保，授御前大臣。

六十年，召授吏部尚书，兼镶黄旗汉军都统，甫数月，复出为伊犁将军……（嘉庆）七年，召还京，授领侍卫内大臣，管理兵部，兼管三库。"

列传一百二十九（卷三四二　P11111~11112）

附注：考异二十四　嘉庆五年保宁命授日期
　　　考订十九　保宁交印、松筠接印日期

松 筠

清史稿·表

嘉庆七年壬戌，伊犁将军。

嘉庆十四年己巳，三月己丑革。

清史稿校注

嘉庆十四年己巳，三月己丑革。校：案清史稿本纪十六仁宗、清国史仁宗本纪、仁宗实录，是年三月十九日己卯，谕松筠草菅人命，暴戾残忍，著来京交部严议。

钱表（蒙）

嘉庆七年 壬戌（1802）正、壬午；伊犁领队授。

嘉庆十四年 己巳（1809）三、己卯；解。（陕督）

章表

嘉庆七年 壬戌（1802）正月命

嘉庆十四年 己巳（1809）三月革

魏表

嘉庆七年正月十日（1802，2，12）　　任

嘉庆十四年三月十九日（1809，5，3）　　缘事不胜将军任，到京候旨

清实录

嘉庆七年壬戌正月初十日壬午"命大学士伊犁将军保宁来京供职，以伊犁领队大臣松筠为将军"。

仁宗实录（二）卷九十三　P240

嘉庆十四年己巳三月十九日己卯"松筠不胜伊犁将军之任，著传旨严行申饬，交部严加议处，即来京候旨"。

仁宗实录（三）卷二百零八　P791

东华录

嘉庆七年正月壬午"召保宁来京供职,以松筠为伊犁将军"。

嘉庆（一） P147

嘉庆十四年三月己卯"松筠不胜伊犁将军之任,著传旨严行申饬,交部严加议处,即来京候旨"。

嘉庆（二） P295

满档

嘉庆七年二月初七日伊犁领队大臣奏谢授伊犁将军恩折：今年二月初六日接到正月十日降旨,保宁在伊犁年久且年老,赐恩返京,伊犁将军缺由松筠补授,松筠的领队大臣之缺另降旨。

嘉庆七年三月初六日朱批
嘉庆七年二月初七日具奏
3637-017　169-1036

嘉庆七年二月二十二日伊犁将军保宁奏卸任回京折：保宁二月二十二日从伊犁启程返京,将军印交给了松筠。

嘉庆七年三月二十一日朱批
嘉庆七年二月二十二日具奏
3637-032　169-1175

嘉庆十四年五月二十六日伊犁将军晋昌奏接任谢恩折：晋昌五月二十五日到伊犁,先任将军松筠把将军印等交给晋昌。

嘉庆十四年六月二十一日朱批
嘉庆十四年五月二十六日具奏
3765-032　179-1306

续碑传集

"公,名松筠,字湘浦,姓玛拉特氏,先世喀尔沁部人。喀尔沁为元时大臣济勒玛之后,始迁祖达尔弥岱从太宗文皇帝平察哈尔布拉尼汗,遂为正蓝旗蒙古人……（嘉庆）五年春正月，额勒登保率兵六千自川入陕，上复命那彦成驰赴徽县，贼乃三路分窜，上命长麟代公为陕西总督，而以公为伊犁将军，又命公暂署湖广总督，夏五月八觐。又请弛私铸私盐之禁，不称旨，以副都统改领队大臣。七年春始授伊犁将军……上令运送之玉于所在弃置，及玉庆为喀喇沙尔办事大臣……十四年，上乃以公为喀什噶尔参赞大臣。"

《近代中国史料丛刊第九十九辑》（卷一）

清史列传

"松筠，玛拉特氏，蒙古正蓝旗人……（嘉庆）五年正月，授伊犁将军，寻命署理湖广总督，驰往湖北剿贼……著赏给副都统衔前赴伊犁作为领队大臣……七月，复授伊犁将军……（十四年）著赏给头等侍卫作为喀什噶尔参赞大臣……（十八年）六月，命以协办大学士兼任伊犁将军……二十年，以审办塔什密里克回人仔牙墩一案，未候命下，将首从均置重辟，严旨切责，革去太子太保衔，仍革职留任……（二十一年）五月，召还京，命在御前大臣上行走。"

（卷三十二　P1~7）

清史稿·列传

"松筠，字湘浦，玛拉特氏，蒙古正蓝旗人……（嘉庆）五年春，额勒登保、那彦成会剿，乃分路遁。於是命长麟代为陕甘总督，授松筠伊犁将军，未之任，暂署湖广总督。自请入觐面陈军事，先在陕上疏言：'贼不患不平，而患在将平之时。既平之后，请弛私盐、私铸之禁，俾馀匪散勇有所谋生。'帝以其言迂阔，置之。至京，复以为请，忤旨，降副都统衔，充伊犁领队大臣。

七年，擢伊犁将军……十三年冬，大芳复谋逆，捕其党五十馀人诛之。次年，檄调马友元等百馀人赴伊犁种地，悉斩於途。诏斥未鞫而杀，失政体，降喀什噶尔参赞大臣。复授陕甘总督。

十八年，复出为伊犁将军，拜东阁大学士，改武英殿大学士……二十年，喀什噶尔回人仔牙敦作乱，亲往治之。仔牙敦就获，与布鲁特比图尔第迈莫特并置极刑。诏斥松筠不待命，削宫衔，召还京。"

列传一百二十九（卷三四二　P11113~11117）

附注：考订十九　保宁交印、松筠接印日期

考订二十　松筠交印、晋昌接印日期

宗室晋昌

钱表（宗室）

嘉庆十四年 己巳（1809）三、己卯；定左改。

嘉庆十八年 癸酉（1813）六、庚申、廿五，7.22；革（署正白汉都）。

章表

嘉庆十四年 己巳（1809）三月命

嘉庆十八年 癸酉（1813）六月革

魏表

嘉庆十四年三月十九日（1809，5，3）　　　　调

嘉庆十八年六月廿五日（1813，7，22）　　　缘事降调

备：降署正白旗汉军都统

清史稿·表

嘉庆十四年己巳，伊犁将军。

嘉庆十八年癸酉，六月庚申召。

清史稿校注

嘉庆十四年己巳，伊犁将军。校：案清史稿本纪十六仁宗、清国史仁宗本纪、仁宗实录，是年三月十九日己卯，谕松筠草菅人命，暴戾残忍，著来京交部严议。同日，晋昌自乌里雅苏台将军调伊犁将军。

嘉庆十八年癸酉，六月庚申召。校：案仁宗实录，是年六月二十五日庚申，谕晋昌理藩舛误，著革领事卫内大臣，退伊犁将军任，来京署正白旗汉军都统。

清实录

嘉庆十四年己巳三月十九日己卯"调乌里雅苏台将军晋昌为伊犁将军"。

仁宗实录（三）卷二百零八　P791

嘉庆十八年癸酉六月二十五日庚申"晋昌著革去领侍卫内大臣，斥退伊犁将军，念其人尚不至废弃，已令降清字谕旨令其署理正白旗汉军都统，晋昌俟新任将军松筠到彼，再行交代来京供职，仍将革职留任处分带于新任"。

仁宗实录（四）卷二百七十　P664

东华录

嘉庆十八年六月庚申"晋昌才识拘隘，不胜伊犁将军之任，部议降一级调用，因伊本有革职留任之案，请旨革任。晋昌著革去领侍卫内大臣，斥退伊犁将军，念其人尚不至废弃，已令降清字谕旨，令其署理正白旗汉军都统，晋昌俟新任将军松筠到彼，再行交代来京供职，仍将革职留任处分带于新任"。

嘉庆（二）　P368

满档

嘉庆十四年四月十二日定边左副将军晋昌奏报卸任起赴伊犁将军任折：四月初五日接到军机处来文内降旨，伊犁将军之缺调补晋昌接任，晋昌把印暂交达鲁署理之后去伊犁，这个月十二日从乌里雅苏台启程前往伊犁。

嘉庆十四年四月二十六日朱批
嘉庆十四年四月十二日具奏
3761-005　179-0462

嘉庆十四年五月二十六日伊犁将军晋昌奏接任谢恩折：晋昌五月二十五日到伊犁，先任将军松筠把将军印等交给晋昌。

嘉庆十四年六月二十一日朱批
嘉庆十四年五月二十六日具奏
3765-032　179-1306

嘉庆十八年八月二十日伊犁将军晋昌奏奉旨署理正白汉军旗都统并卸任伊犁将军而谢恩折：晋昌卸任伊犁将军，交部议，署理正白汉军旗都统。

嘉庆十八年九月十八日朱批
嘉庆十八年八月二十日具奏
3834-037　183-3201

嘉庆十八年十月三十日伊犁将军晋昌奏因调补乌鲁木齐都统而谢恩折：新补授的陕甘总督长龄处传文内降旨：补授晋昌乌鲁木齐都统，晋昌到之前由刘芬暂署理印务，十月二十二日长龄派人把都统印交给刘芬。

嘉庆十八年十一月十二日朱批
嘉庆十八年十月二十二日具奏
3838-001　184-0479

嘉庆十九年四月二十二日伊犁将军晋昌奏将伊犁将军印务移交松筠后起赴京城折：今年四月十八日大学士将军松筠到伊犁，臣晋昌这一天把将军印等交给他后本月二十五日回京。

嘉庆十九年五月二十日朱批
嘉庆十九年四月二十二日具奏
3846-031　184-2663

附注：考订二十　松筠交印、晋昌接印日期
　　　考订二十一　晋昌交印、松筠接印日期

松 筠

清史稿·表

嘉庆十八年癸酉,兼任伊犁将军。

嘉庆二十年乙亥,十月己未召。

清史稿校注

嘉庆二十年乙亥,十月己未召。校:案清史稿本纪十六仁宗、清国史仁宗本纪、仁宗实录,命松筠回京,长龄自伊犁参赞大臣升伊犁将军在十月初九日庚申。

钱表(蒙)

嘉庆十八年 癸酉(1813)六、庚申;协、吏尚兼。九月,迁东阁,仍兼。

嘉庆二十年 乙亥(1815)十、庚申、九,11.9;召京。

章表

嘉庆十八年 癸酉(1813)六月命

嘉庆二十年 乙亥(1815)十月召

魏表

嘉庆十八年六月廿五日(1813,7,22)　　兼

嘉庆廿年十月九日(1815,11,9)　　命回京

清实录

嘉庆十八年癸酉六月二十五日庚申"晋昌著革去领侍卫内大臣,斥退伊犁将军,念其人尚不至废弃,已另降清字谕旨,令其署理正白旗汉军都统,晋昌俟新任将军松筠到彼,再行交代来京供职,仍将革职留任处分带于新任……以协办大学士吏部尚书松筠兼伊犁将军"。

仁宗实录(四)卷二百七十　P664

嘉庆二十年乙亥十月初九日庚申"命大学士御前大臣伊犁将军松筠回京，以伊犁参赞大臣长龄为将军"。

仁宗实录（五）卷三百一十一　P126

东华录

嘉庆十八年六月庚申"晋昌才识拘隘，不胜伊犁将军之任，部议降一级调用，因伊本有革职留任之案，请旨革任。晋昌著革去领侍卫内大臣，斥退伊犁将军，念其人尚不至废弃，已令降清字谕旨，令其署理正白旗汉军都统，晋昌俟新任将军松筠到彼，再行交代来京供职，仍将革职留任处分带于新任"。

嘉庆（二）　P368

嘉庆十八年九月甲申"命松筠为东阁大学士，仍留伊犁将军"。

嘉庆（二）　P376

嘉庆二十年十月庚申"召大学士松筠回京以长龄为伊犁将军"。

嘉庆（二）　P421

满档

嘉庆十八年十一月初五日新授伊犁将军松筠奏谢授大学士兼任伊犁将军恩折：最近吏部来文内降旨：补授松筠大学士仍兼伊犁将军。

嘉庆十八年十二月十六日朱批
嘉庆十八年十一月初五日具奏
3839-019　184-0802

嘉庆十九年四月二十二日新授伊犁将军松筠奏接任伊犁将军印务日期折：臣今年四月十八日到伊犁，晋昌这一天把将军印等交给我后本月二十五日回京。

嘉庆十九年五月二十日朱批
嘉庆十九年四月二十二日具奏
3846-030　184-2659

嘉庆二十一年闰六月初一日伊犁参赞大臣长龄奏接伊犁将军任折：
闰六月初一日松筠从伊犁启程，臣长龄这一天接将军印。

嘉庆二十一年闰六月二十六日朱批
嘉庆二十一年闰六月初一日具奏
3879-006　187-0421

续碑传集

"公，名松筠，字湘浦，姓玛拉特氏，先世喀尔沁部人。喀尔沁为元时大臣济勒玛之后，始迁祖达尔弥岱从太宗文皇帝平察哈尔布拉尼汗，遂为正蓝旗蒙古人……（嘉庆）五年春正月，额勒登保率兵六千自川入陕，上复命那彦成驰赴徽县，贼乃三路分窜，上命长麟代公为陕西总督，而以公为伊犁将军，又命公暂署湖广总督，夏五月八觐。又请弛私铸私盐之禁，不称旨，以副都统改领队大臣。七年春始授伊犁将军……上令运送之玉所在弃置，及玉庆为喀拉沙尔办事大臣……十四年，上乃以公为喀什噶尔参赞大臣。"

《近代中国史料丛刊第九十九辑)》（卷一）

清史列传

"松筠，玛拉特氏，蒙古正蓝旗人……（嘉庆）五年正月，授伊犁将军，寻命署理湖广总督，驰往湖北剿贼……著赏给副都统衔前赴伊犁作为领队大臣……七月，复授伊犁将军……（十四年）著赏给头等侍卫作为喀什噶尔参赞大臣……（十八年）六月，命以协办大学士兼任伊犁将军……二十年，以审办塔什密里克逆回仔牙墩一案，未候命下，将首从均置重辟，严旨切责，革去太子太保衔，仍革职留任……（二十一年）五月，召还京，命在御前大臣上行走。"

（卷三十二　P1~7）

清史稿·列传

"松筠，字湘浦，玛拉特氏，蒙古正蓝旗人……（嘉庆）五年春，额勒登保、那彦成会剿，乃分路遁。於是命长麟代为陕甘总督，授松筠伊犁将军，未之任，暂署湖广总督。自请入觐面陈军事，先在陕上疏言：'贼不患不平，而患在将平之时。既平之后，请弛私盐、私铸之禁，俾馀匪散勇有所谋生。'帝以其言迂阔，置之。至京，复以为请，忤旨，降副都统衔，充伊犁领队大臣。

七年，擢伊犁将军……十三年冬，大芳复谋逆，捕其党五十馀人诛之。次年，檄调马友元等百馀人赴伊犁种地，悉斩於途。诏斥未鞫而杀，失政体，降喀什噶尔参赞大臣。复授陕甘总督。

十八年，复出为伊犁将军，拜东阁大学士，改武英殿大学士……二十年，喀什噶尔回人仔牙敦作乱，亲往治之。仔牙敦就获，与布鲁特比图尔第迈莫特并置极刑。诏斥松筠不待命，削宫衔，召还京。"

列传一百二十九（卷三四二　P11113~11117）

附注：考订二十一　晋昌交印、松筠接印日期

　　　考订二十二　松筠交印、长龄接印日期

长龄（署）

满档

嘉庆二十年八月十九日伊犁将军松筠等奏将印务交长龄后起赴喀什噶尔折：长龄到后，松筠把将军印交给他后立即启程。八月十九日前往喀什噶尔。

嘉庆二十年九月十六日朱批
嘉庆二十年八月十九日具奏
3866-022　186-0643

附注：考订二十三　长龄接署日期

长 龄

清史稿·表

　　嘉庆二十年乙亥,伊犁将军。

　　嘉庆二十二年丁丑,二月乙丑迁。

清史稿校注

　　嘉庆二十年乙亥,伊犁将军。校:案清史稿本纪十六仁宗、清国史仁宗本纪、仁宗实录,命松筠回京,长龄自伊犁参赞大臣升伊犁将军在十月初九日庚申。

　　嘉庆二十二年丁丑,二月乙丑迁。校:案清史稿本纪十六仁宗、疆臣年表三,及清国史仁宗本纪、仁宗实录,长龄自伊犁将军调陕甘总督,晋昌自盛京将军调伊犁将军在二月初九日癸未。又案历法,是年二月无"乙丑"。此"乙丑"当作"癸未"。

钱表(蒙)

　　嘉庆二十年 乙亥(1815)十、庚申;伊犁参赞迁。

　　嘉庆二二年 丁丑(1817)二、癸未;改陕督。

章表

　　嘉庆二十年 乙亥(1815)十月命

　　嘉庆二十二年 丁丑(1817)二月调

魏表

　　嘉庆廿年十月九日(1815,11,9)　　　任

　　嘉庆廿二年二月九日(1817,3,26)　　调陕甘总督

清实录

　　嘉庆二十年乙亥十月初九日庚申"命大学士御前大臣伊犁将军松筠回京,以伊犁参赞大臣长龄为将军。"

仁宗实录(五)卷三百一十一　P126

嘉庆二十二年丁丑二月初九日癸未"以伊犁将军长龄为陕甘总督，调盛京将军晋昌为伊犁将军"。

仁宗实录（五）卷三百二十七　P312

东华录

嘉庆二十年十月庚申"召大学士松筠回京以长龄为伊犁将军"。

嘉庆（二）　P421

满档

嘉庆二十一年闰六月初一日伊犁参赞大臣长龄奏接伊犁将军任折：闰六月初一日松筠从伊犁启程，臣长龄这一天接将军印。

嘉庆二十一年闰六月二十六日朱批
嘉庆二十一年闰六月初一日具奏
3879-006　187-0421

嘉庆二十二年三月十一日伊犁将军长龄奏报卸任起赴陕甘总督任折：高杞三月初九日到伊犁，十日臣长龄将将军印派人交给他后十一日前往新职任地。

嘉庆二十二年四月十二日朱批
嘉庆二十二年三月十一日具奏
3890-031　187-3206

续碑传集

"公，讳长龄……蒙古正白旗人……（嘉庆）二十一年授伊犁将军，二十二年复授陕甘总督……（道光）五年调陕甘总督，未几授伊犁将军……十八年薨。"

《近代中国史料丛刊第九八一册》（卷三）

清史列传

"长龄，萨尔图克氏，蒙古正白旗人……（嘉庆）二十年九月，回人图尔第迈莫特听从首逆仔牙墩滋事，经伊犁将军松筠于拿获后，即行正法，上以案涉疑似，命长龄前往覆讯。二十一年二月，讯明覆奏，松筠坐专擅革职留任。五月授伊犁将军。二十二年复授陕甘总督。"

（卷三十六　P1~4）

清史稿·列传

"长龄，字懋亭，萨尔图克氏，蒙古正白旗人，尚书纳延泰子，惠龄之弟也……（嘉庆）二十一年，予都统衔，充伊犁参赞大臣，命察治回人图尔迈善狱，劾罢将军松筠，遂代之。二十二年，复授陕甘总督……（道光）五年，调陕甘，改授伊犁将军。

（道光八年）五月，槛送张格尔於京师，上御午门受俘，磔於市。晋长龄太保，赐三眼花翎，图形紫光阁。寻回京，命亲王大臣迎劳，行抱见礼於勤政殿。"

列传一百五十四（卷三六七　P11453~11456）

附注：考订二十二　松筠交印、长龄接印日期

考订二十四　长龄交印、高杞接署日期

高杞（署）

清史稿·表

嘉庆二十二年丁丑，署（晋昌）。

满档

嘉庆二十二年三月十五日乌鲁木齐都统高杞奏报接署伊犁将军日期并谢恩折：三月初九日到伊犁，十日长龄派人把将军印转交给高杞。

嘉庆二十二年四月十二日朱批
嘉庆二十二年三月十五日具奏
3890-034　187-3220

嘉庆二十二年六月初九日伊犁将军晋昌奏接任谢恩折：六月初九日

晋昌到伊犁，署理将军高杞将将军印交给晋昌。

嘉庆二十二年七月初五日朱批

嘉庆二十二年六月初九日具奏

3894-010　188-0527

清史列传

"高杞，高佳氏，满洲镶黄旗人。"

（卷三十三　P14）

附注：考订二十四　长龄交印、高杞接署日期

考订二十五　高杞卸署、晋昌接印日期

宗室晋昌

清史稿·表

嘉庆二十二年丁丑，伊犁将军。（高杞）署。

嘉庆二十五年庚辰，四月乙未，回京。

清史稿校注

嘉庆二十二年丁丑，伊犁将军。（高杞）署。校：案清史稿本纪十六仁宗、疆臣年表三，及清国史仁宗本纪、仁宗实录，长龄自伊犁将军调陕甘总督，晋昌自盛京将军调伊犁将军在二月初九日癸未。

嘉庆二十五年庚辰，四月乙未，回京。校：案清国史仁宗本纪、仁宗实录，晋昌自伊犁将军升正黄旗领侍卫内大臣，庆祥自伊犁参赞大臣升伊犁将军在四月初八日癸巳。又案历法，是年二月无"乙丑"。此"乙丑"当作"癸未"。

钱表（宗室）

嘉庆二二年　丁丑（1817）二、癸未；盛将改。

嘉庆二五年　庚辰（1820）四、癸巳、八，5.19；改正黄领卫。

章表

嘉庆二十二年 丁丑（1817）二月命（高杞）

嘉庆二十五年 庚辰（1820）四月授领侍卫内大臣

魏表

嘉庆廿二年二月九日（1817，3，26）　　调

嘉庆廿五年四月八日（1820，5，19）　　调正黄旗领侍卫内大臣

清实录

嘉庆二十二年丁丑二月初九日癸未"以伊犁将军长龄为陕甘总督，调盛京将军晋昌为伊犁将军"。

仁宗实录（五）卷三百二十七　P312

嘉庆二十五年庚辰四月初八日癸巳"伊犁将军晋昌为正黄旗领侍卫内大臣，伊犁参赞大臣庆祥为将军。"

仁宗实录（五）卷三百六十九　P872

满档

嘉庆二十二年六月初九日伊犁将军晋昌奏接任谢恩折：六月初九日晋昌到伊犁，署理将军高杞将将军印交给晋昌。

嘉庆二十二年七月初五日朱批
嘉庆二十二年六月初九日具奏
3894-010　188-0527

嘉庆二十五年五月十二日伊犁将军晋昌奏报卸任赴热河觐见启程日期折：最近接到兵部来文内，嘉庆二十五年四月初八日降旨，晋昌任伊犁将军期间很好，但其母年老，其弟已故，故赐恩令其返京，补授庆祥为伊犁将军，授和宁为内大臣，和宁之缺由晋昌补授领侍卫内大臣，晋昌来京之前，和宁照例署理。

嘉庆二十五年六月初十日朱批
嘉庆二十五年五月十二日具奏
3940-051　191-0675

嘉庆二十五年五月十二日伊犁将军庆祥奏接任谢恩折：五月十三日，晋昌从伊犁启程，晋昌把印交给庆祥。

嘉庆二十五年六月十日朱批

嘉庆二十五年五月十二日具奏

3941-001　191-0690

附注：考订二十五　高杞卸署、晋昌接印日期

考订二十六　晋昌交印、庆祥接印日期

庆　祥

清史稿·表

嘉庆二十五年庚辰，伊犁将军。

道光五年乙酉，九月甲辰来京。（德英阿）署。（长龄十月庚辰）代署。

道光五年乙酉，十一月壬午，迁。（长龄）补。

清史稿校注

嘉庆二十五年庚辰，伊犁将军。校：案清国史仁宗本纪、仁宗实录，晋昌自伊犁将军升正黄旗领侍卫内大臣，庆祥自伊犁参赞大臣升伊犁将军在四月初八日癸巳。

道光五年乙酉，十一月壬午，迁。（长龄）补。校：案清史稿本纪宣宗一、清国史宣宗本纪、宣宗实录，是年九月二十日甲辰，命德英阿以乌里雅苏台将军署伊犁将军。俟其抵任，庆祥交代后来京陛见；十一月二十九日壬子，庆祥调喀什噶尔参赞大臣兼镶黄旗汉军都统，长龄实授予伊犁将军。又案历法，是年十一月无"壬午"。此"壬午"当作"壬子"。

钱表（蒙）

嘉庆二五年　庚辰（1820）四、癸巳；伊犁参赞迁。

道光五年 乙酉（1825）十一、癸卯、廿，12.29；往喀什噶尔（张格尔）。十一、壬子、廿九、1.7；改喀什噶尔参赞。

章表

嘉庆二十五年 庚辰（1820）四月命

道光五年 乙酉（1825）九月召十一月调喀什噶尔参赞大臣（德英阿九月署十月回任）

魏表

嘉庆廿五年四月八日（1820，5，19）　　　任

道光五年九月廿日（1825，10，31）　　　到京陛见

备：十月十九日由於喀什噶尔卡伦外逆夷滋事，毋庸进京陛见

道光五年十月廿七日（1825，12，6）　　前往喀什噶尔筹办张格尔案

道光五年十一月廿九日（1826，1，7）　　调喀什噶尔参赞大臣

清实录

嘉庆二十五年庚辰四月初八日癸巳"伊犁将军晋昌为正黄旗领侍卫内大臣，伊犁参赞大臣庆祥为将军"。

仁宗实录（五）卷三百六十九　P872

道光五年乙酉九月二十日甲辰谕"军机大臣等，庆祥自简任伊犁将军以来……特令不必前来请训……著即驰驿来京陛见……伊犁将军事务较繁，现降旨令德英阿驰驿前往署理"。

宣宗实录（二）卷八十九　P426

道光五年乙酉九月二十八日壬子又谕，"庆祥奏接据喀什噶尔咨调官兵拣派前往……前经有旨，令庆祥来京陛见，现有此事，即德英阿到彼须会同商办，著暂缓来京，候旨遵行……"。

宣宗实录（二）卷八十九　P434

道光五年乙酉十月十九日壬申又谕，"前有旨，令德英阿署伊犁将

军，以便庆祥来京陛见，现已谕令庆祥无庸来京，德英阿不必前往伊犁，接奉此旨，无论行抵何处，即取道赴乌里雅苏台新任，将此谕令知之。又谕，前有旨令庆祥来京陛见，嗣因喀什噶尔卡伦外逆夷滋事，谕知该将军暂缓来京，候旨遵行，朕思边疆紧要，未便遽易生手，庆祥在伊犁任事有年，于该处情形较为熟悉，现在张格尔窜逃未获，难保不乘间窥伺，所有派防调兵事宜均须庆祥随时察看情形，一手经理，现已降旨令德英阿无庸前赴伊犁，即赴乌里雅苏台新任，将此谕令庆祥知之"。

宣宗实录（二）卷九十　P451

道光五年乙酉十一月二十九日壬子"实授长龄伊犁将军，庆祥喀什噶尔参赞大臣兼镶黄旗汉军都统"。

宣宗实录（二）卷九十一　P483

东华录

道光五年九月壬子"前经降旨令庆祥来京陛见，见有此事即德英阿到彼须会同商办，著暂缓前来，候旨遵行"。

道光（一）　P92

道光五年十月庚辰"见已明降谕旨，令长龄署伊犁将军，庆祥俟长龄到任后迅速前往喀什噶尔会同永芹相机妥办……以长龄署伊犁将军"。

道光（一）　P93

道光五年十一月癸卯"命庆祥总办喀什噶尔军务"。

道光（一）　P94

道光五年十一月壬子"永芹病故，以庆祥为喀什噶尔参赞大臣，实授长龄伊犁将军"。

道光（一）　P95

满档

嘉庆二十五年五月十二日伊犁将军晋昌奏报卸任赴热河觐见启程日期折：最近接到兵部来文内，嘉庆二十五年四月初八日降旨，晋昌任伊犁将军期间很好，但其母年老，其弟已故，故赐恩令其返京，补授庆祥为伊犁将军，授和宁为内大臣，和宁之缺由晋昌补授领侍卫内大臣，晋昌来京之前，和宁照例署理。

嘉庆二十五年六月初十日朱批

嘉庆二十五年五月十二日具奏

3940-051　191-0675

嘉庆二十五年五月十二日伊犁将军庆祥奏接任谢恩折：五月十三日，晋昌从伊犁启程，晋昌把印交给庆祥。

嘉庆二十五年六月十日朱批

嘉庆二十五年五月十二日具奏

3941-001　191-0690

道光六年正月初三日伊犁将军庆祥奏将伊犁将军印务移交英惠后启程赴喀什噶尔折：英惠正月初二日到伊犁，这一天庆祥派人把将军印交给他。

道光六年二月初四日朱批

道光六年正月初三日具奏

4029-048　196-1647

清史列传

"庆祥，图伯特氏，蒙古正白旗人……（嘉庆）二十五年四月，授伊犁将军……（道光五年）九月，张格尔复来犯卡……命庆祥为喀什噶尔参赞大臣，速往剿办。"

（卷三十五　P30~32）

清史稿·列传

"庆祥，图博特氏，蒙古正白旗人，大学士保宁子……（嘉庆）二十五年，授伊犁将军……道光五年夏，张格尔复扰边，内地回户多与通。帮办大臣巴彦巴图率兵出塞掩之，不遇，即纵杀游牧布鲁特而还。其酋汰列克追覆官军於山谷，贼遂猖獗，褫参赞大臣永芹职，命庆祥代之。"

列传一百五十五（卷三六八　P11482~11483）

附注：考异二十五　道光五年庆祥召京未离任、德英阿亦未到署任
　　　考订二十六　晋昌交印、庆祥接印日期
　　　考订二十七　庆祥交印、英惠接署日期

德英阿（署）

清史稿·表

道光五年乙酉，（庆祥九月甲辰来京）署伊犁将军。

清史稿校注

道光五年乙酉，（庆祥九月甲辰来京）署伊犁将军。校：案清史稿本纪宣宗一、清国史宣宗本纪、宣宗实录，是年九月二十日甲辰，命德英阿以乌里雅苏台将军署伊犁将军。俟其抵任，庆祥交代后来京陛见。

章表

道光五年　乙酉（1825）九月署十月回任。

魏表

道光五年九月廿日（1825，10，31）　　　署

备：旋谕德英阿毋庸署

清实录

道光五年乙酉九月二十日甲辰谕"军机大臣等，庆祥自简任伊犁将军以来……特令不必前来请训……著即驰驿来京陛见……伊犁将军事务较繁，现降旨令德英阿驰驿前往署理"。

宣宗实录（二）卷八十九　P426

道光五年乙酉九月二十八日壬子又谕，"庆祥奏接据喀什噶尔咨调官兵拣派前往……前经有旨，令庆祥来京陛见，现有此事，即德英阿到彼

须会同商办，著暂缓来京，候旨遵行……"。

宣宗实录（二）卷八十九　P434

道光五年乙酉十月十九日壬申又谕："前有旨，令德英阿署伊犁将军，以便庆祥来京陛见，现已谕令庆祥无庸来京，德英阿不必前往伊犁，接奉此旨，无论行抵何处，即取道赴乌里雅苏台新任，将此谕令知之。又谕，前有旨令庆祥来京陛见，嗣因喀什噶尔卡伦外逆夷滋事，谕知该将军暂缓来京，候旨遵行，朕思边疆紧要，未便遽易生手，庆祥在伊犁任事有年，于该处情形较为熟悉，现在张格尔窜逃未获，难保不乘间窥伺，所有派防调兵事宜均须庆祥随时察看情形，一手经理，现已降旨令德英阿无庸前赴伊犁，即赴乌里雅苏台新任，将此谕令庆祥知之。"

宣宗实录（二）卷九十　P451

附注：考异二十五　道光五年庆祥召京未离任、德英阿亦未到署任

英惠（署）

魏表

道光五年十一月廿六日（1826，1，4）　　　暂署

清实录

道光五年乙酉十一月二十六日己酉又谕"现在永芹患病日久，若俟长龄到任后，庆祥再行前往，未免稽迟。所有伊犁将军印务著英惠驰往暂行署理"。

宣宗实录（二）卷九十一　P479

满档

道光六年正月初三日伊犁将军庆祥奏将伊犁将军印务移交英惠后启程赴喀什噶尔折：英惠正月初二日到伊犁，这一天庆祥派人把将军印交

给他。

道光六年二月初四日朱批
道光六年正月初三日具奏
4029-048　196-1647

军机处录副奏折

……奴才英惠跪奏为恭报交卸日期仰祈圣鉴事窃奴才钦奉恩命署伊犁将军于正月初二日接印任事当经缮折具奏在案前新任将军长龄于二月初十日行抵伊犁奴才遵将钦颁将军印信一颗及王命旗牌书籍文卷等项移交长龄接收任事讫奴才即于次日起身东旋除俟回抵乌鲁木齐再行恭折具奏外所有交卸日期理合缮折奏闻伏乞皇上圣鉴谨奏

道光六年三月十二日奉朱批知道了钦此

二月十一日
03-2880-033

附注：考订二十七　庆祥交印、英惠接署日期
　　　考订二十八　英惠卸署、长龄接印日期

长龄（署）

清史稿·表

道光五年乙酉，十月庚辰，（庆祥九月甲辰来京）代署。

道光五年乙酉，庆祥十一月壬午迁后，长龄补。

道光六年丙戌，七月乙巳差。（德英阿）七月丁未，署。

清史稿校注

道光五年乙酉，庆祥十一月壬午迁后，长龄补。校：案清史稿本纪宣宗一、清国史宣宗本纪、宣宗实录，是年九月二十日甲辰，命德英阿以乌里雅苏台将军署伊犁将军。俟其抵任，庆祥交代后来京陛见；十一

月二十九日壬子，庆祥调喀什噶尔参赞大臣兼镶黄旗汉军都统，长龄实授予伊犁将军。又案历法，是年十一月无"壬午"。此"壬午"当作"壬子"。

道光六年丙戌，七月乙巳差。（德英阿）七月丁未，署。校：案清史稿本纪十七宣宗一、清国史宣宗本纪、宣宗实录，是年七月二十四日甲辰，命长龄为扬威将军，办回变，伊犁将军印务著德英阿以伊犁参赞大臣署理。

钱表（蒙）

道光五年 乙酉（1825）十、庚辰、廿七，12.6；署。十一、壬子；文华，陕督授，留任。

道光六年 丙戌（1826）七、甲辰、廿四，8.27；授扬威将军（张格尔）。定左德英阿署。

道光七年 丁亥（1827）九、癸亥、廿一，11.9；回京。十一、乙巳、四，12.21；命暂缓回京。（八年、六、甲戌、六，1828.7.17；回京。）

章表

道光五年 乙酉（1825）十月署十一月实授

道光六年 丙戌（1826）七月调任扬威将军

魏表

道光五年十月廿七日（1825，12，6）　　署

备：未到任前，以英惠暂署

道光五年十一月廿九日（1826，1，7）　　任

道光六年七月廿四日（1826，8，27）　　授为扬威将军剿办逆回

道光七年九月廿一日（1827，11，9）毋庸在喀什噶尔城督办，回京供职

清实录

道光五年乙酉十月二十七日庚辰"以大学士陕甘总督长龄署伊犁将军"。

宣宗实录（二）卷九十一 P459

道光五年乙酉十一月二十九日壬子"实授长龄伊犁将军，庆祥喀什噶尔参赞大臣兼镶黄旗汉军都统"。

宣宗实录（二）卷九十一 P483

道光六年丙辰七月二十四日甲辰谕"军机大臣等，现降谕旨授长龄为扬威将军剿办逆回……并已饬德英阿速赴伊犁参赞之任，长龄将军印务交德英阿署理，即前往督办军务"。

宣宗实录（二）卷一百零一 P658

道光七年丁亥九月二十一日癸亥"长龄无庸在彼督办，著即来京供职，伊犁将军著德英阿补授"。

宣宗实录（二）卷一百二十六 P1103

道光七年丁亥十一月初四日乙巳"前因四城办事大臣俱经简放有人，是以降旨令长龄回京供职，现在武隆阿患病开缺，所有一切善后事宜应办者甚多，长龄著暂缓来京"。

宣宗实录（二）卷一百二十九 P1150

东华录

道光五年十月庚辰"见以明降谕旨，令长龄署伊犁将军，庆祥俟长龄到任后迅速前往喀什噶尔会同永芹相机妥办……以长龄署伊犁将军"。

道光（一）P93

道光五年十一月壬子"永芹病故，以庆祥为喀什噶尔参赞大臣，实授长龄伊犁将军"。

道光（一）P95

道光七年九月癸亥"喀什噶尔见有武隆阿、诚端、苏清阿三人，长龄无庸在彼督办，著即来京供职，伊犁将军著德英阿补授，伊犁参赞大臣著容安补授"。

道光（一） P143

军机处录副奏折

……奴才英惠跪奏为恭报交卸日期仰祈圣鉴事窃奴才钦奉恩命署伊犁将军于正月初二日接印任事当经缮折具奏在案前新任将军长龄于二月初十日行抵伊犁奴才遵将钦颁将军印信一颗及王命旗牌书籍文卷等项移交长龄接收任讫奴才即于次日起身东旋除俟回抵乌鲁木齐再行恭折具奏外所有交卸日期理合缮折奏闻伏乞皇上圣鉴谨奏

道光六年三月十二日奉朱批知道了钦此

二月十一日

03-2880-033

清史稿·列传

"长龄，字懋亭，萨尔图克氏，蒙古正白旗人，尚书纳延泰子，惠龄之弟也……（嘉庆）二十一年，予都统衔，充伊犁参赞大臣，命察治回匪图尔迈善狱，劾罢将军松筠，遂代之。二十二年，复授陕甘总督……（道光）五年，调陕甘，改授伊犁将军。

（道光八年）五月，槛送张格尔於京师，上御午门受俘，磔於市。晋长龄太保，赐三眼花翎，图形紫光阁。寻回京，命亲王大臣迎劳，行抱见礼於勤政殿。"

列传一百五十四卷三六七　P11453~11456

附注：考订二十八　英惠卸署、长龄接印日期

德英阿

清史稿·表

道光六年丙戌，七月丁未，（长龄七月乙巳差）署。

道光七年丁亥。

道光九年己丑，六月甲戌卒。

清史稿校注

道光六年丙戌，七月丁未，（长龄七月乙巳差）署。校：案清史稿本纪十七宣宗一、清国史宣宗本纪、宣宗实录，是年七月二十四日甲辰，命长龄为扬威将军，办回变，伊犁将军印务著德英阿以伊犁参赞大臣署理。

道光七年丁亥。校：案宣宗实录，是年十二月初三日甲戌，命格布舍来京。

道光九年己丑，六月甲戌卒。校：案清史稿部院大臣年表六上、宣宗实录、国朝耆献类徵初编卷三一七，是年五月，德英阿卒，至六月十二日甲戌，赠官，赏银治丧，予祭葬，赐谥。

钱表（满）

道光六年 丙戌（1826）七、甲辰、廿四，8.27；长龄授扬威将军（张格尔）。定左德英阿署。

道光七年 丁亥（1827）九、癸亥；伊犁参赞迁。

道光九年 己丑（1829）六、甲戌、十二，7.12；死（刚果）。

章表

道光六年 丙戌（1826）七月署

道光七年 丁亥（1827）九月实授

道光九年 己丑（1829）六月卒

魏表

道光六年七月廿四日（1826，8，27）　　　署

道光七年九月廿一日（1827，11，9）　　　任

道光九年六月十日（1829，7，10）　　　因病赏假一月

备：六月十二日卒（根据道光九年奏折档页234载实五月十七日卒）

清实录

道光六年丙辰七月二十四日甲辰"谕军机大臣等，现降谕旨授长龄为扬威将军剿办逆回……并已饬德英阿速赴伊犁参赞之任，长龄将军印务交德英阿署理，即前往督办军务。"

宣宗实录（二）卷一百零一　P658

道光七年丁亥九月二十一日癸亥"长龄无庸在彼督办，著即来京供职，伊犁将军著德英阿补授"。

宣宗实录（二）卷一百二十六　P1103

道光九年己丑六月初十日壬申"谕军机大臣等，本日德英阿因病请假著赏假一月调养，降旨令容安署理将军印务"。

宣宗实录（三）卷一百五十七　P416

道光九年己丑六月十二日甲戌"赠故伊犁将军德英阿太子太保，赏银二千两治丧，赐祭葬谥刚果"。

宣宗实录（三）卷一百五十七　P417

东华录

道光七年九月癸亥"喀什噶尔见有武隆阿、诚端、苏清阿三人，长龄无庸在彼督办，著即来京供职，伊犁将军著德英阿补授，伊犁参赞大臣著容安补授"。

道光（一）　P143

满档

道光六年十二月十一日署伊犁将军德英阿奏接将军印日期折：现长龄处协领期成额带将军印，十二月十日送到伊犁，德英阿接印，德英阿将办事大臣印封存库里。

道光七年正月初八日朱批
道光六年十二月十一日具奏
4043-004　197-1216

道光七年十月二十七日伊犁将军德英阿奏谢实授将军之恩折：十月二十五日接到吏部来文内，道光七年九月二十一日降旨，令长龄回京当差补授德英阿为伊犁将军，参赞大臣之缺由容安补授。

道光七年十一月二十五日朱批
道光七年十月二十七日具奏
4052-029　198-0096

录副奏折

奏报将军德英阿患病出缺情形循例代办将军事务并代呈遗折事（03-2884-047）：……德英阿自揣病体难支，遂于十四日商之奴才容安，具折奏请赏假一月。奴才容安亦附片奏闻在案，德英阿病势沉重，两日以来，辗转床褥，一息奄奄，兹于五月十七日寅时因病出缺。奴才容安查照乾隆五十年，前任将军伊勒图在任病故，唯照参赞大臣永铎暂行代理，旧案当将王命旗牌令箭及将军印信敬谨请至参赞大臣衙门，暂行恭代所有地方应办事件……

五月十八日
道光九年六月十二日奉朱批钦此

附注：考订二十九　德英阿接署日期
　　　考订三十　德英阿病故、容安循例代办

容安（署）

魏表

道光九年六月十日（1829，7，10）　　　　署

清实录

道光九年己丑六月初十日壬申谕"军机大臣等，本日德英阿因病请假，著赏假一月调养，降旨令容安署理将军印务"。

宣宗实录（三）卷一百五十七　P416

满档

　　道光九年十一月初七日伊犁将军玉麟奏接任谢恩折：十一月五日玉麟到伊犁，署理将军容安派人将将军印交给他。

道光九年十二月初七日朱批
道光九年十一月初七日具奏
4082-045　200-0538

录副奏折

　　奏报将军德英阿患病出缺情形循例代办将军事务并代呈遗折事（03-2884-047）：……德英阿自揣病体难支，遂于十四日商之奴才容安，具折奏请赏假一月。奴才容安亦附片奏闻在案，德英阿病势沉重，两日以来，辗转床褥，一息奄奄，兹于五月十七日寅时因病出缺。奴才容安查照乾隆五十年，前任将军伊勒图在任病故，唯照参赞大臣永铎暂行代理，旧案当将王命旗牌令箭及将军印信敬谨请至参赞大臣衙门，暂行恭代所有地方应办事件……

五月十八日
道光九年六月十二日奉朱批钦此

　　附注：考订三十　德英阿病故、容安循例代办
　　　　　考订三十一　容安卸署、玉麟接印日期

玉　麟

清史稿·表

　　道光九年己丑，伊犁将军。
　　道光十二年壬辰，九月甲寅召。

清史稿校注

　　道光九年己丑，伊犁将军。校：案清史稿部院大臣年表六上、宣宗

实录、国朝耆献类徵初编卷三一七，是年五月，德英阿卒，至六月十二日甲戌，赠官，赏银治丧，予祭葬，赐谥；同日，玉麟自兵部尚书调伊犁将军。

道光十二年壬辰，九月甲寅召。校：案宣宗实录，是年九月十一日甲寅，命玉麟来京。

钱表（满）

道光九年 己丑（1829）六、甲戌；兵尚授。

道光十二年 壬辰（1832）九、甲寅；召京。(十三年死，文恭)

章表

道光九年 己丑（1829）六月署十一月实授

道光十二年 壬辰（1832）九月召

魏表

道光九年六月十二日（1829，7，12）　　　任

道光十二年九月十一日（1832，10，4）　　命到京

备：由兵部尚书迁

清实录

道光九年己丑六月十二日甲戌"以兵部尚书玉麟为伊犁将军"。

宣宗实录（三）卷一百五十七　P417

道光十二年壬辰九月十一日甲寅"命伊犁将军玉麟来京，调西安将军特依顺保为伊犁将军"。

宣宗实录（四）卷二百一十九　P268

东华录

道光九年六月甲戌"以玉麟为伊犁将军"。

道光（一）　P177

满档

道光九年十一月初七日伊犁将军玉麟奏接任谢恩折：十一月五日玉

麟到伊犁，署理将军容安派人将将军印交给他。

道光九年十二月初七日朱批
道光九年十一月初七日具奏
4082-045　200-0538

　　道光十二年九月二十八日西安将军奏奉旨调任伊犁将军谢恩折：九月二十四日接到军机处来文内九月十一日降旨，令玉麟回京当差，伊犁将军之缺调补特依顺保，他的西安将军之缺补授霍安格，特依顺保奉旨把将军印交存华署理后去新职任地。

道光十二年九月二十二日朱批
道光十二年九月二十八日具奏
4119-040　202-2298

　　道光十二年十二月初六日伊犁将军玉麟奏卸任回京折：特依顺保十一月二十九日到伊犁，臣玉麟派人把将军印交给他后，十二月初六日启程回京。

道光十三年正月十一日朱批
道光十二年十二月初六日具奏
4123-040　202-3264

清史列传

　　"玉麟，哈达纳喇氏，满洲正黄旗人……（道光九年）六月，授伊犁将军……（十二年）九月，命来京……十三年三月，回京，行至陕西长安县，病卒。"

（卷三十四　P45~52）

清史稿·列传

　　"玉麟，字子振，哈达纳喇氏，满洲正黄旗人……上方廑顾西陲，以玉麟悉边务，（道光）九年，特命出为伊犁将军。

　　十三年，命回京，以特依顺保代之。行至陕西，卒於途次。"

列传一百五十四（卷三六七　P11462~11465）

附注：考异二十六　玉麟命授日期
　　　考订三十一　容安卸署、玉麟接印日期
　　　考订三十三　玉麟交印、特依顺保接印日期

布彦泰（署）

满档

道光十二年三月二十三日署伊犁将军布彦泰奏调补塔尔巴哈台参赞大臣谢恩折：布彦泰三月十七日接到兵部来文内道光十二年二月二十三日降旨，伊犁参赞大臣布彦泰与塔尔巴合台参赞大臣常德互调。

　　　　　　　　　　　道光十二年四月二十二日朱批
　　　　　　　　　　　道光十二年三月二十三日具奏
　　　　　　　　　　　4114-022　202-0995

道光十二年四月初四日署伊犁将军布彦泰奏报卸任起赴塔尔巴哈台参赞大臣日期折：将军玉麟四月初二日返回伊犁，臣布彦泰将暂署将军事务，办事大臣印等交给他后本月初四日前往塔尔巴哈台。

　　　　　　　　　　　道光十二年五月初八日朱批
　　　　　　　　　　　道光十二年四月初四日具奏
　　　　　　　　　　　4114-048　202-1112

军机处录副奏折

……奴才布彦泰跪奏为恭报接署将军事务并钤用库贮办事大臣印信日期叩谢天恩仰祈臣鉴事本年三月十三日将军玉麟接军机大臣字寄奉上谕朕恩……著玉麟接奉此旨即将伊犁将军印信交布彦泰署理……兹于本月二十六日准玉麟将库贮办事大臣印信及令箭书籍等件移交奴才只收任事玉麟即日启程……赴阿克苏……

道光十一年四月二十日奉朱批知道了钦此

三月廿六日

03-2889-053

清史稿·列传

"布彦泰，颜扎氏，满洲正黄旗人……（道光）二十年，授伊犁将军，入觐，命在御前行走。及赴任，授镶黄旗蒙古都统……二十五年，授陕甘总督。"

列传一百六十九（卷三八二　P11639~11640）

附注：考订三十二　布彦泰接署、卸署日期

特依顺保

清史稿·表

道光十二年壬辰，伊犁将军。

道光十七年丁酉，九月甲申召。（奕山）署。

道光十八年戊戌，四月庚午，留京

清史稿校注

道光十七年丁酉，九月甲申召。（奕山）署。校：案宣宗实录，命特依顺保来京陛见，伊犁将军著奕山以伊犁参赞大臣署理在十月初九日癸丑。

道光十八年戊戌，四月庚午，留京。校：案清史稿本纪十八宣宗二、清国史宣宗本纪、宣宗实录，特依顺保自伊犁将军调内大臣，奕山自伊犁参赞大臣升伊犁将军在四月三十日辛未。

钱表（满）

道光十二年　壬辰（1832）九、甲寅；西将改。

道光十七年　丁酉（1837）十、癸丑、九，11.6；召陛，参赞奕山署。

道光十八年　戊戌（1838）四、庚午、廿九，5.22；改内大臣。

章表

道光十二年 壬辰（1832）九月命

道光十七年 丁酉（1837）九月召（奕山九月署）

道光十八年 戊戌（1838）四月召

魏表

道光十二年九月十一日（1832，10，4）　　　调

道光十七年十月九日（1837，11，6）　　　到京陛见

道光十八年四月卅日（1838，5，23）　　　调内大臣

清实录

道光十二年壬辰九月十一日甲寅"命伊犁将军玉麟来京，调西安将军特依顺保为伊犁将军"。

宣宗实录（四）卷二百一十九　P268

道光十七年丁酉十月初九日癸丑"命伊犁将军特依顺保来京陛见，以参赞大臣奕山署将军"。

宣宗实录（五）卷三百零二　P705

道光十八年戊戌四月三十日辛未"以伊犁将军特依顺保为内大臣加太子太保，命在紫禁城骑马，以伊犁参赞大臣为将军"。

宣宗实录（五）卷三百零九　P804

满档

道光十二年九月二十八日西安将军奏奉旨调任伊犁将军谢恩折：九月二十四日接到军机处来文内九月十一日降旨，令玉麟回京当差，伊犁将军之缺调补特依顺保，他的西安将军之缺补授霍安格，特依顺保奉旨把将军印交存华署理后去新职任地。

道光十二年九月二十二日朱批

道光十二年九月二十八日具奏

4119-040　202-2298

道光十二年十二月初六日伊犁将军玉麟奏卸任回京折：特依顺保十一月二十九日到伊犁，臣玉麟派人把将军印交给他后，十二月初六日启程回京。

道光是三年正月十一日朱批
道光十二年十二月初六日具奏
4123-040　202-3264

道光十七年十一月十八日伊犁将军特依顺保等奏保举伊犁锡伯营领队大臣湍多布护理参赞大臣印务折：奕山十一月十二日到伊犁，臣十一月二十八日把将军印交给奕山后立即回京。

道光十七年十二月二十一日朱批
道光十七年十一月十八日具奏
4183-009　207-1434

清史稿·列传

"特依顺保，钮祜禄氏，满洲正白旗人。由吉林前锋长从征廓尔喀，有功……调伊犁，承玉麟之后，休息边氓，抚驭夷部。巴尔楚克诸地屯田渐兴，酌撤防兵。在任五年，边疆无事。道光十八年，入觐，诏嘉其治边措施悉当，加太子太保，授内大臣，留京供职。寻授领侍卫内大臣。"

列传一百五十四（卷三六七　P11465～11466）

附注：考异二十七　特依顺保召京、奕山命署日

考异二十八　特依顺保调内大臣、奕山调伊犁将军日期

考订三十三　玉麟交印、特依顺保接印日期

考订三十四　特依顺保交印、奕山接署日期

宗室奕山

清史稿·表

道光十七年丁酉,(特依顺保九月甲申召)署伊犁将军。

道光十八年戊戌,四月庚午,特依顺保留京,奕山任。

道光十九年己亥,正月戊午忧。(关福)署。

道光二十年庚子,三月庚戌召。(布彦泰)任。(关福)署。

清史稿校注

道光十七年丁酉,(特依顺保九月甲申召)署伊犁将军。校:案宣宗实录,命特依顺保来京陛见,伊犁将军著奕山以伊犁参赞大臣署理在十月初九日癸丑。

道光十八年戊戌,四月庚午,特依顺保留京,奕山任。校:案清史稿本纪十八宣宗二、清国史宣宗本纪、宣宗实录,特依顺保自伊犁将军调内大臣,奕山自伊犁参赞大臣升伊犁将军在四月三十日辛未。

道光二十年庚子,三月庚戌召。(布彦泰)任。(关福)署。校:案清国史宣宗本纪、宣宗实录,是年三月二十日庚戌,命奕山来京供职。

钱表(宗室)

道光十七年 丁酉(1837)十、癸丑、九,11.6;特依顺保召陛,参赞奕山署。

道光十八年 戊戌(1838)四、庚午;伊犁参赞迁。

道光二十年 庚子(1840)三、庚戌、廿,4.21;召京。

章表

道光十七年 丁酉(1837)特依顺保九月召,奕山九月署。

道光十八年 戊戌(1838)四月命

道光十九年 己亥(1839)正月丁忧(关福正月署)

道光二十年 庚子（1840）三月召

魏表

  道光十七年十月九日（1837，11，6）　　　　署

  道光十八年四月卅日（1838，5，23）　　　　任

  道光十九年正月廿一日（1839，3，6）　　　　丁母忧

  备：离职根据道光十九年正月长编总档

  道光廿年三月廿日（1840，4，21）　　　　到京供职

清实录

  道光十七年丁酉十月初九日癸丑"命伊犁将军特依顺保来京陛见，以参赞大臣奕山署将军"。

宣宗实录（五）卷三百零二　P705

  道光十八年戊戌四月三十日辛未"以伊犁将军特依顺保为内大臣加太子太保，命在紫禁城骑马，以伊犁参赞大臣为将军"。

宣宗实录（五）卷三百零九　P804

  道光二十年庚子三月二十日庚戌"命伊犁将军兼正红旗汉军都统奕山来京供职，以察哈尔都统布彦泰为伊犁将军，未到任前以伊犁参赞大臣关福署理"。

宣宗实录（六）卷三百三十二　P39

满档

  道光十七年十一月十八日伊犁将军特依顺保等奏保举伊犁锡伯营领队大臣湍多布护理参赞大臣印务折：奕山十一月十二日到伊犁，臣十一月二十八日把将军印交给奕山后立即回京。

道光十七年十二月二十一日朱批
道光十七年十一月十八日具奏
4183-009　207-1434

清史列传

"宗室奕山,镶蓝旗人……(道光)十五年正月,授镶蓝旗汉军副都统,旋授伊犁参赞大臣……(十八)四月,授伊犁将军。"

(卷五十六 P11)

清史稿·列传

"宗室奕山,恂郡王允䄉四世孙,隶镶蓝旗……(道光)十八年,授伊犁将军……二十三年,释之,予二等侍卫,充和阗办事大臣,调伊犁参赞大臣,署将军……二十九年,授伊犁将军……累授内大臣、御前大臣,仍留将军任……(咸丰)五年,调黑龙江将军。"

列传一百六十(卷三七三 P11537~11539)

附注:考异二十七 特依顺保召京、奕山命署日

考异二十八 特依顺保调内大臣、奕山调伊犁将军日期

考订三十四 特依顺保交印、奕山接署日期

关福(署)

清史稿·表

道光十九年己亥,(奕山正月戊午忧)署。

章表

道光十九年 己亥(1839)正月,奕山丁忧,正月署。

魏表

道光十九年正月廿一日(1839,3,6)署

清实录

道光十九年己亥正月二十一日戊午"以伊犁参赞大臣关福署将军"。

宣宗实录(五)卷三百一十八 P972

附注:考异二十九 奕山丁忧,关福署

关福（署）

清史稿·表

道光二十年庚子，（奕山三月庚戌召）署（布彦泰）。

清实录

道光二十年庚子三月二十日庚戌"命伊犁将军兼正红旗汉军都统奕山来京供职，以察哈尔都统布彦泰为伊犁将军，未到任前以伊犁参赞大臣关福署理"。

宣宗实录（六）卷三百三十二　P39

满档

道光二十年六月十四日署伊犁将军关福奏报因病将伊犁参赞大臣印交领队大臣护理折：关福六月十四日把将军印交给领队大臣护理。

道光二十年六月十四日具奏
4210-007　209-2154

道光二十年六月十六日伊犁领队大臣赛什雅勒泰等奏报署伊犁将军参赞大臣关福病故请速委员署理印务折：关福六月十五日病故，臣赛什雅勒泰将将军印暂时看守。

道光二十年七月十五日朱批
道光二十年六月十六日具奏
4210-025　209-2237

附注：考异三十　布彦泰到任前关福署

赛什雅勒泰（署）

满档

　　道光二十年六月十四日署伊犁将军关福奏报因病将伊犁参赞大臣印交领队大臣护理折：关福六月十四日把将军印交给领队大臣护理。

道光二十年六月十四日具奏
4210-007　209-2154

　　道光二十年六月十六日伊犁领队大臣赛什雅勒泰等奏报署伊犁将军参赞大臣关福病故请速委员署理印务折：关福六月十五日病故，臣赛什雅勒泰将将军印暂时看守。

道光二十年七月十五日朱批
道光二十年六月十六日具奏
4210-025　209-2237

　　附注：考订三十五　赛什雅勒泰署

布彦泰

清史稿·表

　　道光二十年庚子，伊犁将军。（关福）署。
　　道光二十五年乙巳，十一月辛酉迁。

钱表（满）

　　道光二十年　庚子（1840）三、庚戌；察都改。
　　道光二五年　乙巳（1845）十一、辛酉、四，12.2；改陕督。参赞舒兴阿署。

章表

  道光二十年 庚子（1840）三月命

  道光二十五年 乙巳（1845）十一月调陕甘总督

魏表

  道光廿年三月廿日（1840，4，21）   任

  道光廿五年十一月四日（1845，12，2） 调陕甘总督

  备：由察哈尔都统迁，未到任前，以关福署理

清实录

  道光二十年庚子三月二十日庚戌"命伊犁将军兼正红旗汉军都统奕山来京供职，以察哈尔都统布彦泰为伊犁将军，未到任前以伊犁参赞大臣关福署理"。

宣宗实录（六）卷三百三十二 P39

  道光二十五年乙巳十一月初四日辛酉"以伊犁将军布彦泰为陕甘总督……以热河都统萨迎阿为伊犁将军，未到任前以伊犁参赞大臣舒兴阿署理"。

宣宗实录（七）卷四百二十三 P310

东华录

  道光二十五年十一月辛酉"以布彦泰为陕甘总督，由伊犁将军迁"。

道光（二） P400

满档

  道光二十年九月初三日伊犁将军奏接任谢恩折：八月二十九日布彦泰到伊犁，这一天领队大臣勒福凯明阿华山布等将将军印交给他。

道光二十年十月初四日朱批
道光二十年九月初三日具奏
4212-051 209-2876

  道光二十二年十二月十五日伊犁将军布彦泰等奏奉旨回京当差谢恩

折：最近将军布彦泰参赞庆易传传文内降旨内令凯明阿回京行差赏多光副都统衔任伊犁领队大臣。

道光二十三年正月十六日朱批
道光二十二年十二月十五日具奏
4243-040　211-3126

道光二十六年正月初六日伊犁将军布彦泰奏交卸将军印务启程赴陕甘总督任折：十二月十八日布彦泰将军印交给舒兴阿，正月初六日前往新职任地。

道光二十六年二月初五日朱批
道光二十六年正月初六日具奏
4279-037　214-1373

清史列传

"布彦泰，颜扎氏，满洲正黄旗人……（道光）二十年三月，擢伊犁将军，四月入觐，命在御前行走，五月赴将军任……（二十五年）十一月升陕甘总督。"

（卷五十四　P1~4）

清史稿·列传

"布彦泰，颜扎氏，满洲正黄旗人……（道光）二十年，授伊犁将军，入觐，命在御前行走。及赴任，授镶黄旗蒙古都统……二十五年，授陕甘总督。"

列传一百六十九（卷三八二　P11639~11640）

附注：考订三十六　布彦泰接印日期
　　　考订三十七　布彦泰交印、舒兴阿接署日期

舒兴阿（署）

钱表

道光二五年 乙巳（1845）十一、辛酉、四，12.2；布彦泰改陕督。参赞舒兴阿署。

清实录

道光二十五年乙巳十一月初四日辛酉"以伊犁将军布彦泰为陕甘总督……以热河都统萨迎阿为伊犁将军，未到任前以伊犁参赞大臣舒兴阿署理"。

宣宗实录（七）卷四百二十三　P310

满档

道光二十五年十二月十八日伊犁参赞大臣舒兴阿奏报准署伊犁将军印务谢恩折：最近接到道光二十五年十一月初四日降旨，伊犁将军事务由舒兴阿署理，又接到道光二十五年十一月初九日降旨，补授奕山伊犁参赞大臣，又署理将军事务，他的和田办事大臣之由舒兴阿调补。

道光二十六年正月二十一日朱批
道光二十五年十二月十八日具奏
4279-008　214-1196

道光二十六年正月初六日伊犁将军布彦泰奏交卸将军印务启程赴陕甘总督任折：十二月十八日布彦泰将军印交给舒兴阿，正月初六日前往新职任地。

道光二十六年二月初五日朱批
道光二十六年正月初六日具奏
4279-037　214-1373

道光二十六年正月二十六日署伊犁将军舒兴阿奏报交卸印务日期折：

奕山正月二十二日到伊犁，这一天舒兴阿把将军印派官交给他。

道光二十六年二月二十四日朱批

道光二十六年正月二十六日具奏

4280-017　214-1513

附注：考订三十七　布彦泰交印、舒兴阿接署日期

考订三十八　舒兴阿卸署日期

宗室奕山（署）

满档

道光二十五年十二月十八日伊犁参赞大臣舒兴阿奏报准署伊犁将军印务谢恩折：最近接到道光二十五年十一月初四日降旨，伊犁将军事务由舒兴阿署理，又接到道光二十五年十一月初九日降旨，补授奕山伊犁参赞大臣，又署理将军事务，他的和田办事大臣之由舒兴阿调补。

道光二十六年正月二十一日朱批

道光二十五年十二月十八日具奏

4279-008　214-1196

道光二十六年正月二十六日署伊犁将军舒兴阿奏报交卸印务日期折：奕山正月二十二日到伊犁，这一天舒兴阿把将军印派官交给他。

道光二十六年二月二十四日朱批

道光二十六年正月二十六日具奏

4280-017　214-1513

道光二十六年六月十一日伊犁将军萨迎阿奏接任谢恩折：萨迎阿六月初六日到伊犁，奕山将署理的将军印派官交给臣。

道光二十六年七月十日朱批

道光二十六年六月十一日具奏

4285-027　214-2731

清史稿·列传

"宗室奕山，恂郡王允䄉四世孙，隶镶蓝旗……（道光）十八年，授伊犁将军……二十三年，释之，予二等侍卫，充和阗办事大臣，调伊犁参赞大臣，署将军……二十九年，授伊犁将军……累授内大臣、御前大臣，仍留将军任……（咸丰）五年，调黑龙江将军。"

列传一百六十卷三七三　P11537~11539

附注：考订三十九　奕山命署、接署、卸署日期

萨迎阿

清史稿·表

道光二十五年乙巳，伊犁将军。

道光三十年庚戌，十一月戊戌召。

清史稿校注

道光二十五年乙巳，伊犁将军。校：案宣宗实录，是年十一月初四日辛酉，命萨迎阿自热河都统调伊犁将军，未到任前，伊犁将军著舒兴阿以伊犁参赞大臣署理。

道光三十年庚戌，十一月戊戌召。校：案宣宗实录，是年十一月初十日戊戌，命萨迎阿回京。

钱表（满）

道光二五年 乙巳（1845）十一、辛酉；热都改。

道光三十年 庚戌（1850）十一、戊戌、十，12.13；召京。

章表

道光二十五年 乙巳（1845）十一月命

道光三十年 庚戌（1850）十一月召

魏表

道光廿五年十一月四日（1845，12，2）　　　　任

道光卅年十一月十日（1850，12，13）　　　　命回京

备：由热河都统迁，未到任前，以参赞大臣舒兴阿署理

清实录

道光二十五年乙巳十一月初四日辛酉"以伊犁将军布彦泰为陕甘总督……以热河都统萨迎阿为伊犁将军，未到任前以伊犁参赞大臣舒兴阿署理"。

宣宗实录（七）卷四百二十三　P310

道光三十年庚戌十一月初十日戊戌"命伊犁将军萨迎阿……回京，以伊犁参赞大臣奕山为伊犁将军"。

文宗实录（一）卷二十一　P307

满档

道光二十五年十一月初七日热河都统萨迎阿奏奉旨调补伊犁将军谢恩折：十一月初六日接到军机处字寄内道光二十五年十一月初四日降旨，伊犁将军之缺补授萨迎阿，热河都统事务由庚福署理，萨迎阿交代之后回京请训后再去职任地。

道光二十五年十一月十二日朱批
道光二十五年十一月初七日具奏
4277-010　214-0657

道光二十五年十二月十八日伊犁参赞大臣舒兴阿奏报准署伊犁将军印务谢恩折：最近接到道光二十五年十一月初四日降旨，伊犁将军事务由舒兴阿署理，又接到道光二十五年十一月初九日降旨，补授奕山伊犁参赞大臣，又署理将军事务，他的和田办事大臣由舒兴阿调补。

道光二十六年正月二十一日朱批
道光二十五年十二月十八日具奏
4279-008　214-1196

道光二十六年六月十一日伊犁将军奏接任谢恩折：萨迎阿六月初六日到伊犁，奕山将署理的将军印派官交给臣。

道光二十六年七月十日朱批
道光二十六年六月十一日具奏
4285-027　214-2731

道光二十六年十二月初二日伊犁将军萨迎阿等奏报塔尔巴哈台参赞大臣湍多布病故折：十二月初一日塔尔巴合台领队大臣明庆、华善布奏文内，所属参赞大臣湍多布十一月二十五日病故，出缺参赞大臣印暂由明庆看守。

道光二十七年正月初三日朱批
道光二十六年十二月初二日具奏
4290-050　215-0605

道光三十年十二月二十七日伊犁将军萨迎阿奏奉旨卸任回京当差恩折：十二月二十三日接到兵部来文内，道光三十年十一月十日降旨令萨隆阿回京行差，伊犁将军之缺补授奕山，伊犁参赞大臣之缺调补布彦泰，十二月二十七日将派官并且将军印交给奕山。

咸丰元年正月二十六日朱批
道光三十年十二月二十七日具奏
4335-017　218-1906

清史稿·列传

"萨迎阿，字湘林，钮祜禄氏，满洲镶黄旗人……（道光）二十五年，授伊犁将军。"

列传一百六十九（卷三八二　P11641~11642）

附注：考异三十一　萨迎阿到任前有两任署
　　　考订四十　萨迎阿接印日期
　　　考订四十一　萨迎阿交印、奕山接印日期

宗室奕山

清史稿·表

道光三十年庚戌，伊犁将军。

咸丰四年甲寅，十月戊午召。

清史稿校注

咸丰四年甲寅，十月戊午召。校：案文宗实录，是年十月二十三日戊午，命奕山回京。

钱表（宗室）

道光三十年 庚戌（1850）十一、戊戌；伊犁参赞迁。

咸丰四年 甲寅（1854）十、戊午、廿三，12.12；召京。

章表

道光三十年 庚戌（1850）十一月命

咸丰四年 甲寅（1854）十月召

魏表

道光卅年十一月十日（1850，12，13）　　　任

咸丰四年十月廿三日（1854，12，12）　　　命回京

清实录

道光三十年庚戌十一月初十日戊戌"命伊犁将军萨迎阿……回京，以伊犁参赞大臣奕山为伊犁将军"。

文宗实录（一）卷二十一　P307

咸丰四年甲寅十月二十三日戊午"命伊犁将军奕山……回京，调乌里雅苏台将军扎拉芬泰为伊犁将军"。

文宗实录（三）卷一百四十九　P607

满档

　　道光三十年十二月二十七日伊犁将军萨迎阿奏奉旨卸任回京当差恩折：十二月二十三日接到兵部来文内，道光三十年十一月十日降旨令萨隆阿回京行差，伊犁将军之缺补授奕山，伊犁参赞大臣之缺调补布彦泰，十二月二十七日将派官并且将军印交给奕山。

　　　　　　　　　　　　　咸丰元年正月二十六日朱批
　　　　　　　　　　　　　道光三十年十二月二十七日具奏
　　　　　　　　　　　　　　4335-017　218-1906

　　道光三十年十二月二十七日伊犁参赞大臣奕山奏接任伊犁将军谢恩折：十二月二十三日接到兵部来文内补授奕山任伊犁将军。

　　　　　　　　　　　　　咸丰元年正月二十六日朱批
　　　　　　　　　　　　　道光三十年十二月二十七日具奏
　　　　　　　　　　　　　　4335-021　218-1930

　　咸丰五年四月二十二日伊犁将军奕山奏交卸伊犁将军印务日期折：扎拉芬泰四月十八日到伊犁，这一天奕山把将军印交给他。

　　　　　　　　　　　　　咸丰五年五月二十二日朱批
　　　　　　　　　　　　　咸丰五年四月二十二日具奏
　　　　　　　　　　　　　　4394-027　223-0181

清史稿·列传

　　"宗室奕山，恂郡王允禵四世孙，隶镶蓝旗……（道光）十八年，授伊犁将军……二十三年，释之，予二等侍卫，充和阗办事大臣，调伊犁参赞大臣，署将军……二十九年，授伊犁将军……累授内大臣、御前大臣，仍留将军任……（咸丰）五年，调黑龙江将军。"

　　　　　　　　　　列传一百六十（卷三七三　P11537~11539）

　　附注：考订四十一　萨迎阿交印、奕山接印日期
　　　　　考订四十二　奕山交印、扎拉芬泰接印日期

觉罗扎拉芬泰

清史稿·表

咸丰四年甲寅,伊犁将军。

咸丰六年丙辰,十月壬子召。

清史稿校注

咸丰六年丙辰,十月壬子召。校:案文宗实录,是年十月二十八日壬子,命扎拉芬泰来京。

钱表

咸丰四年 甲寅(1854)十、戊午;定左改。

咸丰六年 丙辰(1856)十、壬子、廿八、11.25;召京。

章表

咸丰四年 甲寅(1854)十月命

咸丰六年 丙辰(1856)十月召

魏表

咸丰四年十月廿三日(1854,12,12)　　　　调

咸丰六年十月廿八日(1856,11,25)　　　　命回京

清实录

咸丰四年甲寅十月二十三日戊午"命伊犁将军奕山……回京,调乌里雅苏台将军扎拉芬泰为伊犁将军"。

文宗实录(三)卷一百四十九　P607

咸丰六年丙辰十月二十八日壬子"命伊犁将军扎拉芬泰……来京,以叶尔羌参赞大臣常清为伊犁将军"。

文宗实录(四)卷二百一十　P324

满档

咸丰四年十一月二十八日乌里雅苏台将军扎拉芬泰奏谢调任伊犁将军恩折：最近接到兵部来文内咸丰四年十月二十三日内阁抄出降旨内，令奕山、德勒格尔、蒙保、兴泰、恩清回京行差。奕山的伊犁将军之缺调扎拉芬泰，他的乌里雅苏台将军之缺补授奕兴德勒格尔之缺赏韩章阿头等侍卫任伊犁领队大臣，蒙保之缺赏多惠二等侍卫任巴里坤领队大臣，兴泰之缺赏伊犁协领伊车泰副都统衔任吐鲁番领队大臣，恩清之缺赏古吉文头等侍卫任古城领队大臣。

咸丰四年十二月十三日朱批
咸丰四年十一月二十八日具奏
4388-012　222-2018

咸丰五年四月二十二日伊犁将军奕山奏交卸伊犁将军印务日期折：扎拉芬泰四月十八日到伊犁，这一天奕山把将军印交给他。

咸丰五年五月二十二日朱批
咸丰五年四月二十二日具奏
4394-027　223-0181

咸丰六年十二月十三日伊犁将军扎拉芬泰奏奉旨回京当差谢恩折：最近接到兵部来文内，咸丰六年十月二十八日降旨令扎拉芬泰回京行差，伊犁将军之缺补授常清。

咸丰七年正月十六日朱批
咸丰六年十二月十三日具奏
4414-011　224-2452

附注：考订四十二　奕山交印、扎拉芬泰接印日期

宗室常清

清史稿·表

咸丰六年丙辰，伊犁将军。

咸丰七年丁巳，四月癸卯迁。

钱表

咸丰六年 丙辰（1856）十、壬子；叶尔羌参赞迁。

咸丰七年 丁巳（1857）四、癸卯、廿二，5.15；召京。

章表

咸丰六年 丙辰（1856）十月命

咸丰七年 丁巳（1857）四月召

魏表

咸丰六年十月廿八日（1856，11，25）　　　　任

咸丰七年四月廿二日（1857，5，15）　　　　命回京

清实录

咸丰六年丙辰十月二十八日壬子"命伊犁将军扎拉芬泰……来京，以叶尔羌参赞大臣常清为伊犁将军。"

文宗实录（四）卷二百一十　P324

咸丰七年丁巳四月二十二日癸卯"命伊犁将军常清来京，仍以扎拉芬泰为伊犁将军"。

文宗实录（四）卷二百二十四　P501

满档

咸丰六年十二月十三日伊犁将军扎拉芬泰奏奉旨回京当差谢恩折：最近接到兵部来文内，咸丰六年十月二十八日降旨令扎拉芬泰回京行差，伊犁将军之缺补授常清。

咸丰七年正月十六日朱批

咸丰六年十二月十三日具奏

4414-011　224-2452

咸丰七年五月二十八日伊犁将军扎拉芬泰奏因再授伊犁将军而谢恩折：五月二十一日接到兵部来文内，咸丰七年四月二十二日降旨，另常清回京行差，伊犁将军之缺补授扎拉芬泰。

咸丰七年闰五月二十八日朱批

咸丰七年五月二十八日具奏

4418-049　225-0335

清史列传

"宗室常清，镶蓝旗人……（咸丰）六年十月，擢伊犁将军……八年授热河都统……十年二月调乌鲁木齐都统。七月，再授伊犁将军。……（同治三年十月）诏旨切责，授明绪为伊犁将军，夺常清职，留伊犁听候查办。"

（卷五十　P29~31）

附注：无。

觉罗扎拉芬泰

清史稿·表

咸丰七年丁巳，伊犁将军。

咸丰十年庚申，卒。

清史稿校注

咸丰十年庚申，卒。校：案清史稿本纪二十文宗、文宗实录，是年七月十七日己酉，常清自乌鲁木齐都统调伊犁将军。疑扎拉芬泰卒当早于斯时。

钱表

咸丰七年 丁巳（1857）四、癸卯；原任授。

咸丰十年 庚申（1860）七、己酉、十七，9.2；死。

章表

咸丰七年 丁巳（1857）四月命

咸丰十年 庚申（1860）七月卒

魏表

咸丰七年四月廿二日（1857，5，15）　　　任

咸丰十年六月十一日（1860，7，28）　　　卒

备：离职根据爱新觉罗宗谱（一），页2072

清实录

咸丰七年丁巳四月二十二日癸卯"命伊犁将军常清来京，仍以扎拉芬泰为伊犁将军"。

文宗实录（四）卷二百二十四　P501

满档

咸丰七年五月二十八日伊犁将军奏因再授伊犁将军而谢恩折：五月二十一日接到兵部来文内，咸丰七年四月二十二日降旨，令常清回京行差，伊犁将军之缺补授扎拉芬泰。

咸丰七年闰五月二十八日朱批

咸丰七年五月二十八日具奏

4418-049　225-0335

爱新觉罗宗谱

"咸丰九年十月调伊犁将军，咸丰十年庚申六月十一日酉时卒，年六十六岁。"

《爱新觉罗宗谱》（甲四），P2072

附注：考异三十二　扎拉芬泰卒日

精廉（署）

满档

咸丰十年十月二十日伊犁将军常清奏报接任日期并谢恩折：十月十一日到伊犁，这一天参赞大臣精廉派官，把将军印交给常清。

咸丰十年十一月二十七日朱批

咸丰十年十月二十日具奏

4452-029　228-2084

附注：考订四十三　精廉卸署、常清接印日期

常　清

清史稿·表

咸丰十年庚申，七月己酉，伊犁将军。

同治三年甲子，十月辛未革。

清史稿校注

咸丰十年庚申，七月己酉，伊犁将军。校：案清史稿本纪二十文宗、文宗实录，是年七月十七日己酉，常清自乌鲁木齐都统调伊犁将军。疑扎拉芬泰卒当早于斯时。

同治三年甲子，十月辛未革。校：案清史稿本纪二十一穆宗一、穆宗实录，是年十月初四日辛未，谕常清居心卑鄙，办事谬妄，回匪煽乱，防范扑来，皆属无能，著即革职候办，同治朝东华录同。

钱表

咸丰十年　庚申（1860）七、己酉；乌鲁木齐都统改。

同治三年　甲子（1864）十、辛未、四、11.2；革。

章表

咸丰十年 庚申（1860）七月命

同治三年 甲子（1864）十月革

魏表

咸丰十年七月十七日（1860，9，2）　　任

同治三年十月四日（1864，11，2）　　缘事革职

清实录

咸丰十年庚申七月十七日己酉"以乌鲁木齐都统常清为伊犁将军"。

文宗实录（五）卷三百二十五　P832

同治三年甲子十月初四日辛未"常清著即行革职，仍留伊犁听候查办"。

穆宗实录（三）卷一百一十七　P592

东华录

同治三年十月辛未谕"内阁，伊犁将军常清自到任以来于边防事务一切未能整顿……常清著即行革职，仍留伊犁听候查办……以明绪为伊犁将军，联捷为伊犁参赞大臣"。

同治（二）　P595—596

满档

咸丰十年十月二十日伊犁将军常清奏报接任日期并谢恩折：十月十一日到伊犁，这一天参赞大臣精廉派官，把将军印交给常清。

咸丰二十年十一月二十七日朱批
咸丰十年十月二十日具奏
4452-029　228-2084

清史列传

"宗室常清，镶蓝旗人……（咸丰）六年十月，擢伊犁将军……八年授热河都统……十年二月调乌鲁木齐都统。七月，再授伊犁将军……

（同治三年十月）诏旨切责，授明绪为伊犁将军，夺常清职，留伊犁听候查办。"

（卷五十　P29~31）

附注：考订四十三精廉卸署、常清接印日期

明　绪

清史稿·表

同治三年甲子，伊犁将军。

同治五年丙寅，正月壬午殉。

钱表（满）

同治三年 甲子（1864）（阁学）十、辛未；伊犁参赞迁。

同治五年 丙寅（1866）五、乙亥、十七，6.29；伊犁失守，死（忠节）。库尔喀喇领队李云麟代办。

章表

同治三年 甲子（1864）十月命

同治五年 丙寅（1866）五月为起义军所杀

魏表

同治三年十月四日（1864，11，2）　　　任

同治五年正月廿四日（1866，3，10）　　殉难

备：离职根据近代中国史事日志、传包

清实录

同治三年甲子十月初四日辛未"以伊犁参赞大臣明绪为将军"。

穆宗实录（三）卷一百一十七　P595

东华录

同治三年十月辛未谕"内阁，伊犁将军常清自到任以来于边防事务

一切未能整顿……常清著即行革职,仍留伊犁听候查办……以明绪为伊犁将军,联捷为伊犁参赞大臣。"

同治（二） P595~596

满档

同治三年十一月二十九日伊犁参赞大臣奏谢授伊犁将军恩折（原件满汉合璧）：同治三年十一月二十七日,奉上谕伊犁将军著明绪补授。

同治四年二月二十日朱批
同治三年十一月二十九日具奏
4479-059　232-0425

续碑传

明绪公,满洲镶黄旗人,由生员官部郎,累擢至伊犁将军。（同治五年正月台）二十二日,贼又纵火……越三日,贼攻陷旗营……公命家人闭门举火,偕其妻及二子,全家自焚。

卷六十七　《将军明绪公传》

清史列传

"明绪,诺洛氏,满洲镶红旗人……（同治三年）十月,授伊犁将军,先后击败库尔喀喇乌苏诸贼,并解乌城之围……五年正月,贼攻衙署,明绪率妻宗室氏,子员外郎衔二品荫生麟保,员外郎钟保合家自焚,卒。光绪元年署伊犁将军荣全查明奏闻。"

（卷五十　P23~28）

附注：考异三十三　明绪被杀日期

荣全（署）

清史稿·表

同治五年丙寅,五月,署伊犁将军。（李云麟）代办。

光绪二年丙子，十月己卯召。

清史稿校注

光绪二年丙子，十月己卯召。校：案德宗实录，是年十月二十八日乙卯，命荣全来京当差。

钱表（满）

同治五年 丙寅（1866）五、乙亥；伊犁参赞署。

光绪二年 丙子（1876）十、乙卯、廿八，12.13；召京。

章表

同治五年 丙寅（1866）五月署 （李云麟）

光绪二年 丙子（1876）十月召

魏表

同治五年五月十七日（1866，6，29） 署

光绪二年十月廿八日（1876，12，13） 到京当差

备：未到任前，李云麟暂代办

清实录

同治五年丙寅五月十七日乙亥"伊犁将军已令荣全署理，荣全未回任以前即著李云麟暂行代办"。

穆宗实录（五）卷一百七十七 P189

光绪二年丙子十月二十八日乙卯"命署伊犁将军荣全来京当差，以乌鲁木齐都统金顺为伊犁将军"。

德宗实录（一）卷四十一 P595

东华录

同治五年五月乙亥谕"总理各国事务衙门奏接据容全咨称，伊犁大城于正月二十二日失守，合城官员殉难……伊犁将军已令容全署理，容全未回以前，即著李云麟暂行代办……以容全署伊犁将军"。

同治（二） P805

满档

光绪三年正月二十日乌鲁木齐都统金顺奏谢授伊犁将军恩折：光绪三年正月初七日接到兵部来文内光绪二年十月二十九日内阁抄出二十八日降旨令荣全回京当差伊犁将军之缺补授金顺赏英翰二品顶戴乌鲁木齐都统事务，赏都噶尔副都统衔任乌里雅苏台参赞大臣，他的察哈尔副都统之缺补授奎昌。

光绪三年四月二十六日朱批
光绪三年正月二十日具奏
4529-013 238-2648

明发档

光绪二年十月二十八日，奉旨，荣全著来京当差，伊犁将军著金顺补授，英翰著赏给二品顶戴署理乌鲁木齐都统，杜嘎尔著赏给副都统衔，作为乌里雅苏台参赞大臣。所遗察哈尔副都统著奎昌补授，英翰照例驰驿前往，荣全俟金顺到任后再行来京，钦此。

清史稿·列传

"荣全，关佳氏，满洲正黄旗人……同治五年，以镶红旗蒙古副都统署伊犁将军。明年，调乌里雅苏台参赞大臣。时缠回袭陷伊犁，俄乘机遣兵入，藉口代为收复。荣全内筹守御，外示羁縻。又以索伦、蒙古被兵，民多亡入俄境，为请择地安插，分部护之……九年，坐乌鲁木齐城陷，褫职留任……光绪二年，师克玛纳斯南、北二城。荣全数有功，寻召入京，历兼护军统领、右翼前锋统领。"

列传二百四十（卷四五三 P12587~12588）

附注：无。

李云麟（代办）

清史稿·表

同治五年丙寅，五月乙亥，代办（明绪）。

钱表

同治五年 丙寅（1866）五、乙亥、十七，6.29；伊犁失守，明绪死（忠节）。库尔喀喇领队李云麟代办。

章表

同治五年 丙寅（1866）荣全五月署　　　（李云麟）

清实录

同治五年丙寅五月十七日乙亥"伊犁将军已令荣全署理，荣全未回任以前即著李云麟暂行代办"。

穆宗实录（五）卷一百七十七　P189

东华录

同治五年五月乙亥谕"总理各国事务衙门奏接据容全咨称，伊犁大城于正月二十二日失守，合城官员殉难……伊犁将军已令容全署理，容全未回以前，即著李云麟暂行代办……以容全署伊犁将军"。

同治（二）　P805

光绪二年十月乙卯"召容全来京，以金顺为伊犁将军"。

光绪（一）　P300

附注：无。

金 顺

清史稿·表

光绪二年丙子，伊犁将军。

光绪十一年乙酉，八月庚午召。（锡纶）署。

清史稿校注

光绪十一年乙酉，八月庚午召。（锡纶）署。校：案光绪朝东华录，是年八月初四日庚午，命金顺入觐。

钱表（满）

光绪二年 丙子（1876）十、乙卯；乌鲁木齐都统改。

光绪十一年 乙酉（1885）八、庚午、四，9.12；召陛，塔尔巴哈台参赞锡纶署。

光绪十二年 丙戌（1886）七、戊戌、七，8.6；死（忠介）。

章表

光绪二年 丙子（1876）十月命

光绪十一年 乙酉（1885）八月召

魏表

光绪二年十月廿八日（1876，12，13）　　任

光绪十一年八月四日（1885，9，12）　　入觐

备：离职根据东华录、清史稿，十二年六月十一日卒于道（光绪十二年七月月折档）

清实录

光绪二年丙子十月二十八日乙卯"命署伊犁将军荣全来京当差，以乌鲁木齐都统金顺为伊犁将军"。

德宗实录（一）卷四十一　P595

光绪十一年乙酉八月初四日庚午"本日已明降谕旨令金顺来京陛见，并派锡纶署理伊犁将军"。

德宗实录（三）卷二百一十三　P999

光绪十二年丙戌七月初七日戊戌"谕内阁，伊犁将军金顺……上年谕令来京陛见，中途患病当经赏假调理，方冀渐次就痊，长资倚畀，兹闻溘逝，轸惜殊深，著加恩追赠太子太保衔，照将军例赐恤……寻予谥忠介"。

德宗实录（四）卷二百三十　P101

东华录

光绪二年十月乙卯"召容全来京，以金顺为伊犁将军"。

光绪（一）　P300

光绪十一年八月庚午"命金顺入觐，以锡纶署伊犁将军，明春署塔尔巴哈台参赞大臣"。

光绪（四）　P1966

光绪十二年七月戊戌"伊犁将军金顺卒，予祭葬，赠太子太保衔，赐恤如例"。

光绪（四）　P2105

满档

光绪三年正月二十日乌鲁木齐都统金顺奏谢授伊犁将军恩折：光绪三年正月初七日接到兵部来文内光绪二年十月二十九日内阁抄出二十八日降旨令荣全回京当差伊犁将军之缺补授金顺赏英翰二品顶戴乌鲁木齐都统事务，赏都噶尔副都统衔任乌里雅苏台参赞大臣，他的察哈尔副都统之缺补授奎昌。

光绪三年四月二十六日朱批
光绪三年正月二十日具奏
4529-013　238-2648

明发档

光绪二年十月二十八日奉旨：荣全著来京当差，伊犁将军著金顺补授，英翰著赏给二品顶戴署理乌鲁木齐都统，杜嘎尔著赏给副都统衔作为乌里雅苏台参赞大臣，所遗察哈尔副都统著奎昌补授，英翰照例驰驿前往，荣全俟金顺到任后，再行来京，钦此。

明发档

光绪十一年八月初四日奉旨：金顺著来京陛见，伊犁将军著锡纶署理，明春著署理塔尔巴哈台参赞大臣，就近驰驿前往署理，钦此。

吉林通志

金顺，字和甫，姓伊尔根觉罗氏，吉林人，隶满洲镶蓝旗……光绪元年调乌鲁木齐都统，明年予云骑尉世职，调伊犁将军。十一年入觐，道卒。

卷五十二 《金顺传》

清史列传

"金顺，伊尔根觉罗氏，满洲镶蓝旗人，吉林驻防……（光绪二年）授伊犁将军……十一年来京陛见，十二年二月，疏报交卸营务北上，六月卒于途次。"

（卷五十五 P45~47）

清史稿·列传

"金顺，字和甫，伊尔根觉罗氏，满洲镶蓝旗人，世居吉林……（光绪）二年，军阜康。刘锦棠赴军所商进止，议先攻古牧。乃轻骑袭黄田，通汲道，克之。连下乌鲁木齐、迪化、昌吉、呼图壁诸城，直偪玛纳斯，斩其伪帅马兴，南北二城以次皆下。赏双眼花翎，予世职，调伊犁将军。七年，诏接收伊犁，按图划界……於是上召来京，以锡纶代之。"

列传二百四十一（卷四五四 P12618~12620）

附注：考异三十四 金顺卒日

锡纶（署）

清史稿·表

　　光绪十一年乙酉，（金顺八月庚午召）署。

　　光绪十二年丙戌。

钱表

　　光绪十一年 乙酉（1885）八、庚午、四，9.12；金顺召陛，塔尔巴哈台参赞锡纶署。

章表

　　光绪十一年 乙酉（1885）八月署

　　光绪十二年 丙戌（1886）八月解

魏表

　　光绪十一年八月四日（1885，9，12）　　署

清实录

　　光绪十一年乙酉八月初四日庚午"以塔尔巴哈台参赞大臣锡纶署伊犁将军"。

德宗实录（三）卷二百一十三　P1000

明发档

　　光绪十一年八月初四日奉旨：金顺著来京陛见，伊犁将军著锡纶署理，明春著署理塔尔巴哈台参赞大臣，就近驰驿前往署理，钦此。

　　附注：考异三十五　锡纶卸署日期

色楞额

清史稿·表

　　光绪十二年丙戌，八月辛酉，伊犁将军。

光绪十六年庚寅，卒。

清史稿校注

光绪十二年丙戌，八月辛酉，伊犁将军。校：案清史稿本纪二十三德宗一、清国史德宗本纪稿、德宗实录，色楞额自库伦办事大臣升伊犁将军在八月初二日壬戌。

光绪十六年庚寅，卒。校：案德宗实录，碑传集补卷二十九，是年三月，色楞额卒，至五月初三日辛未，谕恤典如例。又光绪朝东华录可参见。

钱表（满）

光绪十二年 丙戌（1886）八、壬戌、二，8.30；库伦办事授。

光绪十六年 庚寅（1890）五、辛未、三，6.19；死。右翼副都统富勒铭额署。

章表

光绪十二年 丙戌（1886）八月命

光绪十六年 庚寅（1890）五月卒

魏表

光绪十二年八月二日（1886，8，30）　　　任

光绪十六年五月三日（1890，6，19）　　　卒

备：实三月廿五日卒（光绪十六年五月（上）月折档）

清实录

光绪十二年丙戌八月初二日壬戌"以库伦办事大臣色楞额为伊犁将军。"

德宗实录（四）卷二百三十一　P113

光绪十六年庚寅五月初三日辛未"予故伊犁将军色楞额恤典如例。"

德宗实录（四）卷二百八十五　P792

东华录

光绪十六年五月辛未"伊犁将军色楞额卒，赐恤如例"。

光绪（五） P2721

满档

光绪十四年二月二十七日伊犁将军奏报接任日期折（原件满汉合璧）：色愣额正月十九日到新边界省城，二月十七日到伊犁，二十二日接印。

光绪十四年四月初六日朱批

光绪十四年二月二十七日具奏

4565-063　243-2858

明发档

光绪十二年八月初二日奉旨：伊犁将军著色楞额补授，照例驰驿前往钦此。

清史列传

"色楞额，郭具尔氏，满洲正白旗人……（光绪）十二年迁伊犁将军，十六年，卒。"

（卷五十九　P52~53）

附注：考异三十六　色楞额卒日
　　　考订四十四　色楞额接印日期

长　庚

清史稿·表

光绪十六年庚寅，伊犁将军。（富勒铭额）暂护。

光绪二十七年辛丑，七月丙子召。

清史稿校注

光绪十六年庚寅，伊犁将军。（富勒铭额）暂护。

光绪二十七年辛丑，七月丙子召。校：案德宗实录，是年七月十三日丙子，命长庚来京当差，光绪朝东华录同。

钱表（满）

光绪十六年 庚寅（1890）五、乙亥、七，6.23；驻藏授。

光绪二七年 辛丑（1901）七、丙子、十三，8.26；召京（镶蓝汉都）。

章表

光绪十六年 庚寅（1890）五月命（富勒铭额五月暂护）

光绪十九年 癸巳（1893）（富勒铭额）

光绪二十七年 辛丑（1901）七月召

魏表

光绪十六年五月七日（1890，6，23）　　　任

光绪廿七年七月十三日（1901，8，26）　　　到京当差

备：由驻藏办事大臣迁，未到任前，以富勒铭额暂护

清实录

光绪十六年庚寅五月初七日乙亥"以驻藏办事大臣长庚为伊犁将军，未到任前以伊犁右翼副都统富勒铭额暂行护理"。

德宗实录（四）卷二百八十五　P794

光绪二十七年辛丑七月十三日丙子"命伊犁将军长庚来京当差，以密云副都统马亮为伊犁将军"。

德宗实录（七）卷四百八十五　P410

东华录

光绪十六年五月乙亥"以长庚为伊犁将军，命升泰为驻藏办事大臣，绍諴驻藏帮办大臣"。

光绪（五）　P2722

光绪二十七年七月丙子"召长庚来京，以马亮为伊犁将军"。

光绪（八） P4676

明发档

光绪十六年五月初七日，奉旨，伊犁将军著长庚补授照例驰驿前往，未到任以前著富勒铭额暂行护理，钦此。

伊犁将军马亮、广福奏稿

"奴才马（亮）跪奏为恭报奴才接印任事日期……蒙恩补授伊犁将军，陛辞出京于本年六月二十四日行抵新疆省城，业经具折奏报在案，七月十六日由省启程西进，八月初七日行抵伊犁，二十日准前任将军长（庚）派委伊犁印务章京荣联，军标中军副将周玉魁等将同字第十四号伊犁将军银印一颗，令箭十二枝赍送前来，当即恭设香案，望阙叩头，祗领任事……光绪二十八年八月二十日出奏……"

清史稿·列传

"长庚，字少白，伊尔根觉罗氏，满洲正黄旗人……擢伊犁将军。时伊犁当大乱后，万端待理。长庚至，多所规画……（光绪）二十八年，拳匪肇乱，俄人调兵入伊。长庚与俄领事交涉，凡教堂及俄人财产，力任保护，谕令退兵，人心乃定。调成都将军，未之任，奉电旨饬赴阿尔泰山查勘界址。旋内召，授兵部尚书……三十一年，复授伊犁将军……宣统元年，迁陕甘总督。"

列传二百四十（卷四五三 P12596~12599）

附注：考订四十五 长庚交印、马亮接印日期

富勒铭额（护）

清史稿·表

光绪十六年庚寅，五月辛亥，暂护（长庚）。

钱表

光绪十六年 庚寅（1890）五、辛未、三，6.19；色楞额死。右翼副都统富勒铭额署。

章表

光绪十六年 庚寅（1890）五月暂护

光绪十九年 癸巳（1893）

清实录

光绪十六年庚寅五月初七日乙亥"以驻藏办事大臣长庚为伊犁将军，未到任前以伊犁右翼副都统富勒铭额暂行护理"。

德宗实录（四）卷二百八十五　P794

明发档

光绪十六年五月初七日奉旨：伊犁将军著长庚补授，照例驰驿前往，未到任以前著富勒铭额暂行护理，钦此。

清史稿·列传

"富勒铭额，佚其氏，隶满洲镶白旗，古城驻防……（光绪）十六年，署将军。"

列传二百四十一（卷四五四　P12628）

附注：考异三十七　富勒铭额命护日期

马　亮

清史稿·表

光绪二十七年辛丑，伊犁将军。

光绪三十一年乙巳，六月庚戌迁。

钱表

光绪二七年 辛丑（1901）七、丙子；密云副都迁。

光绪三一年 乙巳（1905）六、庚戌、八，7.10；改定左。

章表

光绪二十七年 辛丑（1901）七月命

光绪三十一年 乙巳（1905）六月调乌里雅苏台将军

魏表

光绪廿七年七月十三日（1901，8，26）　　　任

光绪卅一年六月八日（1905，7，10）　　　调乌里雅苏台将军

清实录

光绪二十七年辛丑七月十三日丙子"命伊犁将军长庚来京当差，以密云副都统马亮为伊犁将军"。

德宗实录（七）卷四百八十五　P410

光绪三十一年乙巳六月初八日庚戌"调伊犁将军马亮为乌里雅苏台将军"。

德宗实录（八）卷五百四十六　P249

东华录

光绪二十七年七月丙子"召长庚来京，以马亮为伊犁将军"。

光绪（八）P4676

光绪三十一年六月庚戌"调马亮为乌里雅苏台将军，以长庚为伊犁将军"。

光绪（九）P5346

满档

光绪三十二年十二月初八日署理伊犁将军广福奏恭报接署日期折：光绪三十二年十一月二十四日接到新补授伊犁将军长庚处送文内，八月二十七日甘肃省、肃州路途奏报，伊犁将军印由伊犁副都统广福暂时署理，十一月初一日在吐鲁番路途接到兵部来文内，照九月十八日朱批遵行，奉此旨十一月二十八日接到伊犁将军、乌里雅苏台将军处派官把伊

129

犁将军印交给广福。

光绪三十二年十二月初八日具奏
4584-059　246-1487

伊犁将军马亮、广福奏稿

"奴才马（亮）跪奏为恭报奴才接印任事日期……蒙恩补授伊犁将军陛辞出京于本年六月二十四日行抵新疆省城，业经具折奏报在案，七月十六日由省启程西进，八月初七日行抵伊犁，二十日准前任将军长（庚）派委伊犁印务章京荣联军标中军副将周玉魁等将同字第十四号伊犁将军银印一颗，令箭十二枝赍送前来，当即恭设香案，望阙叩头，祇领任事……光绪二十八年八月二十日出奏……"

附注：考订四十五　长庚交印、马亮接印日期

考订四十六　马亮交印、广福接署日期

广福（署）

清史稿·表

光绪三十一年乙巳，署（长庚）。

光绪三十二年丙午，仍署（长庚）。

章表

光绪三十一年 乙巳（1905）六月命（广福六月署）

光绪三十二年 丙午（1906）

满档

光绪三十二年十二月初八日署理伊犁将军广福奏恭报接署日期折：光绪三十二年十一月二十四日接到新补授伊犁将军长庚处送文内，八月二十七日甘肃省、肃州路途奏报，伊犁将军印由伊犁副都统广福暂时署理，十一月初一日在吐鲁番路途接到兵部来文内，照九月十八日朱批遵

行,奉此旨十一月二十八日接到伊犁将军、乌里雅苏台将军处派官把伊犁将军印交给广福。

光绪三十二年十二月初八日具奏

4584-059　246-1487

光绪三十四年六月十七日伊犁将军长庚奏恭报接任日期折:光绪三十一年六月初八日降旨,补授长庚为伊犁将军,又赏兵部尚书衔,四月二十五日到伊犁,二十七日兼署伊犁将军副都统广福派官交将军印,这一天接任。

光绪三十四年七月初三日具奏

4587-022　246-2954

附注:考订四十六　马亮交印、广福接署日期
　　　考订四十七　广福卸署、长庚接印日期

长　庚

清史稿·表

光绪三十一年乙巳,伊犁将军。(广福)署。

宣统元年己酉,五月甲寅迁。

钱表(满)

光绪三一年 乙巳(1905)六、庚戌;兵尚授。

宣统元年 己酉(1909)五、甲寅、六,6.23;改陕督。

章表

光绪三十一年 乙巳(1905)六月命(广福六月署)

光绪三十二年 丙午(1906)(广福)

宣统元年 己酉(1909)五月调陕甘总督

魏表

光绪卅一年六月八日（1905，7，10） 任

宣统元年五月六日（1909，6，23） 调陕甘总督

清实录

光绪三十一年乙巳六月初八日庚戌"以兵部尚书长庚为伊犁将军"。

德宗实录（八）卷五百四十六 P249

宣统元年己酉五月初六日甲寅"以伊犁将军长庚为陕甘总督"。

宣统政纪卷十三 P260

东华录

光绪三十一年六月庚戌"调马亮为乌里雅苏台将军，以长庚为伊犁将军"。

光绪（九） P5346

满档

光绪三十二年十二月初八日署理伊犁将军广福奏恭报接署日期折：光绪三十二年十一月二十四日接到新补授伊犁将军长庚处送文内，八月二十七日甘肃省、肃州路途奏报，伊犁将军印由伊犁副都统广福暂时署理，十一月初一日在吐鲁番路途接到兵部来文内，照九月十八日朱批遵行，奉此旨十一月二十八日接到伊犁将军、乌里雅苏台将军处派官把伊犁将军印交给广福。

光绪三十二年十二月初八日具奏
4584-059　246-1487

光绪三十四年六月十七日伊犁将军长庚奏恭报接任日期折：光绪三十一年六月初八日降旨，补授长庚为伊犁将军，又赏兵部尚书衔。四月二十五日到伊犁，二十七日兼署伊犁将军副都统广福派官交将军印，这一天接任。

光绪三十四年七月初三日具奏
4587-022　246-2954

宣统元年六月十九日伊犁副都统广福奏谢署伊犁将军恩折：最近接到宣统元年五月初七日内阁抄出降旨，伊犁将军由广福署理，六月十五日接到新补授陕甘总督伊犁将军长庚处派官送来的将军印。

宣统元年六月十九日具奏
4588-071　247-0245

收电档

（光绪-034）：收伊犁将军致军机处请代奏电五月初四日"庚至博罗塔拉察看扎营地势毕，于廿五日赶抵伊犁，择吉廿七日接印任事，除专折具奏扣谢天恩外，合先电请代为奏明，长庚谨电叩盍"。

2-04-12-034-0413

清史稿·列传

"长庚，字少白，伊尔根觉罗氏，满洲正黄旗人……擢伊犁将军。时伊犁当大乱后，万端待理。长庚至，多所规画……（光绪）二十六年，拳匪肇乱，俄人调兵入伊。长庚与俄领事交涉，凡教堂及俄人财产，力任保护，谕令退兵，人心乃定。调成都将军，未之任，奉电旨饬赴阿尔泰山查勘界址。旋内召，授兵部尚书……三十一年，复授伊犁将军……宣统元年，迁陕甘总督。"

列传二百四十（卷四五三　P12596~12599）

附注：考订四十七　广福卸署、长庚接印日期

　　　考订四十八　长庚交印、广福接署日期

广　福

清史稿·表

宣统元年己酉，五月乙卯，（长庚五月甲寅迁）署。

宣统二年庚戌。

宣统三年辛亥，正月迁。

清史稿校注

宣统二年庚戌。案清史稿本纪二十五宣统皇帝、宣统二年三月二十日甲子政治官报（第八九六号）、宣统政纪，是年三月十九日癸亥，广福实授伊犁将军。

宣统三年辛亥，正月迁。校：案清史稿本纪二十五宣统皇帝、宣统三年正月二十二日辛酉政治官报（第一一八六号）、宣统政纪、中华民国开国五十年文献第二编第二十三章，广福自伊犁将军调杭州将军在正月二十一日庚申。

钱表

宣统元年 己酉（1909）五、甲寅；副都署。

宣统二年 庚戌（1910）三、癸亥、十九，4.28；授。

宣统三年 辛亥（1911）正、庚申；杭将互调。

章表

宣统元年 己酉（1909）五月署

宣统二年 庚戌（1910）三月实授

宣统三年 辛亥（1911）正月调杭州将军

魏表

宣统元年五月七日（1909，6，24）　　　署

备：副都统

宣统二年三月十九日（1910，4，28）　　任

宣统三年正月廿一日（1911，2，19）　　调杭州将军

清实录

宣统元年己酉五月初七日乙卯"以伊犁副都统广福署伊犁将军"。

宣统政纪卷十三　P263

宣统二年庚午三月十九日癸亥"实授广福为伊犁将军"。

宣统政纪卷三十三　P598

宣统三年辛亥正月二十一日庚申"调杭州将军志锐为伊犁将军，伊犁将军广福为杭州将军"。

宣统政纪卷四十八　P868

满档

宣统元年六月十九日伊犁副都统广福奏谢署伊犁将军恩折：最近接到宣统元年五月初七日内阁抄出降旨，伊犁将军由广福署理，六月十五日接到新补授陕甘总督伊犁将军长庚处派官送来的将军印。

宣统元年六月十九日具奏
4588-071　247-0245

附注：考异三十八　广福命署日期
考订四十八　长庚交印、广福接署日期

志　锐

清史稿·表

宣统三年辛亥，正月庚申，伊犁将军。十月癸丑殉。

清史稿校注

宣统三年辛亥，正月庚申，伊犁将军。十月癸丑殉。校：案清史稿本纪二十五宣统皇帝、宣统三年正月二十二日辛酉政治官报（第一一八六号）、宣统政纪、中华民国开国五十年文献第二编第二十三章，广福自伊犁将军调杭州将军在正月二十一日庚申；志锐卒于十一月二十日癸未。又案是年十一月十三日丙子，孙中山先生宣誓就任临时大总统于南京，是为中华民国元年一月一日；至十二月二十五日戊午，清帝溥仪退位，时当民国元年二月十二日。不赘述。

钱表（满）

宣统三年　辛亥（1911）正、庚申；杭将改。武昌起义

十、癸丑、十九、12.9；死。

十二、己亥、六、1.24；（文贞）。

章表

宣统三年 辛亥（1911）正月命十月为革命党人所杀

魏表

宣统三年正月廿一日（1911，2，19）　　　调

宣统三年十月十九日（1911，12，9）　　　殉难

备：离职根据清史稿

清实录

宣统三年辛亥正月二十一日庚申"调杭州将军志锐为伊犁将军，伊犁将军广福为杭州将军"。

宣统政纪卷四十八　P868

宣统三年辛亥十一月二十四日丁亥"伊犁兵变志锐被戕，已电长督额参赞请取销独立都督名号等语……并将志锐被戕详细情形查明电奏"。

宣统政纪卷六十八　P1255

清史稿·列传

"志锐，字公颖，他塔拉氏，世居扎库木，隶满洲正红旗，陕甘总督裕泰孙……宣统二年，迁杭州将军。明年，调伊犁将军，加尚书衔。入觐，条上弭边患、御外侮机宜甚悉；又力陈新政多糜费，请省罢，壹意练兵救危局。并请边地练兵费百万，部议止予二十万。抵新疆，闻武昌变，或劝少留，不可。逾月，到官，日讨军士而申儆之。已，兰州军譁变，宁夏继之。伊犁协统杨缵绪以兵叛，夜据南北军器库，攻将军署。群议举志锐为都督，峻拒之；迫诣商会，亦弗从，起发枪击之，遂遇害。"

列传二百五十七（卷四七〇　P12797~12798）

附注：考异三十九　志锐被杀日期

额勒浑（署）

章表

宣统三年 辛亥（1911）十一月署

魏表

宣统三年十一月廿八日（1912，1，16）　　　兼署

清实录

宣统三年辛亥十一月二十八日辛卯"伊犁将军著额勒浑兼署"。

宣统政纪卷六十八　P1256

附注：无。

乌鲁木齐都统资料汇编

安　泰

清史稿·表

乾隆二十四年己卯，设喀什噶尔参赞大臣，乌鲁木齐、哈密、喀喇沙尔、库车、阿克苏、乌什、叶尔羌等处办事大臣。

乾隆二十四年己卯，十一月。

乾隆二十六年辛巳，四月己卯召。

清史稿校注

乾隆二十四年己卯，设喀什噶尔参赞大臣，乌鲁木齐、哈密、喀喇沙尔、库车、阿克苏、乌什、叶尔羌等处办事大臣。

乾隆二十四年己卯，十一月。校：案高宗实录，命安泰总理乌鲁木齐屯田、贸易事务在十一月初十日丙辰。

乾隆二十六年辛巳，四月己卯召。校：案清史稿本纪十二高宗三、高宗实录，是年四月初十日己卯，命旌额理赴西路办事，安泰交代明白后来京。

实录

乾隆二十四年十一月初十日丙辰（1759.12.28）"谕军机大臣等，昨因大功告成，勿庸再送马匹，命安泰回京。今思来年乌鲁木齐等处增兵屯田，又有哈萨克贸易，恐永德、永瑞二人，办事不能周到。安泰系内廷人员尚可任使,著不必来京,即前往乌鲁木齐,总理屯田贸易事务"。

高宗实录(八) 卷六〇〇 P727~728

乾隆二十六年四月初十日己卯(1761.5.14)"谕军机大臣等,西路驻劄大员,有办事数年者,应行更换。著伊勒图更换伊柱,旌额理更换安泰……安泰……各有承办事务,著俟更换人到后,交代明白再行启程"。

高宗实录(九) 卷六三四 P79~80

满档

乾隆二十四年十二月十八日乌鲁木齐办事大臣安泰等奏请赏给乌鲁木齐地方关防以便办事折:哈密、巴里坤等地均有关防,办事较为方便,奴才请圣主降恩赏给乌鲁木齐地方关防,望圣上明鉴。

乾隆二十五年正月初四日朱批
乾隆二十年十二月十八日具奏
1804-019 055-2334

乾隆二十五年正月二十二日乌鲁木齐办事大臣安泰等奏谢赏钦差大臣关防恩折:今年正月二十日军机处来文内,乾隆二十五年正月初四日降旨,看到了你到奏折,关于钦差大臣关防及下设官兵安排等事务均按你到请求办理,等关防到后接管。

乾隆二十五年二月初二日朱批
乾隆二十五年正月二十二日具奏
1809-008 056-0026

乾隆二十五年正月二十五日乌鲁木齐办事大臣安泰等奏恭接钦差大臣关防谢恩折:今年正月二十四日奴才带领众官兵接到钦差大臣关防,从二十五日启用。

乾隆二十五年二月十二日朱批
乾隆二十五年正月二十五日具奏
1809-028 056-0133

乾隆二十五年三月十六日副都统永瑞奏报抵达乌鲁木齐办事日期折：奴才遵旨今年二月二十七日从皮彦出发，三月初四日到达乌鲁木齐，与安泰等同心屯田。

乾隆二十五年四月初三日朱批
乾隆二十五年三月十六日具奏
1815－016　056-1266

乾隆二十五年六月十九日：乌鲁木齐办事大臣安泰等奏自伊犁返回乌鲁木齐折：臣安泰等五月初七日从伊犁出发返回乌鲁木齐，本月十九日到达伊犁。

乾隆二十五年七月十五日朱批
乾隆二十五年六月十九日具奏
1831-019　057-0895

乾隆二十六年八月初一日新乌鲁木齐办事大臣旌额理等奏报接任日期折：臣遵旨从京城出发，七月二十八日到达乌鲁木齐，详细询问此处事务后奴才旌额理接关防。

乾隆二十六年八月十八日朱批
乾隆二十六年八月初一日具奏
1888-035　060-1905

乾隆二十六年八月二十日乌鲁木齐办事大臣安泰等奏报卸任乌鲁木齐办事大臣启程回京日期折：旌额理七月二十八日到达乌鲁木齐后，奴才等遵旨将乌鲁木齐事务均交给旌额理、永恒等，奴才安泰、丁昌于八月二十日启程回京。

乾隆二十六年九月初九日朱批
乾隆二十六年八月二十日具奏
1893-029　060-2693

附注：考订一　安泰、旌额理交接关防日

旌额理

清史稿·表

乾隆二十六年辛巳,四月己卯,乌鲁木齐办事大臣。

乾隆二十八年癸未,十二月丁未召。

清史稿校注

乾隆二十六年辛巳,四月己卯,乌鲁木齐办事大臣。校:案"旌额理",本表后或作"旌额里",清史稿部院大臣年表四上同。此为同音异译。又案清史稿本纪十二高宗三、高宗实录,是年四月初十日己卯,命旌额理赴西路办事,安泰交代明白后来京。

乾隆二十八年癸未,十二月丁未召。校:案高宗实录,是年十二月二十五日丁未,命绰克托赴乌鲁木齐办事,旌额理回京。

实录

乾隆二十六年四月初十日己卯(1761.5.14)"谕军机大臣等,西路驻劄大员,有办事数年者,应行更换。著伊勒图更换伊柱,旌额理更换安泰,……安泰……各有承办事务,著俟更换人到后,交代明白再行启程"。

高宗实录(九) 卷六三四 P79~80

乾隆二十八年十二月二十五日丁未(1764.1.27)"命副都统绰克托驰赴乌鲁木齐办事,更换旌额理回京"。

高宗实录(九) 卷七〇一 P841

满档

乾隆二十六年八月初一日新乌鲁木齐办事大臣旌额理等奏报接任日期折:臣遵旨从京城出发,七月二十八日到达乌鲁木齐,详细询问此处事务后，奴才旌额理接关防。

乾隆二十六年八月十八日朱批

乾隆二十六年八月初一日具奏

1888-035　060-1905

乾隆二十六年八月二十日乌鲁木齐办事大臣安泰等奏报卸任乌鲁木齐办事大臣启程回京日期折：旌额理七月二十八日到达乌鲁木齐后，奴才等遵旨将乌鲁木齐事务均交给旌额理、永恒等，奴才安泰、丁昌于八月二十日启程回京。

乾隆二十六年九月初九日朱批

乾隆二十六年八月二十日具奏

1893-029　060-2693

乾隆二十九年四月初五日乌鲁木齐办事大臣旌额理奏副都统绰克托已抵乌鲁木齐接任本官行将回京折：今年三月二十七日副都统绰克托到达乌鲁木齐。将印交付后，四月初五日奴才与绰克托一起从乌鲁木齐出发检查在昌吉、呼图壁等地的屯田制炮情况后，四月十五日到长拉乌苏后回京面圣。

乾隆二十九年四月二十三日朱批

乾隆二十九年四月初五日具奏

2081-018　070-1746

满汉名臣传

旌额理，伊拉理氏，内务府正白旗人……（乾隆）二十五年三月，署兵部侍郎……二十六年正月，授镶白旗满洲副都统，旋命往乌鲁木齐办事……二十八年二月，授兵部左侍郎。

满汉名臣传（三）　续集第十五卷　P2649

满汉大臣列传

旌额理，伊拉理氏，内务府正白旗人。（乾隆）二十六年正月授镶白旗满洲副都统，旋命往乌鲁木齐办事……二十八年授兵部左侍郎。

近代中国史料丛刊 续辑 第一辑 62 满汉大臣列传　卷十五　P10-11

附注：考订一　安泰、旌额理交接关防日

考订二　旌额理、绰克托交接印日

绰克托

清史稿·表

乾隆二十八年癸未，十二月丁未，乌鲁木齐办事大臣。

乾隆二十九年甲申，七月迁。

清史稿校注

乾隆二十八年癸未，十二月丁未，乌鲁木齐办事大臣。校：案高宗实录，是年十二月二十五日丁未，命绰克托赴乌鲁木齐办事，旌额理回京。

乾隆二十九年甲申，七月迁。校：案清史稿本纪十二高宗二、高宗实录，绰克托自乌鲁木齐副都统调塔尔巴哈台参赞大臣，伍弥泰为乌鲁木齐办事大臣在八月二十一日庚子。

实录

乾隆二十八年十二月二十五日丁未（1764.1.27）"命副都统绰克托驰赴乌鲁木齐办事，更换旌额理回京"。

高宗实录（九）　卷七〇一　P841

乾隆二十九年八月二十一日庚子（1764.9.16）"谕军机大臣等……绰克托著授为参赞大臣，驻劄塔尔巴哈台"。

高宗实录（九）　卷七一七　P997

满档

乾隆二十九年四月初五日乌鲁木齐办事大臣旌额理奏副都统绰克托

已抵乌鲁木齐接任本官行将回京折：今年三月二十七日副都统绰克托到达乌鲁木齐。将印交付后，四月初五日奴才与绰克托一起从乌鲁木齐出发检查在昌吉、呼图壁等地的屯田制炮情况后，四月十五日到长拉乌苏后回京面圣。

乾隆二十九年四月二十三日朱批

乾隆二十九年四月初五日具奏

2081-018　070-1746

乾隆二十九年十二月二十六日乌鲁木齐办事大臣绰克托奏闻启程赴塔尔巴哈台接任参赞大臣折

今年十二月十三日伍弥泰抵达乌鲁木齐，臣绰克托这一天将印交与他。明年正月初六日臣将前往塔尔巴哈台。

乾隆三十年正月十七日朱批

乾隆二十九年十二月二十六日具奏

2122-021　072-2791

乾隆二十九年十二月十六日：乌鲁木齐办事大臣伍弥泰奏闻接任日期折：奴才伍弥泰今年十二月初七日从库尔喀喇乌苏出发，本月十三日到达乌鲁木齐，当日从绰克托处接印办事。

乾隆三十年正月十七日朱批

乾隆二十九年十二月十六日具奏

2122-014　072-2761

满汉名臣传

绰克托，满洲正红旗人，姓费莫……（乾隆）二十七年，擢副都统。二十八年，赴乌鲁木齐办事。二十九年，授参赞大臣，驻塔尔巴哈台……三十七年四月，调补刑部左侍郎。

满汉名臣传（四）三集第五卷　P4018~4019

附注：考订二　旌额理、绰克托交接印日

考订三　绰克托交印、伍弥泰接印日
考异二　绰克托离职、伍弥泰任职日

伍弥泰

清史稿·表

乾隆二十九年甲申，七月，乌鲁木齐办事大臣。

乾隆三十一年丙戌，二月丁卯召。

清史稿校注

乾隆二十九年甲申，七月，乌鲁木齐办事大臣。校：案清史稿本纪十二高宗三、高宗实录，绰克托自乌鲁木齐副都统调塔尔巴哈台参赞大臣，伍弥泰为乌鲁木齐办事大臣在八月二十一日庚子。

乾隆三十一年丙戌，二月丁卯召。校：案高宗实录，是年二月二十七日丁卯，命温福赴乌鲁木齐办事，伍弥泰回京。

实录

乾隆二十九年八月二十一日庚子（1764.9.16）"绰克托著授为参赞大臣，驻劄塔尔巴哈台。伍弥泰、李景高仍留乌鲁木齐，同五福办理屯田贸易事务，奏事时伍弥泰列名在前"。

高宗实录（九）卷七一七　P997

乾隆三十一年二月二十七日丁卯（1766.4.6）谕曰，"温福前往乌鲁木齐更换伍弥泰"。

高宗实录（一〇）卷七五五　P319

满档

乾隆二十九年十二月二十六日乌鲁木齐办事大臣绰克托奏闻启程赴塔尔巴哈台接任参赞大臣折

今年十二月十三日伍弥泰抵达乌鲁木齐，臣绰克托这一天将印交与他。明年正月初六日臣将前往塔尔巴哈台。

乾隆三十年正月十七日朱批

乾隆二十九年十二月二十六日具奏

2122-021　072-2791

乾隆二十九年十二月十六日：乌鲁木齐办事大臣伍弥泰奏闻接任日期折：奴才伍弥泰今年十二月初七日从库尔喀喇乌苏出发，本月十三日到达乌鲁木齐，当日从绰克托处接印办事。

乾隆三十年正月十七日朱批

乾隆二十九年十二月十六日具奏

2122-014　072-2761

乾隆三十年闰二月初一日乌鲁木齐帮办大臣李景高奏接办乌鲁木齐办事大臣印务日期折：今年闰二月初一日伍弥泰赴伊犁办事，本日奴才从伍弥泰处接乌鲁木齐办事大臣印。

乾隆三十年闰二月十九日朱批

乾隆三十年闰二月初一日具奏

2128-047　073-0797

乾隆三十年六月初七日署乌鲁木齐办事大臣李景高奏报伍弥泰返回乌鲁木齐日期并移交办事大臣印折：五福带兵出发，把乌鲁木齐钦差办事大臣印和提督印交给奴才。五月二十八日伍弥泰到乌鲁木齐，本日奴才将两印转交伍弥泰。

乾隆三十年六月二十四日朱批

乾隆三十年六月初七日具奏

2146-016　074-1466

乾隆三十年六月初七日乌鲁木齐办事大臣伍弥泰奏报返回乌鲁木齐

接办办事大臣印日期折：奴才伍弥泰五月二十八日返回乌鲁木齐，本日李景高把乌鲁木齐钦差办事大臣印和提督印交给奴才。

乾隆三十年六月二十四日朱批

乾隆三十年六月初七日具奏

2146-018　074-1482

乾隆三十一年五月二十八日乌鲁木齐办事大臣温福奏报接任日期折：奴才温福遵旨三月十六日从京城出发，五月二十四日到达乌鲁木齐，本日散秩大臣伍弥泰将印交给奴才。

乾隆三十一年六月十七日朱批

乾隆三十一年五月二十八日具奏

2191-001　077-1397

乾隆三十一年五月二十八日乌鲁木齐办事大臣伍弥泰奏报卸任日期折：今年五月二十四日乌鲁木齐办事大臣温福到达乌鲁木齐，本日奴才把印务交给温福。

乾隆三十一年六月十七日朱批

乾隆三十一年五月二十八日具奏

2191-006.2　077-1415

满汉名臣传

伍弥泰，蒙古正黄旗人。姓伍弥……乾隆二十七年四月，奉旨："伍弥泰不胜将军之任，著仍在散秩大臣上行走。"七月，奉旨协办伊犁事务……二十八年正月，奉旨往乌鲁木齐办事……二十九年八月，谕曰："伍弥泰、李景嵩仍留乌鲁木齐同五福办理屯田贸易事务，奏事时伍弥泰列名在前。"……三十一年九月，代回。命署镶黄旗蒙古都统，旋兼署正白旗汉军都统。

满汉名臣传（三）　续集第四卷　P2413~2414

满汉大臣列传

伍弥泰，蒙古正黄旗人，姓伍弥……（乾隆）二十八年正月奉旨往乌鲁木齐办事……二十九年八月谕曰伍弥泰、李景高仍留乌鲁木齐同五福办理屯田贸易事务，奏事时伍弥泰列名在前，三十一年九月受代回，命署镶黄旗蒙古都统旋兼署正白旗汉军都统。

近代中国史料丛刊 续辑 第一辑 62 满汉大臣列传 卷四 P1~2

清史稿·列传

伍弥泰，伍弥氏，蒙古正黄旗人，副将军三等伯阿喇纳子。（乾隆）二十七年，上以伍弥泰不胜任，召还，仍为散秩大臣。命协办伊犁事务。哈萨克越境游牧，师逐之出塞。上以伍弥泰不谙军务，令随行学习。二十八年，命往乌鲁木齐办事。筑精河屯堡，上赐名曰绥来。三十一年，代还，署镶黄蒙古、正白汉军两旗都统。

清史稿卷三百二十三 列传一百十 P10822~10823

国朝耆献类征初编

伍弥泰，蒙古正黄旗人，姓伍弥……（乾隆）二十七年四月奉旨"伍弥泰不胜将军之任，著仍在散秩大臣上行走"，七月奉旨协办伊犁事务。……二十八年正月奉旨往乌鲁木齐办事……二十九年八月谕曰："伍弥泰、李景嵩仍留乌鲁木齐，同五福办理屯田、贸易事务，奏事时伍弥泰列名在前。"……三十一年九月代回，命署镶黄旗蒙古都统，旋兼署正白旗汉军都统。

右 国史馆本传

国朝耆献类征初编 4 卷二十二 宰辅二十二 原一至六页 清·李桓撰 江苏广陵古籍刻印社，1990 年 8 月第 1 版 P503~505

附注：考异一 建置初之乌鲁木齐办事大臣
考异二 绰克托离职、伍弥泰任职日
考订三 绰克托交印、伍弥泰接印日

考订四　伍弥泰赴伊犁交印、李景高接印署理日

考订七　伍弥泰回任、李景高卸署日

考订八　伍弥泰、温福交接印日

李景高

满档

　　乾隆三十年闰二月初一日乌鲁木齐帮办大臣李景高奏接办乌鲁木齐办事大臣印务日期折：今年闰二月初一日伍弥泰赴伊犁办事，本日奴才从伍弥泰处接乌鲁木齐办事大臣印。

乾隆三十年闰二月十九日朱批

乾隆三十年闰二月初一日具奏

2128-047　073-0797

　　乾隆三十年四月初八日乌鲁木齐提督五福奏报李景高移交乌鲁木齐办事大臣印日期折：今年三月初六日伍弥泰去伊犁办事，将印交给李景高，将此事上奏后圣上降旨，令将印交给五福。遵旨，李景高于本日将印交给奴才五福。

乾隆三十年四月二十五日朱批

乾隆三十年四月初八日具奏

2136-009　073-2809

　　乾隆三十年五月二十六日驻乌鲁木齐副都统李景高奏暂署乌鲁木齐办事大臣及提督印务折：乌什回子起事后，今年五月二十六日五福带兵出发起赴伊犁，将乌鲁木齐钦差办事大臣印和提督印本日全部交给奴才，等伍弥泰到乌鲁木齐后转交给他。

乾隆三十年六月十三日朱批

乾隆三十年五月二十六日具奏

2145-008　074-1189

乾隆三十年五月二十六日署乌鲁木齐办事大臣五福等奏将办事大臣印务移交李景高后率官兵起赴乌什折：奴才五福把钦差办事大臣印和提督印交给李景高后，将提督事务交给总督杨应琚，伍弥泰于五月二十一日从伊犁出发前往乌鲁木齐，等伍弥泰到达后李景高立即转交此二印。

乾隆三十年六月十三日朱批
乾隆三十年五月二十六日具奏
2145-014　074-1217

乾隆三十年六月初七日署乌鲁木齐办事大臣李景高奏报伍弥泰返回乌鲁木齐日期并移交办事大臣印折：五福带兵出发，把乌鲁木齐钦差办事大臣印和提督印交给奴才。五月二十八日伍弥泰到乌鲁木齐，本日奴才将两印转交伍弥泰。

乾隆三十年六月二十四日朱批
乾隆三十年六月初七日具奏
2146-016　074-1466

乾隆三十年六月初七日乌鲁木齐办事大臣伍弥泰奏报返回乌鲁木齐接办办事大臣印日期折：奴才伍弥泰五月二十八日返回乌鲁木齐，本日李景高把乌鲁木齐钦差办事大臣印和提督印交给奴才。

乾隆三十年六月二十四日朱批
乾隆三十年六月初七日具奏
2146-018　074-1482

附注：考异一　建置初之乌鲁木齐办事大臣
　　　考订四　伍弥泰赴伊犁交印、李景高接印署理日
　　　考订五　李景高交印、五福接印署理日
　　　考订六　五福平回交印、李景高接印署理日
　　　考订七　伍弥泰回任、李景高卸署日

五 福

满档

　　乾隆三十年四月初八日乌鲁木齐提督五福奏报李景高移交乌鲁木齐办事大臣印日期折：今年三月初六日伍弥泰去伊犁办事，将印交给李景高，将此事上奏后圣主降旨，令将印交给五福。遵旨，李景高于本日将印交给奴才五福。

乾隆三十年四月二十五日朱批
乾隆三十年四月初八日具奏
2136-009　073-2809

　　乾隆三十年五月二十六日驻乌鲁木齐副都统李景高奏暂署乌鲁木齐办事大臣及提督印务折：今年五月二十六日五福带兵出发，将乌鲁木齐钦差办事大臣印和提督印本日全部交给奴才，等伍弥泰到乌鲁木齐后转交给他。

乾隆三十年六月十三日朱批
乾隆三十年五月二十六日具奏
2145-008　074-1189

　　乾隆三十年五月二十六日署乌鲁木齐办事大臣五福等奏将办事大臣印务移交李景高后率官兵起赴乌什折：奴才五福把钦差办事大臣印和提督印交给李景高后，将提督事务交给总督杨应琚，伍弥泰于五月二十一日从伊犁出发前往乌鲁木齐，等伍弥泰到达后李景高立即转交此二印。

乾隆三十年六月十三日朱批
乾隆三十年五月二十六日具奏
2145-014　074-1217

　　附注：考异一　建置初之乌鲁木齐办事大臣

考订五　李景高交印、五福接印署理日

考订六　五福平回交印、李景高接印署理日

温　福

清史稿·表

乾隆三十一年丙戌，二月丁卯，乌鲁木齐办事大臣。

乾隆三十四年己丑，四月己未迁。

清史稿校注

乾隆三十一年丙戌，二月丁卯，乌鲁木齐办事大臣。校：案高宗实录，是年二月二十七日丁卯，命温福赴乌鲁木齐办事，伍弥泰回京。

乾隆三十四年己丑，四月己未迁。

实录

乾隆三十一年二月二十七日丁卯（1766.4.6）谕曰，"温福前往乌鲁木齐更换伍弥泰"。

高宗实录（一〇）卷七五五　P319

乾隆三十四年四月七日己未（1769.5.12）"鄂宁著革职，所有福建巡抚员缺，著温福补授"。

高宗实录（一一）卷八三二　P92

东华录

乾隆三十四年四月己未"所有福建巡抚员缺著温福补授……温福由署乌鲁木齐提督迁"。

十二朝东华录　乾隆朝（三）　卷二十五　P899~900

满档

乾隆三十一年五月二十八日乌鲁木齐办事大臣温福奏报接任日期折：

奴才温福遵旨三月十六日从京城出发，五月二十四日到达乌鲁木齐，本日散秩大臣伍弥泰将印交给奴才。

乾隆三十一年六月十七日朱批

乾隆三十一年五月二十八日具奏

2191-001　077-1397

乾隆三十一年五月二十八日乌鲁木齐办事大臣伍弥泰奏报卸任日期折：今年五月二十四日乌鲁木齐办事大臣温福到达乌鲁木齐，本日奴才把印务交给温福。

乾隆三十一年六月十七日朱批

乾隆三十一年五月二十八日具奏

2191-006.2　077-1415

乾隆三十三年三月初六日乌鲁木齐办事大臣温福奏署理乌鲁木齐提督印务而谢恩折：刚接到降旨内，派五福去云南，令温福署理提督印务，奉旨五福于三月初六日出发前将提督印务交给奴才温福。

乾隆三十三年三月二十四日

乾隆三十三年三月初六日

2262-013　082-0872

满汉名臣传

温福，费莫氏，满洲镶红旗人……（乾隆）二十六年，授仓场侍郎。二十七年，特赏给世袭云骑尉。三十四年，授福建巡抚。

满汉名臣传（三）　续集第六卷　P2460~2461

满汉大臣列传

温福，费莫氏，满洲镶红旗人……（乾隆）二十六年授仓场侍郎，二十七年特赏给世袭云骑尉。三十四年授福建巡抚。

近代中国史料丛刊　续辑　第一辑62　满汉大臣列传　卷六　P3~4

清史稿·列传

温福，字履绥，费莫氏，满洲镶红旗人，文华殿大学士温达孙也。

清史稿卷三百二十六　列传一百十三　P10880

附注：考订八　伍弥泰、温福交接印日

福森布

清史稿·表

乾隆三十四年己丑，四月己未，乌鲁木齐办事。

乾隆三十四年己丑，九月丙申，巴彦弼代。

清史稿校注

乾隆三十四年己丑，四月己未，乌鲁木齐办事。

乾隆三十四年己丑，九月丙申，巴彦弼代。校：案高宗实录，是年九月十七日丙申，命福森布自乌鲁木齐调喀什噶尔办事。

实录

乾隆三十四年四月初七日己未（1769.5.12）"温福已补授福建巡抚，著福森布前往乌鲁木齐驻劄办事，所有提督事务并著兼署"。

高宗实录（一一）　卷八三二　P92

乾隆三十四年九月十七日丙申（1769.10.16）"福森布著调往喀什噶尔办事，巴里坤总兵巴彦弼著前往乌鲁木齐署理提督……巴彦弼不必来京请训，即由彼前往，俟到乌鲁木齐时，福森布再驰驿赴喀什噶尔"。

高宗实录（一一）　卷八四三　P257

满档

乾隆三十四年十月十三日乌鲁木齐办事大臣福森布奏调任喀什噶尔办事大臣谢恩折

十月初七日接到圣旨内,派安泰去雅尔,调福森布去喀什噶尔,派巴彦弼去乌鲁木齐,存泰署理巴里坤总兵。巴彦弼到达乌鲁木齐后,福森布加紧去喀什噶尔。

乾隆三十四年十一月初三日朱批
乾隆三十四年十月十三日具奏
2338-026.1　086-3183

附注:考异一　建置初之乌鲁木齐办事大臣

巴彦弼

钦定八旗通志

满洲镶白旗人,乾隆三十四年十月任乌鲁木齐提督,三十八年十二月解。

八旗大臣题名三　各省提督

清史稿·表

乾隆三十四年己丑,九月丙申,代。

乾隆三十六年辛卯。十一月,改设乌鲁木齐参赞大臣。

乾隆三十七年壬辰。

清史稿校注

乾隆三十四年己丑,九月丙申,代。

乾隆三十六年辛卯。十一月,改设乌鲁木齐参赞大臣。校:案高宗实录,设乌鲁木齐参赞大臣在十一月初二日戊戌,乾隆朝东华录同。

乾隆三十七年壬辰。

实录

乾隆三十四年九月十七日丙申(1769.10.16)"福森布著调往喀什噶尔办事,巴里坤总兵巴彦弼著前往乌鲁木齐署理提督……巴彦弼不必来京请训，即由彼前往，俟到乌鲁木齐时，福森布再驰驿赴喀什噶尔"。

高宗实录（一一） 卷八四三 P257

乾隆三十五年正月辛丑谕曰："徐绩著前往乌鲁木齐与巴彦弼一同办事"。

高宗实录（一一） 卷八五一 P396

乾隆三十五年八月庚寅"军机大臣等议覆，安西提督巴彦弼、乌鲁木齐办事大臣徐绩等奏称……"。

高宗实录（一一） 卷八六七 P632

满档

乾隆三十四年十月十三日乌鲁木齐办事大臣福森布奏调任喀什噶尔办事大臣谢恩折

十月初七日接到圣旨内，派安泰去雅尔，调福森布去喀什噶尔，派巴彦弼去乌鲁木齐，存泰署理巴里坤总兵。巴彦弼到达乌鲁木齐后，福森布加紧去喀什噶尔。

乾隆三十四年十一月初三日朱批
乾隆三十四年十月十三日具奏
2338-026.1 086-3183

附注：考异一　建置初之乌鲁木齐办事大臣
　　　考订九　徐绩、明山任乌鲁木齐办事大臣

徐　绩

实录

乾隆三十五年正月己亥谕"户部侍郎员缺著曹秀先调补，工部侍郎员缺著徐绩补授。徐绩现在新疆办事，所有工部侍郎事务仍著曹秀先兼署"。

高宗实录（一一） 卷八五一 P396

乾隆三十五年正月辛丑谕曰，"徐绩著前往乌鲁木齐与巴彦弼一同办事"。

高宗实录（一一） 卷八五一 P396

乾隆三十五年八月庚寅"军机大臣等议覆，安西提督巴彦弼、乌鲁木齐办事大臣徐绩等奏称……"。

高宗实录（一一） 卷八六七 P632

乾隆三十六年六月庚午朔谕曰，"明山著发往乌鲁木齐，自备资斧，效力赎罪，换徐绩回京"。

高宗实录（一一） 卷八八六 P865

乾隆三十六年十月丁亥"山东巡抚员缺著徐绩补授"。

高宗实录（一一） 卷八九五 P1026

东华录

乾隆三十五年正月己亥"调曹秀先为户部侍郎，以徐绩为工部侍郎"。

十二朝东华录 乾隆朝（三） 卷二十六 P935

乾隆三十六年六月庚午谕，"明山著发往乌鲁木齐，自备资斧，效力赎罪，换徐绩回京"。

十二朝东华录 乾隆朝（三） 卷二十七 P979

乾隆朝上谕档

乾隆三十六年十月二十日内阁奉上谕："山东巡抚员缺著徐绩补授。"

第六册 P808

满汉名臣传

徐绩，正蓝旗汉军人……（乾隆）三十四年二月，擢山东按察使。三月，丁父忧。十月，命以按察使衔前往哈密办事，赏戴花翎。三十五年，擢工部右侍郎，调乌鲁木齐办事大臣……是年（三十六年），擢山东巡抚。

满汉名臣传（三） 续集第十六卷 P2660

满汉大臣列传

徐绩，正蓝旗汉军人。（乾隆）三十五年擢工部右侍郎，调乌鲁木齐办事大臣。（三十六年）是年擢山东巡抚。

近代中国史料丛刊 续辑 第一辑 62 满汉大臣列传 卷十六 P4

清史稿·列传

徐绩，汉军正蓝旗人。乾隆十二年举人。三十四年，擢按察使，丁父忧，命以按察使衔往哈密办事，赐孔雀翎。三十五年，擢工部侍郎、乌鲁木齐办事大臣。三十六年，奏："玛纳斯在伊犁、塔尔巴哈台之间，请驻兵，使声势联络。"从之。授山东巡抚。三十八年，上幸天津，迎谒，赐黄马褂。

清史稿卷三百三十二 列传一百十九 P10966

附注：考异一 建置初之乌鲁木齐办事大臣
考订九 徐绩、明山任乌鲁木齐办事大臣

明　山

实录

乾隆三十六年五月辛丑朔又谕曰："明山现在交部严加议处……明山著即解任，听候部议。陕甘总督员缺著吴达善调补。"

高宗实录（一一） 卷八八四 P839

乾隆三十六年六月庚午朔谕曰，"明山著发往乌鲁木齐，自备资斧，效力赎罪，换徐绩回京"。

高宗实录（一一） 卷八八六 P865

乾隆三十七年六月甲戌谕曰："德云著调补巴里坤领队大臣。明山著加恩补放副都统作为乌鲁木齐领队大臣,与巴彦弼一同管理屯田事务。索诺木策凌著总理乌鲁木齐、巴里坤事务。"

高宗实录(一二) 卷九一〇 P187

东华录

乾隆三十六年六月庚午谕,"明山著发往乌鲁木齐,自备资斧,效力赎罪,换徐绩回京"。

十二朝东华录 乾隆朝(三) 卷二十七 P979

附注:考订九 徐绩、明山任乌鲁木齐办事大臣

索诺木策凌

钦定八旗通志·直省大臣年表

乾隆三十八年四月任 是年乌鲁木齐都统设立

乾隆四十年十二月解

乾隆四十一年十一月任

乾隆四十四年十一月解

乾隆四十五年三月任

乾隆四十五年六月升

清史稿校注

乾隆三十八年癸巳,五月癸丑,裁乌鲁木齐参赞大臣,设乌鲁木齐都统。校:案清史稿本纪十三高宗四、清国史高宗本纪、高宗实录,乌鲁木齐裁参赞大臣,改设都统在五月十九日丁丑。又案历法,是年五月无"癸丑"。此"癸丑"当作"丁丑"。

乾隆三十七年壬辰,三月,乌鲁木齐参赞大臣。校:案清史稿本纪十三高宗四、高宗实录,索诺木策凌授乌鲁木齐参赞大臣在三月初三日戊戌。

乾隆三十八年癸巳。改乌鲁木齐都统。校：案清史稿本纪十三高宗四、清国史高宗本纪、高宗实录，是年五月十九日丁丑，索诺木策凌改授乌鲁木齐都统。

乾隆四十五年庚子，三月丁酉迁。

钱表

乾隆四一年、丙申（1776）伊勒图病，索诺木策凌署伊犁将军。

清实录

乾隆三十六年十一月初二日戊戌（1771.12.7）上谕："乾清门听政、军机大臣等议复，伊犁将军舒赫德奏'遵旨筹划新疆驻兵，请于乌鲁木齐驻满洲兵三千，添设参赞大臣、领队大臣各一员……究在何处驻箚，何时迁移，如何筑城造署、筹备兵饷，再行简放参赞及领队大臣，并将凉州、庄浪兵三千、西安兵二千移驻该处'。从之。"

高宗实录（一一） 卷八九六 P1041

乾隆三十七年三月初三日戊戌（1772.4.5）"军机大臣等议准，伊犁将军舒赫德等奏称，乌鲁木齐、巴里坤移驻满兵，前经奏请添简乌鲁木齐参赞大臣一、领队大臣一、巴里坤领队大臣一，除巴里坤明年移兵临时奏请简放外，乌鲁木齐参赞大臣、领队大臣，请旨简派启程，并令其于经过之凉州庄浪，先选兵二三十名带往乌鲁木齐，备建造城垣兵房等差使。再西安地属紧要，现既移兵二千驻巴里坤，其兵缺，请于京城满兵如数拨补。得旨，依议。乌鲁木齐参赞大臣著索诺木策凌补授，领队大臣著德云补授，俱受伊犁将军节制"。

高宗实录（一二） 卷九○四 P70

乾隆三十八年五月十九日丁丑（1773.7.8）"谕，从前因乌鲁木齐驻防满洲绿营兵丁，曾放参赞大臣管辖，俱听伊犁将军调遣。今乌鲁木齐所属地方宽阔，而距伊犁遥远，兵民辐辏，应办事件甚繁，将参赞大臣一缺改为都统一员，于管辖兵丁办理诸事尤为有益，而于体制亦属相符。

索诺木策凌在乌鲁木齐办事以来，尚属尽心妥协，竭力奋勉，即著补授乌鲁木齐都统，嗣后作为乌鲁木齐都统缺，仍属伊犁将军节制，听其调遣，所有应奏应办之事，一面奏闻，一面知会伊犁将军，仍著交该部，另行改铸都统印信发给"。

高宗实录（一二） 卷九三五 P582

乾隆四十五年二月甲戌："全简原系凉州协领，移驻伊犁洊升至乌鲁木齐副都统……嗣因索诺木策凌来京，令伊署理都统事务。数月以来，奏事转多于索诺木策凌时，而又均非要务，其意不过以为既摄都统，即俨然以都统自居，诸事不待索诺木策凌，尽行办理具奏，甚属好事。不惟不胜都统之任，即副都统亦恐不能称职，著传谕索诺木策凌，即将全简果能胜任副都统之处秉公奏闻，候朕另降谕旨"。

《高宗实录一四》 （卷一一〇一 P741）

乾隆四十五年三月初四日癸未"谕军机大臣曰，奎林已授为乌鲁木齐都统，伊抵任时，索诺木策凌将诸事交代，即速驰驿来京。索诺木策凌接到此旨信，无庸疑惧，并非因伊办事不善令其回京，朕欲授为将军。是以令奎林更换，著即传谕知之"。

高宗实录（一四） 卷一一〇二 P750

乾隆四十五年三月丁酉 "以乌鲁木齐都统索诺木策凌为盛京将军"。

高宗实录一四 卷一一〇三 P764

东华录

乾隆三十六年十一月初二日戊戌（1771.12.7）上谕："军机大臣等议准，伊犁将军舒赫德奏'遵旨筹画新疆驻兵，请于乌鲁木齐驻满洲兵三千，添设参赞大臣、领队大臣各一员；巴里坤驻满兵二千，添设领队大臣一员，其领队大臣令参赞大臣兼摄，俱统辖于伊犁将军。塔尔巴哈台见有戍兵千余，添兵作为二千名。从之。'"

十二朝东华录 乾隆朝（三） 卷二十七 P1002

乾隆三十八年五月十九日丁丑（1773.7.8）谕，"从前因乌鲁木齐驻防满洲绿营兵丁，曾放参赞大臣管辖，俱听伊犁将军调遣。今乌鲁木齐所属地方宽阔，而距伊犁遥远，兵民辐辏，应办事件繁，将参赞大臣一缺改为都统一员，于管辖兵丁办理诸事尤为有益，而于体制亦属相符。索诺木策凌在乌鲁木齐办事以来，尚属尽心妥协，竭力奋勉，即著补授乌鲁木齐都统，嗣后作为乌鲁木齐都统缺，仍属伊犁将军节制，听其调遣，所有应奏应办之事，一面奏闻，一面知会伊犁将军，仍著交该部，另行改铸都统印信发给"。

十二朝东华录　乾隆朝（四）　卷二十九　P1064

满档

乾隆三十八年六月十六日乌鲁木齐参赞大臣索诺木策凌奏谢授乌鲁木齐都统恩折

今年六月初九日接到乾隆三十八年五月十九日降旨内，派索诺木策凌到乌鲁木齐，立即补授他为乌鲁木齐都统。

乾隆三十八年七月初六日朱批

乾隆三十八年六月十六日具奏

2530-023　099-2438

乾隆四十年十月二十九日乌鲁木齐领队大臣永庆奏报暂行署理乌鲁木齐都统印务日期折

今年十月二十九日都统索诺木策凌去面圣时，将乌鲁木齐都统印务交给臣永庆办理，臣谢恩接印。

乾隆四十年闰十月十九日朱批

乾隆四十年十月二十九日具奏

2655-014　107-1151

乾隆四十一年四月初一日乌鲁木齐都统索诺木策凌奏奉旨署理伊犁将军印务谢恩折：索诺木策凌三月三十日到哈密，接到领侍卫内大臣尚书忠勇公傅隆阿字寄内，乾隆四十一年三月十九日降旨：伊勒图在伊犁已五年多，理应返京面圣。索诺木策凌将乌鲁木齐都统事务交由永庆署理。

乾隆四十一年四月十六日朱批
乾隆四十一年四月初一日具奏
2680-012　108-3459

乾隆四十一年四月十二日乌鲁木齐都统索诺木策凌奏报交卸乌鲁木齐都统任内公务前往伊犁署理将军印务启程日期折

三月三十日臣来到哈密接到谕旨内，命臣署理伊犁将军印务。四月十日到乌鲁木齐，臣索诺木策凌四月十二日前往伊犁。

乾隆四十一年五月初七日朱批
乾隆四十一年四月十二日具奏
2683-014　109-0457

乾隆四十一年十一月二十八日伊犁将军伊勒图等奏报交接将军印信日期折

臣伊勒图今年十一月二十四日到伊犁，索诺木策凌这大把将军印交给他。十一月二十七日索诺木策凌从伊犁启程返回乌鲁木齐职任地。

乾隆四十一年十二月二十二日朱批
乾隆四十一年十一月二十八日就具奏
2705-004　110-2636

乾隆四十一年十二月十一日乌鲁木齐都统索诺木策凌奏报至玛纳斯接收乌鲁木齐都统印信日期折

臣索诺木策凌十二月初七日到玛纳斯，永庆把都统印交给臣。

乾隆四十二年正月初二日朱批
乾隆四十一年十二月十一日具奏
2708-049　110-3605

乾隆四十一年十二月二十一日乌鲁木齐都统索诺木策凌奏报回任日期折

臣索诺木策凌十二月十二日回到乌鲁木齐。

乾隆四十二年正月十二日朱批
2709-015　111-0081

乾隆四十五年三月十八日哈密办事大臣佛德等奏新授巴里坤总兵佛喜及回任乌鲁木齐都统索诺木策凌经过哈密折

最近新补授的巴里坤总兵佛喜今年三月十日到哈密。十一日启程前往巴里坤。三月十三日乌鲁木齐都统索诺木策凌到哈密。十五日启程往巴里坤赴乌鲁木齐。

乾隆四十五年四月初七日朱批
乾隆四十五年三月十八日具奏
2822-005　118-1118

乾隆四十五年四月十六日乌鲁木齐都统索诺木策凌奏谢授盛京将军之恩折：四月初五日接到三月十八日降旨：云贵总督员缺由福康安补授，他的盛京将军缺由索诺木策凌补授。

乾隆四十五年五月十日朱批
乾隆四十五年四月十六日具奏
2826—013　118—2097

乾隆四十五年六月初八日乌鲁木齐都统索诺木策凌奏报卸任启程返京日期折

奎林六月初六日到乌鲁木齐，臣把都统印等派人交给他。六月初八日从乌鲁木齐启程返京。

乾隆四十五年六月二十八日朱批
乾隆四十五年六月初八日具奏
2834-011　119-0028

乾隆四十五年六月初八日乌鲁木齐都统奎林奏报接任日期折

臣奎林六月初六日到乌鲁木齐，索诺木策凌派人交印于臣。

乾隆四十五年六月二十八日朱批
乾隆四十五年六月初八日具奏
2834-016　119-0066

满汉名臣传

索诺木策凌，满洲镶黄旗人。姓钮祜禄，额亦都五世孙也……（乾隆）三十六年，授伊犁领队大臣。三十七年，擢乌鲁木齐参赞大臣。三十八年，补乌鲁木齐都统，总理巴里坤等处屯田。四十年三月，署伊犁将军。十月，来京陛见。旋命回乌鲁木齐都统任……四十五年，调盛京将军。

满汉名臣传（四）　三集第七卷　P4060～4063

附注：考异三　乌鲁木齐都统设立、首任都统任命及其到任日

考订一〇　索诺木策凌交印、永庆接印署理日

考订一一　永庆卸署、索诺木策凌回任接印日

考异四　索诺木策凌解职日

考订一二　索诺木策凌卸任交印、奎林接印日

永　庆

钦定八旗通志·直省大臣年表

乾隆四十年十二月署

乾隆四十一年十二月解

满档

乾隆四十年十月二十九日乌鲁木齐领队大臣永庆奏报暂行署理乌鲁木齐都统印务日期折

今年十月二十九日都统索诺木策凌去面圣时，将乌鲁木齐都统印务交给臣永庆办理，臣谢恩接印。

乾隆四十年闰十月十九日朱批
乾隆四十年十月二十九日具奏
2655-014　107-1151

乾隆四十一年四月初一日乌鲁木齐都统索诺木策凌奏奉旨署理伊犁将军印务谢恩折：索诺木策凌三月三十日到哈密，接到领侍卫内大臣尚书忠勇公傅隆阿字寄内，乾隆四十一年三月十九日降旨，伊勒图在伊犁已五年多，理应返京面圣。索诺木策凌将乌鲁木齐都统事务交由永庆署理。

乾隆四十一年四月十六日朱批
乾隆四十一年四月初一日具奏
2680-012　108-3459

乾隆四十一年四月十二日乌鲁木齐都统索诺木策凌奏报交卸乌鲁木齐都统任内公务前往伊犁署理将军印务启程日期折

三月三十日臣来到哈密接到谕旨内，任臣署理伊犁将军印务。四月十日到乌鲁木齐，臣索诺木策凌四月十二日前往伊犁。

乾隆四十一年五月初七日朱批
乾隆四十一年四月十二日具奏
2683-014　109-0457

满汉大臣列传

永庆，正白旗满洲人，佟佳氏。……（乾隆）三十年调镶蓝旗蒙古副都统。三十九年任乌鲁木齐副都统……四十二年来京，在散秩大臣行走，补正蓝旗汉军副都统。

近代中国史料丛刊 续辑 第一辑 62 满汉大臣列传　卷十三　P14

国朝耆献类征选编

永庆,正白旗满洲人,佟佳氏。(乾隆)三十九年,任乌鲁木齐副都统。四十二年,来京;在散秩大臣上行走,补正蓝旗汉军副都统。寻补正红旗蒙古副都统,复调镶红旗蒙古副都统。

录自《国朝耆献类征初编》 卷三百 （将帅 四十）

近代中国史料丛刊 三编 第一辑 7 国朝耆献类征选编（三）李桓等编纂 卷十 P1206~1207

附注：考异五 永庆接署都统日

考订一〇 索诺木策凌交印、永庆接印署理日

考订一一 永庆卸署、索诺木策凌回任接印日

全 简

钦定八旗通志·直省大臣年表 金鉴

乾隆四十四年十一月署

乾隆四十五年三月解

实录

乾隆四十五年二月甲戌："全简原系凉州协领,移驻伊犁洊升至乌鲁木齐副都统……嗣因索诺木策凌来京,令伊署理都统事务。数月以来,奏事转多于索诺木策凌时,而又均非要务,其意不过以为既摄都统,即俨然以都统自居,诸事不待索诺木策凌,尽行办理具奏,甚属好事。不惟不胜都统之任,即副都统亦恐不能称职,著传谕索诺木策凌,即将全简果能胜任副都统之处秉公奏闻,候朕另降谕旨。"

《高宗实录一四》 （卷一一〇一 P741）

乾隆四十五年三月丙申谕曰："勒尔谨等奏请调补济木萨绿营游击与乌鲁木齐都统会衔一折,全简之名开列在前,全简屡以乌鲁木齐无关紧要之事具奏……今全简同总督勒尔谨奏事列名在前,是妄自尊大,俨然

以都统自居，伊乃副都统署理都统事务之人，即系正任都统亦当列名在总督之次……全简著革退副都统，加恩赏给协领职衔前往伊犁，自备资斧效力赎罪。"

高宗实录（一四）　卷一一〇三　P760~761

附注：考异六　全简及其署任

奎　林

钦定八旗通志·直省大臣年表

乾隆四十五年六月任

乾隆四十六年七月升

清史稿·表

乾隆四十五年庚子，乌鲁木齐都统。

乾隆四十六年辛丑，七月丙午迁。

清史稿校注

乾隆四十五年庚子，乌鲁木齐都统。校：案清史稿本纪十四高宗五、清国史高宗本纪、高宗实录，是年三月初三日壬午，奎林自镶红旗汉军都统调乌鲁木齐都统。

乾隆四十六年辛丑，七月丙午迁。

实录

乾隆四十五年三月三日壬午（1780.4.7）"以镶红旗汉军都统奎林为乌鲁木齐都统"。

高宗实录（一四）　卷一一〇二　P749

乾隆四十五年三月四日癸未谕"军机大臣曰，奎林已授为乌鲁木齐都统，伊抵任时，索诺木策凌将诸事交代，即速驰驿来京。索诺木策凌接到此旨信，无庸疑惧，并非因伊办事不善令其回京，朕欲授为将军，是以令奎林更换，著即传谕知之"。

高宗实录（一四） 卷一一○二 P750

乾隆四十六年七月六日丙午（1781.8.24）以乌鲁木齐都统奎林为乌里雅苏台将军，四川提督明亮为乌鲁木齐都统。

高宗实录（一五） 卷一一三六 P179

乾隆朝起居注

乾隆四十五年三月初三日壬午奉谕旨，奎林著补授乌鲁木齐都统。

第三十册 P25

满档

乾隆四十五年五月二十六日哈密办事大臣佛德等奏报乌鲁木齐都统奎林赴任经过哈密日期折

新补授乌鲁木齐都统奎林五月二十四日到哈密，二十五日启程往巴里坤路途走。常喜五月十八日到哈密，二十一日从哈密启程前往苏州。

乾隆四十五年六月十七日朱批
乾隆四十五年五月二十六日具奏
2832-046　118-3332

乾隆四十五年六月初八日乌鲁木齐都统索诺木策凌奏报卸任启程返京日期折

奎林六月初六日到乌鲁木齐，臣把都统印等派人交给他。六月初八日从乌鲁木齐启程返京。

乾隆四十五年六月二十八日朱批
乾隆四十五年六月初八日具奏
2834-011　119-0028

乾隆四十五年六月初八日乌鲁木齐都统奎林奏报接任日期折

臣奎林六月初六日到乌鲁木齐，索诺木策凌派人交印于臣。

乾隆四十五年六月二十八日朱批

乾隆四十五年六月初八日具奏

2834-016　119-0066

乾隆四十六年七月十二日四川提督明亮奏谢授乌鲁木齐都统恩折

七月十二日到西安府接到兵部来文内乾隆四十六年七月初七日降旨，最近补授的乌里雅苏台将军庆桂因病暂不能接任，故补授奎林为乌里雅苏台将军，奎林之缺由明亮补授乌鲁木齐都统。

乾隆四十六年七月十九日朱批

乾隆四十六年七月十二日具奏

2888-025　122-0672

乾隆四十六年七月二十二日吐鲁番领队大臣图思义奏自吐鲁番赴乌鲁木齐暂护理都统印务折

乾隆四十六年七月初七日降旨，最近补授的乌里雅苏台将军庆桂因病暂不能接任，故补授奎林为乌里雅苏台将军，奎林之缺由明亮补授乌鲁木齐都统。乌鲁木齐都统印暂交吐鲁番领队大臣图思义看守。图思义本月二十二日从吐鲁番前往乌鲁木齐。

乾隆四十六年八月十一日朱批

乾隆四十六年七月二十二日具奏

2890-037　122-1148

乾隆四十六年七月二十七日署乌鲁木齐都统图思义奏报接署印务日期折

臣七月二十五日到乌鲁木齐，奎林二十六日返回乌鲁木齐，派来津等官员把都统印交给臣，臣接印。三十日奎林启程前往乌里雅苏台。

乾隆四十六年八月二十日朱批

乾隆四十六年七月二十七日具奏

2891-001　122-1186

满汉名臣传

奎林，满洲镶黄旗人。姓富察氏……（乾隆四十一年）九月，授右翼前锋统领，寻擢理藩院尚书，紫禁城骑马。十月，加议政大臣。四十三年十二月，扈跸盛京，议叙加一级。四十五年三月，授乌鲁木齐都统……是月（四十六年七月），授乌里雅苏台将军……五十年三月，仍授乌鲁木齐都统……八月，授伊犁将军……命乌鲁木齐都统永铎查核，据实陈奏。十一月，谕曰："据海禄参奏奎林各款现在查讯已有证据数款，奎林著即革职，拿解来京审讯。"

满汉名臣传（四）三集第十一卷　P4133～4137

国朝耆献类征选编

奎林，满洲镶黄旗人，姓富察氏。乾隆四十五年三月，授乌鲁木齐都统。（四十六年七月）是月授乌里雅苏台将军……五十年三月，仍授乌鲁木齐都统……八月，授伊犁将军。

录自《国朝耆献类征初编》卷三百九十一　（将帅　二十一）
近代中国史料丛刊 三编 第一辑 7 国朝耆献类征选编（三）李桓等编纂 卷十　P1139～1143

清史稿·列传

奎林，字直方，富察氏，满洲镶黄旗人，承恩公傅文子也。……（乾隆）四十五年，出为乌鲁木齐都统。骁骑校常福杖毙披甲多罗，奎林论劾，上以多罗不孝，罪当死，责奎林误劾。改授乌里雅苏台将军。坐在乌鲁木齐失察各州县浮报粮值，命以公爵畀其叔傅玉承袭。复授乌鲁木齐都统。迁伊犁将军。

清史稿卷三百三十一　列传一百十八　P10944～10946

附注：考订一二　索诺木策凌卸任交印、奎林接印日
　　　考订一三　奎林卸任、署都统图思义接署日

觉罗图思义

钦定八旗通志·直省大臣年表

乾隆四十六年七月任

乾隆四十六年十一月解

满档

乾隆四十六年七月二十二日吐鲁番领队大臣图思义奏自吐鲁番赴乌鲁木齐暂护理都统印务折

乾隆四十六年七月初七日降旨，最近补授的乌里雅苏台将军庆桂因病暂不能接任，故补授奎林为乌里雅苏台将军，奎林之缺由明亮补授乌鲁木齐都统。乌鲁木齐都统印暂交吐鲁番领队大臣图思义看守。图思义本月二十二日从吐鲁番前往乌鲁木齐。

乾隆四十六年八月十一日朱批

乾隆四十六年七月二十二日具奏

2890-037　122-1148

乾隆四十六年七月二十七日署乌鲁木齐都统图思义奏报接署印务日期折

臣七月二十五日到乌鲁木齐，奎林二十六日返回乌鲁木齐，派来津等官员把都统印交给臣，臣接印。三十日奎林启程前往乌里雅苏台。

乾隆四十六年八月二十日朱批

乾隆四十六年七月二十七日具奏

2891-001　122-1186

附注：考订一三　奎林卸任、署都统图思义接署日

考异七　图思义卸署日

明 亮

钦定八旗通志·直省大臣年表

乾隆四十六年七月任

乾隆四十八年八月革

清史稿·表

乾隆四十六年辛丑，乌鲁木齐都统。

乾隆四十八年癸卯，六月辛酉迁。

实录

乾隆四十六年七月六日丙午（1781.8.24）"以乌鲁木齐都统奎林为乌里雅苏台将军，四川提督明亮为乌鲁木齐都统"。

高宗实录一五　卷一一三六　P179

乾隆四十八年六月辛酉朔又谕："伊勒图奏请陛见，已准其来京。明亮著前往署理伊犁将军，所有乌鲁木齐都统事务著海禄径由云南驰驿迅速前往署理，不必来京请训。海禄扣算程途，约计抵乌鲁木齐接受交代后，明亮前赴伊犁务在九月内。伊勒图可于彼时启程。伊勒图到京陛见，已届冬底，其回任须俟明年四月，明亮交代将军印务即著来京陛见，仍著海禄署乌鲁木齐都统事务。俟明亮陛见回任，海禄再来京另候简用。"

高宗实录一五　卷一一八二　P827

乾隆四十八年七月初九日戊戌（1783.8.6）"谕军机大臣等，据图思义奏，乌鲁木齐协领阿林呈控永远枷号之官犯开泰，系彼处协领富通之甥，明亮到乌鲁木齐之后，富通即托协领舒成恳求明亮将开泰交富通看守，因而开枷散居。其后富通赴京引见，欲交旗看守。开泰畏惧，投井身死。于是明亮屈参阿林，未能加意看守，舒成又欲息事，种种捏造案情完结等情，将原呈一并具奏前来。此事大奇。若止令图思义审办，恐不足服明亮之心。绰克托尚称历练能事，人亦公正，著将图思义原折及阿林原呈抄寄绰克托阅看，令速驰赴乌鲁木齐，会同图思义将明亮等解任审讯。果系确情，即派委妥员，将明亮、舒成等，押解来京候审。富通六月内在热河引见，计其回程。现在不出甘省，著寄谕李侍尧，令其迎拏富通，严加讯问。如果属实，即拏解送京，倘有别情，即由彼解交绰克托归案质讯。绰克托到乌鲁木齐时，务须会同图思义秉公审办，俟办结后，即著图思义署理乌鲁木齐都统事务。候朕另降谕旨。海禄到乌鲁木齐时，即速赴伊犁署理将军印务，命伊勒图来京陛见"。

高宗实录一五　卷——八四　P856~857

乾隆四十八年八月甲戌"绰克托即将明亮、巴林泰革职严审具奏，仍遵前旨，拏解来京……其乌鲁木齐都统员缺著海禄补授，仍赴伊犁署理将军事务。俟伊勒图陛见回任后，海禄再行赴乌鲁木齐都统之任。海禄未到任前，乌鲁木齐都统事务著图思义暂行署理"。

高宗实录一五　卷——八六　P878~879

乾隆朝起居注

乾隆四十六年七月初六日丙午奉谕旨，明亮现已补放乌鲁木齐都统，所遗四川提督员缺著成德补授。

第三十一册　P303

满档

乾隆四十六年七月十二日四川提督明亮奏谢授乌鲁木齐都统恩折

七月十二日到西安府接到兵部来文内乾隆四十六年七月初七日降旨，最近补授的乌里雅苏台将军庆桂因病暂不能接任，故补授奎林为乌里雅苏台将军，奎林之缺由明亮补授乌鲁木齐都统。

乾隆四十六年七月十九日朱批
乾隆四十六年七月十二日具奏
2888-025　122-0672

乾隆四十六年七月二十二日吐鲁番领队大臣图思义奏自吐鲁番赴乌鲁木齐暂护理都统印务折

乾隆四十六年七月初七日降旨，最近补授的乌里雅苏台将军庆桂因病暂不能接任，故补授奎林为乌里雅苏台将军，奎林之缺由明亮补授乌鲁木齐都统。乌鲁木齐都统印暂交吐鲁番领队大臣图思义看守。图思义本月二十二日从吐鲁番前往乌鲁木齐。

乾隆四十六年八月十一日朱批
乾隆四十六年七月二十二日具奏
2890-037　122-1148

乾隆四十八年八月二十一日署乌鲁木齐都统图思义奏报接署都统印信日期折

臣图思义初七日到乌鲁木齐，奉旨立即将明亮和巴林泰解职看守，其处派人将乌鲁木齐印务转交臣。绰克托八月初十日到乌鲁木齐。

乾隆四十八年九月初九日朱批
乾隆四十八年八月二十一日具奏
2974-038　127-3297

乾隆朝上谕档

乾隆四十六年七月初七日内阁奉上谕：明亮现已补放乌鲁木齐都统，所遗四川提督员缺着成德补授。

第十册　P552

清代七百名人传

明亮，富察氏，满洲镶黄旗人。（乾隆四十六年）七月歼除匪于华林寺。时上幸木兰，明亮赴行在。旋授乌鲁木齐都统。四十八年六月命署伊犁将军，九月在都统任内为属员蒙蔽，私释永远枷号官犯开泰，致令自戕，逮问入京，拟绞监侯。

近代中国史料丛刊623　沈云龙　主编　第63辑 清代七百名人传

蔡冠洛编　海文出版社

第二编　军事　边务　P1356~1362

清史稿·列传

　　明亮，富察氏，满洲镶黄旗人，都统广成子，亦孝贤高皇后侄也。（乾隆）五十八年，移伊犁将军。六十年，复入为正红旗汉军都统。坐在黑龙江令兵输貂予贱值，夺职，留乌鲁木齐自效。……（嘉庆）七年，自副都统外授乌鲁木齐都统。三省教匪平，行赏，封一等男。九年，内授都统，迁兵部尚书。

　　　　　　　清史稿卷三百三十　列传一百十七　P10928~10933

国朝耆献类徵初编

　　明亮，富察氏，满洲镶黄旗人……（乾隆）四十三年二月以特成额为成都将军，改授明亮为四川提督……（四十六年）七月歼除余匪于华林寺，时上幸木兰，明亮赴行在，旋授乌鲁木齐都统，六月命署伊犁将军，九月以在都统任内为属员蒙蔽，私释永远枷号官犯开泰致令自戕，逮问入京，拟绞监候。……（嘉庆）七年正月病痊，授正红旗汉军副都统，五月调正蓝旗满洲副都统，七月授乌鲁木齐都统，十二月以三省教匪戡定，论功行赏，上追念明亮前劳，特封一等男爵。九年四月内授镶蓝旗蒙古都统，六月转兵部尚书。……（十六年）七月调镶蓝旗满洲副都统。十七年授西安将军。

　　　　　　　　　　　　　　　　　　　右　国史馆本传

国朝耆献类征初编5卷三十　宰辅三十　原三至二十页　清·李桓撰　江苏广陵古籍刻印社，1990年8月第1版　P3~11

　　附注：考异八　奎林调离、明亮任职日

　　　　考异九　明亮六月迁

（觉罗图思义）

钦定八旗通志·直省大臣年表

乾隆四十八年八月署

乾隆四十八年十月解

实录

乾隆四十八年七月初九日戊戌"绰克托到乌鲁木齐时，务须会同图思义秉公审办。俟办结后，即著图思义署理乌鲁木齐都统事务。候朕另降谕旨。海禄到乌鲁木齐时，即速赴伊犁署理将军印务，命伊勒图来京陛见"。

高宗实录一五　卷一一八四　P856~857

乾隆四十八年八月甲戌"绰克托即将明亮、巴林泰革职严审具奏，仍遵前旨，拏解来京……其乌鲁木齐都统员缺著海禄补授，仍赴伊犁署理将军事务。俟伊勒图陛见回任后，海禄再行赴乌鲁木齐都统之任。海禄未到任前，乌鲁木齐都统事务著图思义暂行署理"。

高宗实录一五　卷一一八六　P878~879

满档

乾隆四十八年八月二十一日署乌鲁木齐都统图思义奏报接署都统印信日期折

臣图思义初七日到乌鲁木齐，奉旨立即将明亮和巴林泰解职看守，其处派人将乌鲁木齐印务转交臣。绰克托八月初十日到乌鲁木齐。

乾隆四十八年九月初九日朱批
乾隆四十八年八月二十一日具奏
2974-038　127-3297

乾隆四十八年九月初二日乌鲁木齐都统海禄奏补放乌鲁木齐都统暂

署伊犁将军印务谢恩折

海禄八月二十九日到乌鲁木齐,接到图思义奏闻内降旨,乌鲁木齐都统暂由图思义署理。海禄到乌鲁木齐后即赴伊犁署理将军印务。臣九月初二日前往伊犁。

乾隆四十八年九月二十九日朱批
乾隆四十八年九月初二日具奏
2976-033　128-0206

附注:考订一四　图思义接印署理日
考订一六　图思义交卸署任及海禄接印日

海　禄

钦定八旗通志·直省大臣年表

乾隆四十八年八月任

乾隆四十九年五月升

钦定八旗通志

蒙古正蓝旗人,乾隆四十一年十二月任云南提督,四十八年六月升乌鲁木齐都统。五十四年三月任广西提督。

八旗大臣题名三　各省提督

清史稿·表

乾隆四十八年癸卯,署乌鲁木齐都统。

乾隆四十九年甲辰,四月丁未迁。

清史稿校注

乾隆四十八年癸卯,署乌鲁木齐都统。校:案清史稿本纪十四高宗五、清国史高宗本纪、高宗实录,是年七月初九日戊戌,海禄自署乌鲁木齐都统调署伊犁将军,图思义以乌鲁木齐协领署理乌鲁木齐都统事务;

至八月十五日甲戌，命海禄补授乌鲁木齐都统，未到任前，乌鲁木齐都统事务仍著图思义暂行署理。

乾隆四十九年甲辰，四月丁未迁。

实录

乾隆四十八年六月辛酉朔又谕："伊勒图奏请陛见，已准其来京。明亮著前往署理伊犁将军，所有乌鲁木齐都统事务著海禄径由云南驰驿迅速前往署理，不必来京请训。海禄扣算程途，约计抵乌鲁木齐接受交代后明亮前赴伊犁务在九月内，伊勒图可于彼时启程。伊勒图到京陛见，已届冬底，其回任须俟明年四月，明亮交代将军印务即著来京陛见，仍著海禄署乌鲁木齐都统事务。俟明亮陛见回任，海禄再来京另候简用。"

高宗实录（一五）　卷一一八二　P827

乾隆四十八年七月初九日戊戌（1783.8.6）"谕军机大臣等，据图思义奏，乌鲁木齐协领阿林呈控永远枷号之官犯开泰，系彼处协领富通之甥，明亮到乌鲁木齐之后，富通即讬协领舒成恳求明亮将开泰交富通看守，因而开枷散居。其后富通赴京引见，欲交旗看守。开泰畏惧，投井身死。于是明亮屈参阿林，未能加意看守，舒成又欲息事，种种捏造案情完结等情，将原呈一并具奏前来。此事大奇。若止令图思义审办，恐不足服明亮之心。绰克托尚称历练能事，人亦公正，著将图思义原折及阿林原呈抄寄绰克托阅看，令速驰赴乌鲁木齐，会同图思义将明亮等解任审讯。果系确情，即派委妥员将明亮、舒成等，押解来京候审。富通六月内在热河引见，计其回程。现在不出甘省，著寄谕李侍尧，令其迎挐富通，严加讯问。如果属实，即挐解送京，倘有别情，即由彼解交绰克托归案质讯。绰克托到乌鲁木齐时，务须会同图思义秉公审办，俟办结后，即著图思义署理乌鲁木齐都统事务。候朕另降谕旨。海禄到乌鲁木齐时，即速赴伊犁署理将军印务，命伊勒图来京陛见"。

高宗实录一五　卷一一八四　P856~857

乾隆四十八年八月甲戌"绰克托即将明亮、巴林泰革职严审具奏，仍遵前旨，挛解来京……其乌鲁木齐都统员缺著海禄补授，仍赴伊犁署理将军事务。俟伊勒图陛见回任后，海禄再行赴乌鲁木齐都统之任。海禄未到任前，乌鲁木齐都统事务著图思义暂行署理"。

高宗实录一五　卷一一八六　P878~879

乾隆四十九年四月二十三日丁未（1784.6.10）谕曰："海禄著补放乌什参赞大臣，总理各回城事务。副都统敷伦泰，著前往喀什噶尔办事，图思义著加恩赏给二品顶戴，暂往乌鲁木齐署理都统事务，效力赎罪。图思义若不能照海禄妥办，定行从重治罪。"

高宗实录一六　卷一二〇五　P122

乾隆朝起居注

乾隆四十九年四月二十三日丁未奉上谕，著海禄补放乌什议政大臣，总管办理回子各营事务，将绰克托更换来京，副都统福伦泰前往办理喀什噶尔事务，加恩图思义赏给二品顶戴暂往乌鲁木齐署理都统事务。

第三十四册　P175

满档

乾隆四十八年六月十六日云南提督海禄奏奉旨调补乌鲁木齐都统谢恩折

乾隆四十八年六月十五日接到军机处大臣字寄内，乾隆四十八年六月初一日降旨，伊勒图返京面圣。命明亮署理伊犁将军，著海禄从云南经驿站去署理乌鲁木齐都统。

2969-012　127-1833

乾隆四十八年七月二十九日乌什参赞大臣绰克托等奏报遵旨速往乌鲁木齐审理都统明亮渎职致使开泰自尽案折

臣绰克托今年七月二十八日接到军机处字寄内乾隆四十八年七月初九日降旨，乌鲁木齐印务暂交图思义署理，海禄到乌鲁木齐后让他到伊犁署理将军印务，命伊勒图返京面圣。七月二十九日臣启程赴乌鲁木齐审理都统明亮案。

乾隆四十八年八月二十五日朱批
乾隆四十八年七月二十九日具奏
2973-039　127-3039

乾隆四十八年八月二十一日署乌鲁木齐都统图思义奏报接署都统印信日期折

臣图思义初七日到乌鲁木齐，奉旨立即将明亮和巴林泰解职看守，其处派人将乌鲁木齐印务转交臣。绰克托八月初十日到乌鲁木齐。

乾隆四十八年九月初九日朱批
乾隆四十八年八月二十一日具奏
2974-038　127-3297

乾隆四十八年八月二十五日哈密办事大臣庆玉等奏报署乌鲁木齐都统海禄赴任途经哈密折

海禄八月二十三日到哈密，这天立即启程，经巴里坤路赴乌鲁木齐。

乾隆四十八年九月十四日朱批
乾隆四十八年八月二十五日具奏
2975-028　127-3492

乾隆四十八年九月初二日乌鲁木齐都统海禄奏补放乌鲁木齐都统暂署伊犁将军印务谢恩折：海禄八月二十九日到乌鲁木齐，接到图思义奏闻内降旨，乌鲁木齐都统暂由图思义署理。海禄到乌鲁木齐后即赴伊犁署理将军印务。臣九月初二日前往伊犁。

乾隆四十八年九月二十九日朱批
乾隆四十八年九月初二日具奏
2976-033　128-0206

乾隆四十八年十月初六日乌鲁木齐都统海禄奏报遵旨自伊犁回任折：

今年十月初三日接到领侍卫内大臣尚书和珅字寄内，乾隆四十八年九月初十日降旨内，伊勒图奏报阿布勒心思已病故，现在卡伦附近的哈萨克无人管理，出现盗贼等事。伊勒图要求不去京城。现不需海禄去伊犁，命海禄去乌鲁木齐接都统职。明年伊勒图赴京时再由海禄署理伊犁将军印，乌鲁木齐事务由图思义署理。现臣海禄奉旨到乌鲁木齐接都统职，臣海禄十月初六日立即从伊犁启程赴乌鲁木齐。明年等伊勒图字寄再去伊犁署理。

乾隆四十八年十一月初三日朱批
乾隆四十八年十月初六日具奏
2982-005　128-1402

乾隆四十八年十月二十四日乌鲁木齐都统海禄奏报接任日期并开始办理地方事务折

海禄十月初六日从伊犁奉旨，二十一日到乌鲁木齐，从图思义处接乌鲁木齐都统印。

乾隆四十八年十一月十六日朱批
乾隆四十八年十月二十四日具奏
2984-006　128-2010

乾隆四十九年五月初九日署乌鲁木齐都统图思义奏开复赏戴顶翎署理乌鲁木齐都统事谢恩折

今年五月初九日接到军机处字寄内乾隆四十九年四月二十三日降旨，补授海禄为乌什参赞大臣替换绰克托返京，派副都统福伦台到喀什噶尔办理事务。又降旨赐恩图思义加赏顶戴暂时去乌鲁木齐署理都统。派庆玉去吐鲁番署理领队大臣事务。臣图思义五月十二日带吐鲁番领队大臣印去乌什。

乾隆四十九年五月二十三日朱批
乾隆四十九年五月初九日具奏
3015-022　130-2457

乾隆四十九年五月十二日乌鲁木齐都统海禄奏奉旨补放乌什参赞大臣谢恩折

今年五月初十日接到军机处字寄内乾隆四十九年四月二十三日降旨，补授海禄为乌什参赞大臣，替换绰克托返京。臣海禄奏谢补授乌什参赞大臣之恩。定于十五日交印，十七日启程。

乾隆四十九年五月二十九日朱批

乾隆四十九年五月十二日具奏

3017-025　130-2927

清史列传

海禄，蒙古正蓝旗人，姓齐普齐特。

卷二十四　P50

满汉名臣传

海禄，蒙古正蓝旗人。姓齐普齐特……（乾隆四十一年）十月，擢云南提督。四十六年，入觐……四十八年六月，谕曰："乌鲁木齐都统事务，著海禄由云南驰驿前往署理。"是月（四十九年四月），调补乌什参赞大臣，授镶黄旗汉军都统。十月，调镶蓝旗汉军都统。

满汉名臣传（四）三集第七卷　P4054~4057

清史稿·列传

海禄，齐普齐特氏，蒙古正蓝旗人。四十六年，入觐。至湖南，闻萨拉尔回苏四十三叛，请从军。贼占华林山，海禄从海兰察攻之，多所斩获。旋进至华林寺，毁贼巢，歼焉。授乌鲁木齐都统。

清史稿卷三百三十三　列传一百二十　P10982~10984

附注：考异一〇　海禄离任调补官职

　　　考订一五　海禄未莅署任

　　　考订一六　图思义交卸署任及海禄接印日

　　　考订一八　海禄卸任日

（觉罗图思义）

钦定八旗通志·直省大臣年表

乾隆四十九年五月署

乾隆四十九年九月解

乾隆四十九年四月二十三日丁未（1784.6.10）谕曰："海禄著补放乌什参赞大臣，总理各回城事务。副都统敷伦泰，著前往喀什噶尔办事，图思义著加恩赏给二品顶戴，暂往乌鲁木齐署理都统事务，效力赎罪。图思义若不能照海禄妥办，定行从重治罪。

高宗实录（一六） 卷一二〇五 P122

乾隆四十九年七月丙寅"长清著补授乌鲁木齐都统，即行驰驿前往赴任。长清到后，图思义交代事毕著即来京"。

高宗实录一六 卷一二一〇 P231

乾隆朝起居注

乾隆四十九年四月二十三日丁未奉上谕，著海禄补放乌什议政大臣，总管办理回子各营事务，将绰克托更换来京，副都统福伦泰前往办理喀什噶尔事务，加恩图思义赏给二品顶戴暂往乌鲁木齐署理都统事务。

第三十四册 P175

满档

乾隆四十八年七月二十九日乌什参赞大臣绰克托等奏报遵旨速往乌鲁木齐审理都统明亮渎职致使开泰自尽案折

臣绰克托今年七月二十八日接到军机处字寄内乾隆四十八年七月初九日降旨，乌鲁木齐印务暂交图思义署理，海禄到乌鲁木齐后让他到伊犁署理将军印务，命伊勒图返京面圣。七月二十九日臣启程赴乌鲁木齐审理都统明亮案。

乾隆四十八年八月二十五日朱批
乾隆四十八年七月二十九日具奏
2973-039　127-3039

乾隆四十八年八月二十一日署乌鲁木齐都统图思义奏报接署都统印信日期折

臣图思义初七日到乌鲁木齐，奉旨立即将明亮和巴林泰解职看守，其处派人将乌鲁木齐印务转交臣。绰克托八月初十日到乌鲁木齐。

乾隆四十八年九月初九日朱批
乾隆四十八年八月二十一日具奏
2974-038　127-3297

乾隆四十八年十月二十四日乌鲁木齐都统海禄奏报接任日期并开始办理地方事务折

海禄十月初六日从伊犁奉旨，二十一日到乌鲁木齐，从图思义处接乌鲁木齐都统印。

乾隆四十八年十一月十六日朱批
乾隆四十八年十月二十四日具奏
2984-006　128-2010

乾隆四十九年五月初九日署乌鲁木齐都统图思义奏开复赏戴顶翎署理乌鲁木齐都统事谢恩折

今年五月初九日接到军机处字寄内乾隆四十九年四月二十三日降旨，补授海禄为乌什参赞大臣替换绰克托返京，派副都统福伦台到喀什噶尔办理事务。又降旨赐恩图思义加赏顶戴暂时去乌鲁木齐署理都统。派庆玉去吐鲁番署理领队大臣事务。臣图思义五月十二日带吐鲁番领队大臣印去乌什。

乾隆四十九年五月二十三日朱批

185

乾隆四十九年五月初九日具奏
3015-022　130-2457

乾隆四十九年九月十九日乌鲁木齐都统长清奏接任谢恩折

臣长清九月十八日到乌鲁木齐，从图思义处接到都统印、领队大臣钤记等。

乾隆四十九年十月初八日朱批
乾隆四十九年九月十九日具奏
3041-009　132-2035

乾隆四十九年九月十九日署乌鲁木齐都统图思义奏移交乌鲁木齐都统印务并回京陛见折

臣图思义这月二十二日从乌鲁木齐启程返京。

乾隆四十九年十月初八日朱批
乾隆四十九年九月十九日具奏
3041-011　132-2042

满汉名臣传

觉罗图思义，满洲镶蓝旗人……（乾隆）四十四年，擢本旗副都统，寻授吐鲁番领队大臣……是年（四十九年），兼署乌鲁木齐都统……寻以吐鲁番多交粮石……图思义著照部议降三级调用。寻授正红旗满洲副都统。五十年九月，卒。

满汉名臣传（四）三集第十一卷　P4132~4133

附注：考订一七　图思义交卸署任及长清接印日

长　清

钦定八旗通志·直省大臣年表

乾隆四十九年九月任

乾隆五十年五月升

清史稿·表

乾隆四十九年甲辰，七月甲子，乌鲁木齐都统。

乾隆五十年乙巳，三月戊辰迁。

清史稿校注

乾隆四十九年甲辰，七月甲子，乌鲁木齐都统。校：案清史稿本纪十四高宗五，"长青"作"常青"，清国史高宗本纪同。此为同音异译。不赘述。又案清史稿本纪十四高宗五、清国史高宗本纪、高宗实录，是年四月二十三日丁未，图思义以二品顶戴暂署乌鲁木齐都统；至七月十三日丙寅，长青授乌鲁木齐都统。

乾隆五十年乙巳，三月戊辰迁。

实录

乾隆四十九年七月丙寅"长清著补授乌鲁木齐都统，即行驰驿前往赴任。长清到后，图思义交代事毕著即来京"。

高宗实录一六　卷一二一〇　P231

乾隆五十年三月十九日戊辰（1785.4.27）谕曰："西安将军永铎，著授为伊犁参赞大臣，前往伊犁协同将军学习办事。永铎接到此旨，不必前来请训，即由彼驰驿前往。所遗西安将军员缺，著长青补授。长青所遗乌鲁木齐都统员缺，著奎林补授。奎林不必前往伊犁，即行赴任办理事务。奎林所遗乌里雅苏台将军员缺，著复兴补授。"

高宗实录（一六）　卷一二二七　P443

乾隆朝起居注

乾隆五十年三月十九日戊辰奉谕旨，西安将军永铎著为伊犁参赞大臣前往伊犁学习协办将军事务，永铎接得此旨不必前来请训，即由彼驰驿前往。所遗西安将军员缺著常青补授，常青所遗乌鲁木齐都统员缺著奎林补授，奎林不必前往伊犁，即行赴任办理事务，奎林所遗乌里雅苏台将军员缺著复兴补授。

满档

乾隆四十九年九月初二日哈密办事大臣巴廷三等奏报新授乌鲁木齐都统长青途经哈密折

乾隆四十九年九月初六日长青到哈密，这天立即启程经巴里坤前往乌鲁木齐。

乾隆四十九年九月二十三日朱批

乾隆四十九年九月初二日具奏

3038-016　132-1382

乾隆四十九年九月十九日乌鲁木齐都统长青奏接任谢恩折

臣长青九月十八日到乌鲁木齐，从图思义处接到都统印、领队大臣钤记等。

乾隆四十九年十月初八日朱批

乾隆四十九年九月十九日具奏

3041-009　132-2035

乾隆五十年三月二十一日定边左副将军奎林奏谢放乌鲁木齐都统恩折：三月二十日在正定接到军机处字寄内，乾隆五十年三月十九日降旨，从永安处奏报内，现补授长青为西安将军，乌鲁木齐都统缺由奎林补授，永铎到乌鲁木齐后，奎林交代事务后再去署理伊犁将军印。奎林到伊犁后，伊勒图再返京。

乾隆五十年三月二十三日朱批

乾隆五十年三月二十一日具奏

3063-007　133-3266

乾隆五十年三月二十八日西安将军永铎奏接旨调补伊犁参赞大臣谢恩折

今年三月二十四日接到大学士领侍卫内大臣公阿桂、领侍卫内大臣辅佐大学士尚书和珅字寄内，乾隆五十年三月十九日降旨，任西安将军永铎为伊犁参赞大臣辅佐伊犁将军，西安将军缺由长清补授，长清的乌鲁木齐都统缺由奎林补授，奎林的乌里雅苏台将军缺由复兴补授。

乾隆五十年四月初九日朱批
乾隆五十年三月二十八日具奏
3065-037　134-0170

乾隆五十年四月初九日乌鲁木齐都统长清奏奉旨补授西安将军谢恩折

今年接到大学士领侍卫内大臣公阿桂、领侍卫内大臣辅佐大学士尚书和珅字寄内，乾隆五十年三月十九日降旨，任西安将军永铎为伊犁参赞大臣辅佐伊犁将军，西安将军缺由长清补授，长清的乌鲁木齐都统缺由奎林补授，奎林的乌里雅苏台将军缺由复兴补授。

3068-022　134-0824

乾隆五十年四月十九日伊犁将军伊勒图奏奉旨补放永铎为伊犁参赞大臣折

今年接到大学士领侍卫内大臣公阿桂、领侍卫内大臣辅佐大学士尚书和珅字寄内，乾隆五十年三月十九日降旨，任西安将军永铎为伊犁参赞大臣辅佐伊犁将军，西安将军缺由长清补授，长清的乌鲁木齐都统缺由奎林补授，奎林的乌里雅苏台将军缺由复兴补授。

3070-006　134-1064

乾隆五十年六月初二日乌鲁木齐都统长青奏将乌鲁木齐都统印交奎林后赴西安将军任折

奎林五月二十八日到乌鲁木齐，臣长青把都统印派人交给他。这天臣从乌鲁木齐启程去西安将军职任地。

乾隆五十年六月二十五日朱批
乾隆五十年六月初二日具奏
3074-042　134-2021

乾隆五十年六月初二日乌鲁木齐都统奎林奏接任日期并谢恩折

臣奎林五月二十八日到乌鲁木齐，长青把都统印派人交给臣。这天长青从乌鲁木齐启程去西安将军职任地。

乾隆五十年六月二十五日朱批

乾隆五十年六月初二日具奏

3074-045　134-2032

满汉名臣传

常青，满洲镶白旗人。姓苏木克……（乾隆四十六年）六月，调浙江提督，八月调江南提督……十月，调福建陆路提督……四十九年七月，授乌鲁木齐都统。五十年三月，奏"乌鲁木齐各处屯田收成分数……议叙加赏"。军机大臣议行。旋授西安将军，七月到任。

满汉名臣传（四）三集第十三卷　P4167~4172

国朝耆献类征选编

常青，满洲镶白旗人，姓苏木克。……（乾隆四十七年）十月，调福建陆路提督……四十九年七月，授乌鲁木齐都统……旋授西安将军，七月到任。

录自《国朝耆献类征初编》卷三百九十一　（将帅　三十一）

近代中国史料丛刊 三编 第一辑 6 国朝耆献类征选编（二）李桓等编纂 卷九　P902~908

清史稿·列传

常青，苏木克氏，满洲镶白旗人。历浙江、江南、直隶、福建陆路提督，又继海禄为乌鲁木齐都统，移西安将军。卒，谥庄毅。

清史稿卷三百三十三　列传一百二十　P10988~10989

附注：考异一一　长清任职日

考订一七　图思义交卸署任及长清接印日

考订一九　长清卸任交印、奎林接印日

奎　林

钦定八旗通志·直省大臣年表

乾隆五十年五月任

乾隆五十年七月升

清史稿·表

乾隆五十年乙巳，三月戊辰，乌鲁木齐都统。

乾隆五十年乙巳，七月乙巳永铎代。

清史稿校注

乾隆五十年乙巳，三月戊辰，乌鲁木齐都统。

乾隆五十年乙巳，七月乙巳永铎代。校：案清史稿本纪十四高宗五、清国史高宗本纪、高宗实录，奎林自乌鲁木齐都统调伊犁将军，永铎自伊犁参赞大臣调乌鲁木齐都统在七月二十八日乙亥。又案历法，是年七月无"乙巳"。此"乙巳"当作"乙亥"。

实录

乾隆五十年三月十九日戊辰（1785.4.27）谕曰："西安将军永铎，著授为伊犁参赞大臣，前往伊犁协同将军学习办事。永铎接到此旨，不必前来请训，即由彼驰驿前往。所遣西安将军员缺，著长青补授。长青所遗乌鲁木齐都统员缺，著奎林补授。奎林不必前往伊犁，即行赴任办理事务。奎林所遗乌里雅苏台将军员缺，著复兴补授。"

高宗实录（一六）　卷一二二七　P443

乾隆五十年七月二十八日乙亥（1785.9.1）"以乌鲁木齐都统奎林为伊犁将军，伊犁参赞大臣永铎为乌鲁木齐都统"。

高宗实录（一六）　卷一二三五　P604

乾隆朝起居注

乾隆五十年三月十九日戊辰奉谕旨，西安将军永铎著为伊犁参赞大臣前往伊犁学习协办将军事务，永铎接得此旨不必前来请训，即由彼驰驿前往。所遗西安将军员缺著常青补授，常青所遗乌鲁木齐都统员缺著奎林补授，奎林不必前往伊犁，即行赴任办理事务，奎林所遗乌里雅苏台将军员缺著复兴补授。

满档

乾隆五十年三月二十一日定边左副将军奎林奏谢放乌鲁木齐都统恩折：三月二十日在正定接到军机处字寄内，乾隆五十年三月十九日降旨，从永安处奏报内，现补授长青为西安将军，乌鲁木齐都统缺由奎林补授，永铎到乌鲁木齐后，奎林交代事务后再去署理伊犁将军印。奎林到伊犁后，伊勒图再返京。

乾隆五十年三月二十三日朱批
乾隆五十年三月二十一日具奏
3063-007 133-3266

乾隆五十年三月二十八日西安将军永铎奏接旨调补伊犁参赞大臣谢恩折

今年三月二十四日接到大学士领侍卫内大臣公阿桂、领侍卫内大臣辅佐大学士尚书和珅字寄内，乾隆五十年三月十九日降旨，任西安将军永铎为伊犁参赞大臣辅佐伊犁将军，西安将军缺由长青补授，长青的乌鲁木齐都统缺由奎林补授，奎林的乌里雅苏台将军缺由复兴补授。

乾隆五十年四月初九日朱批
乾隆五十年三月二十八日具奏
3065-037 134-0170

乾隆五十年四月初九日乌鲁木齐都统长青奏奉旨补授西安将军谢恩折

今年接到大学士领侍卫内大臣公阿桂、领侍卫内大臣辅佐大学士尚书和珅字寄内，乾隆五十年三月十九日降旨，任西安将军永铎为伊犁参赞大臣辅佐伊犁将军，西安将军缺由长青补授，长青的乌鲁木齐都统缺由奎林补授，奎林的乌里雅苏台将军缺由复兴补授。

3068-022　134-0824

乾隆五十年四月十九日伊犁将军伊勒图奏奉旨补放永铎为伊犁参赞大臣折

今年接到大学士领侍卫内大臣公阿桂、领侍卫内大臣辅佐大学士尚书和珅字寄内，乾隆五十年三月十九日降旨，任西安将军永铎为伊犁参赞大臣辅佐伊犁将军，西安将军缺由长青补授，长青的乌鲁木齐都统缺由奎林补授，奎林的乌里雅苏台将军缺由复兴补授。

3070-006　134-1064

乾隆五十年六月初二日乌鲁木齐都统长青奏将乌鲁木齐都统印交奎林后赴西安将军任折

奎林五月二十八日到乌鲁木齐，臣长青把都统印派人交给他。这天臣从乌鲁木齐启程去西安将军职任地。

乾隆五十年六月二十五日朱批
乾隆五十年六月初二日具奏

3074-042　134-2021

乾隆五十年六月初二日乌鲁木齐都统奎林奏接任日期并谢恩折

臣奎林五月二十八日到乌鲁木齐，长青把都统印派人交给臣。这天长青从乌鲁木齐启程去西安将军职任地。

乾隆五十年六月二十五日朱批
乾隆五十年六月初二日具奏

3074-045　134-2032

乾隆五十年七月初七日吐鲁番领队大臣尚安奏遵旨并前往乌鲁木齐

署理都统印务折：今年七月初七日接到领侍卫内大臣、辅佐大学士事务的尚书和珅字寄内，乾隆五十年六月二十四日降旨，将军伊勒图病，派奎林署理伊犁将军印。长青六月初二日从乌鲁木齐启程前往西安路过哈密。尚安携带吐鲁番领队大臣印务，七月初七日立即从吐鲁番启程另奏。

乾隆五十年七月二十八日朱批

乾隆五十年七月初七日具奏

3079-023　134-2899

乾隆五十年七月初九日乌鲁木齐领队大臣永泰奏遵旨暂且护理乌鲁木齐都统印务折

今年七月初八日从奎林处接到的圣旨内，奎林不用等候，把乌鲁木齐都统印交给那里的领队大臣暂时看守，加紧去伊犁署理将军印务。奎林到伊犁给永铎传旨，让他立即启程署理乌鲁木齐都统印务。奉旨奎林初九日派人把都统印交给臣永泰，臣接印暂时看守。

乾隆五十年七月二十八日朱批

乾隆五十年七月初九日具奏

3079-015　134-2851

乾隆五十年七月初九日乌鲁木齐都统奎林奏奉旨自乌鲁木齐启程前往伊犁署理伊犁将军印务折：臣奎林初九日启程前往伊犁。

3079-020　134-2881

乾隆五十年八月十七日署伊犁将军奎林奏实授伊犁将军谢恩折：今年八月十五日接到乾隆五十年七月二十八日降旨，伊勒图的伊犁将军缺由奎林补授，奎林的乌鲁木齐都统缺由永铎补授，伊勒图的正白旗领侍卫内大臣缺由阿克同阿补授。

乾隆五十年九月十二日朱批

乾隆五十年八月十七日具奏

3084-030　135-0551

国朝耆献类征选编

奎林，满洲镶黄旗人，姓富察氏。乾隆四十五年三月，授乌鲁木齐都统。（四十六年七月）是月授乌里雅苏台将军……五十年三月，仍授乌鲁木齐都统……八月，授伊犁将军。

录自《国朝耆献类征初编》卷三百九十一　（将帅　三十一）
近代中国史料丛刊 三编 第一辑 7 国朝耆献类征选编（三）李桓等编纂 卷十　P1139~1143

清史稿·列传

奎林，字直方，富察氏，满洲镶黄旗人，承恩公傅文子也……（乾隆）四十五年，出为乌鲁木齐都统。骁骑校常福杖毙披甲多罗，奎林论劾，上以多罗不孝，罪当死，责奎林误劾。改授乌里雅苏台将军。坐在乌鲁木齐失察各州县浮报粮值，命以公爵畀其叔傅玉承袭。复授乌鲁木齐都统。迁伊犁将军……奎林贵戚有军功，嗜酒躁急。五十二年，参赞海禄疏劾，上命乌鲁木齐都统永铎勘奏。逮至京师，命诸皇子、军机大臣会刑部按治，狱成，奎林坐擅杀罪人，拟杖；海禄所劾不尽实，亦有罪，坐诬告，死罪，未决，拟流；帝以奎林孝贤皇后侄，而禄海所论劾不尽虚，拟罪乃反重，失平，命俱夺职，在上虞备用处拜唐阿上效力。

列传一百十八　卷三三一　P10944~10946

附注：考订一九　长清卸任交印、奎林接印日

考订二〇　奎林、永泰交接印及永泰、尚安交接印务日和都统印务交接情况

[永泰]

满档

乾隆五十年七月初九日乌鲁木齐领队大臣永泰奏遵旨暂且护理乌鲁

木齐都统印务折

今年七月初八日从奎林处接到的圣旨内，奎林不用等候，把乌鲁木齐都统印交给那里的领队大臣暂时看守，加紧去伊犁署理将军印务。奎林到伊犁给永铎传旨，让他立即启程署理乌鲁木齐都统印务。奉旨奎林初九日派人把都统印交给臣永泰，臣接印暂时看守。

乾隆五十年七月二十八日朱批
乾隆五十年七月初九日具奏
3079-015　134-2851

乾隆五十年七月十五日署乌鲁木齐都统尚安奏接印日期折

臣尚安七月初九日到乌鲁木齐，这天领队大臣永泰派人把都统印交给臣暂时署理。

乾隆五十年八月初八日朱批
乾隆五十年七月十五日具奏
3080-026　134-3111

附注： 考订二〇　奎林、永泰交接印及永泰、尚安交接印务日和都统印务交接情况

（尚安）

钦定八旗通志·直省大臣年表

乾隆五十年七月署，旋解

满档

乾隆五十年七月初七日吐鲁番领队大臣尚安奏遵旨并前往乌鲁木齐署理都统印务折：今年七月初七日接到领侍卫内大臣、辅佐大学士事务的尚书和珅字寄内，乾隆五十年六月二十四日降旨，将军伊勒图病，派奎林署理伊犁将军印。长青六月初二日从乌鲁木齐启程前往西安路过哈

密。尚安携带吐鲁番领队大臣印务，七月初七日立即从吐鲁番启程另奏。

乾隆五十年七月二十八日朱批

乾隆五十年七月初七日具奏

3079-023　134-2899

乾隆五十年七月十五日署乌鲁木齐都统尚安奏接印日期折

臣尚安七月初九日到乌鲁木齐，这天领队大臣永泰派人把都统印交给臣暂时署理。

乾隆五十年八月初八日朱批

乾隆五十年七月十五日具奏

3080-026　134-3111

乾隆五十年七月二十五日署乌鲁木齐都统尚安奏将乌鲁木齐都统印移交永铎后回吐鲁番领队大臣布任折

七月二十五日永铎到乌鲁木齐，臣尚安把都统印交于他，立即前往吐鲁番。

乾隆五十年八月十五日朱批

乾隆五十年七月二十五日具奏

3081-033　134-3324

乾隆五十年七月二十五日署乌鲁木齐都统永铎奏到任日期折

七月二十五日臣永铎到乌鲁木齐从尚安处接都统印。

乾隆五十年八月十五日朱批

乾隆五十年七月二十五日具奏

3081-032　134-3319

宜绵

宜绵，原名尚安，鄂济氏，正白旗满洲人……（乾隆四十九年）闰三月，赏给四品职衔，授吐鲁番领队大臣……八月军务告竣，抵吐鲁番任事……四月调库车办事大臣。五十年七月，命署乌鲁木齐都统事。五十一年十一月，调喀什噶尔办事大臣。五十二年十二月，授乌鲁木齐都统，赏戴花翎……六十年五月，授陕甘总督。

满汉名臣传（三）　续集第二十六卷　P2838~2839

附注：考订二〇　奎林、永泰交接印及永泰、尚安交接印务日和都统印务交接情况

考订二一　尚安卸署、永铎接印署理日

宗室永铎

钦定八旗通志·直省大臣年表

乾隆五十年七月任

乾隆五十二年十一月升

清史稿·表

乾隆五十年乙巳，七月乙巳，代。

乾隆五十二年丁未，十二月庚申迁。

清史稿校注

乾隆五十年乙巳，七月乙巳，代。校：案清史稿本纪十四高宗五、清国史高宗本纪、高宗实录，奎林自乌鲁木齐都统调伊犁将军，永铎自伊犁参赞大臣调乌鲁木齐都统在七月二十八日乙亥。又案历法，是年七月无"乙巳"。此"乙巳"当作"乙亥"。

乾隆五十二年丁未，十二月庚申迁。

实录

乾隆五十年七月二十八日乙亥（1785.9.1）"以乌鲁木齐都统奎林为伊犁将军，伊犁参赞大臣永铎为乌鲁木齐都统"。

高宗实录（一六）　卷一二三五　P604

乾隆五十二年十二月庚申又谕曰："盛京将军公永玮病故，所遗员缺著永铎补授。永铎现署伊犁将军事务，俟保宁抵伊犁时，将应行事件交代毕，再行来京请训赴任。永铎未到任之前，著庆桂于差务毕后，来京请训，前往署理。永铎所遗乌鲁木齐都统员缺著尚安补授，并赏戴花翎，尚安所遗喀喇沙尔办事大臣员缺著德勒格楞贵调补。"

高宗实录（一七） 卷一二九五 P400

乾隆朝起居注

乾隆五十二年十二月二十七日庚申奉谕旨："盛京将军永玮病故，所遗员缺著永铎补授，永铎现署伊犁将军事务，俟保宁抵伊犁日将应行交代事务明白交代后再来京请训赴任，永铎未抵任之前，著庆桂于差务毕后来京请训，前往署理盛京将军事务，永铎所遗乌鲁木齐都统员缺，著尚安补授，并著予都统职衔赏顶戴花翎。"

第三十六册 P189

满档

乾隆五十年七月初九日乌鲁木齐领队大臣永泰奏遵旨暂且护理乌鲁木齐都统印务折

今年七月初八日从奎林处接到的圣旨内，奎林不用等候，把乌鲁木齐都统印交给那里的领队大臣暂时看守，加紧去伊犁署理将军印务。奎林到伊犁给永铎传旨，让他立即启程署理乌鲁木齐都统印务。奉旨奎林初九日派人把都统印交给臣永泰，臣接印暂时看守。

乾隆五十年七月二十八日朱批
乾隆五十年七月初九日具奏
3079-015 134-2851

乾隆五十年七月二十五日署乌鲁木齐都统尚安奏将乌鲁木齐都统印移交永铎后回吐鲁番领队大臣任折

七月二十五日永铎到乌鲁木齐，臣尚安把都统印交与他，立即前往吐鲁番。

乾隆五十年八月十五日朱批
乾隆五十年七月二十五日具奏
3081-033　134-3324

乾隆五十年七月二十五日署乌鲁木齐都统永铎奏到任日期折
七月二十五日臣永铎到乌鲁木齐从尚安处接都统印。

乾隆五十年八月十五日朱批
乾隆五十年七月二十五日具奏
3081-032　134-3319

乾隆五十年八月十四日署乌鲁木齐都统大臣永铎奏实授乌鲁木齐都统谢恩折
永铎奏补授乌鲁木齐都统。

乾隆五十年九月初十日朱批
乾隆五十年八月十四日具奏
3084-021　135-0499

乾隆五十年八月十七日署伊犁将军奎林奏实授伊犁将军谢恩折：今年八月十五日接到乾隆五十年七月二十八日降旨，伊勒图的伊犁将军缺由奎林补授，奎林的乌鲁木齐都统缺由永铎补授，伊勒图的正白旗领侍卫内大臣缺由阿克同阿补授。

乾隆五十年九月十二日朱批
乾隆五十年八月十七日具奏
3084-030　135-0551

乾隆五十二年十一月初一日喀喇沙尔办事大臣尚安奏遵旨赴乌鲁木齐署理都统事务令穆和蔺掌喀喇沙尔印务折：十月二十九日接到军机处字寄内，乾隆五十二年十月十四日降旨，奎林面圣，暂将将军印交给海禄署理，派永铎署理伊犁将军事务，永铎把都统印暂交领队大臣永泰署理。派尚安署理乌鲁木齐都统。臣尚安接旨，十一月初一日立即携带喀喇沙尔领队大臣印赴乌鲁木齐。臣到乌鲁木齐后就把喀喇沙尔领队大臣印与穆和蔺交换。

乾隆五十二年十一月十九日朱批
乾隆五十二年十一月初一日具奏
3176-003　140-3347

乾隆五十二年十一月初五日乌鲁木齐都统永铎奏令古城领队大臣博厚暂署乌鲁木齐都统印并启程赴伊犁折

古城领队大臣博厚十一月初四日到达乌鲁木齐，臣永铎把都统印和署理领队大臣钤记等交给博厚署理，于初五日前往伊犁。

乾隆五十二年十一月二十三日朱批
乾隆五十二年十一月初五日具奏
3177-001　140-3557

乾隆五十二年十一月初五日古城领队大臣博厚奏暂署乌鲁木齐都统印务折：今年十一月初一日接到都统永铎处送文内最近接到的降旨内，派永铎署理伊犁将军印，派尚安署理乌鲁木齐都统印。奉此旨，因臣博厚距离近，就让臣来乌鲁木齐暂时署理都统印，派乌鲁木齐协领阿林署理古城领队大臣印。臣博厚十一月初二日立即从古城启程，这天到三台会见协领阿林，交付领队大臣印。臣初四日到乌鲁木齐永铎处，永铎派人把都统印及乌鲁木齐领队大臣钤记等交给臣。等尚安到达后再转交给他。

乾隆五十二年十一月二十三日朱批
乾隆五十二年十一月初五日具奏
3176-033　140-3545

乾隆五十三年三月初四日署喀喇沙尔办事大臣穆和蔺奏喀喇沙尔办

事大臣印务移交德勒格楞贵并返回吐鲁番领队大臣任日期折

今年正月二十五日臣接到乌鲁木齐都统尚安处送文内，今年正月十六日接到军机处大臣字寄内乾隆五十二年十二月二十七日降旨，永铎乌鲁木齐都统缺由尚安补授。赏尚安都统职加翎。尚安喀喇沙尔办事大臣缺由德勒格楞贵调补。穆和蔺暂署理喀喇沙尔事务。德勒格楞贵到后，穆和蔺交代给他后再返回吐鲁番。德勒格楞贵今年三月初三日到达喀喇沙尔，臣把喀喇沙尔办事大臣印派人交给他。这月初四日穆和蔺启程前往吐鲁番。

乾隆五十三年三月二十五日朱批
乾隆五十三年三月初四日具奏
3181-040　141-1100

满汉名臣传

宗室永铎，镶蓝旗人……（乾隆）五十年三月，授伊犁参赞大臣。七月，调乌鲁木齐都统……永铎先于五十二年十二月奉旨调盛京将军，至是卸乌鲁木齐都统事，未赴新任，以目疾乞休。

满汉名臣传（四）三集第十卷　P4117~4118

附注：考订二一　尚安卸署、永铎接印署理日

考异一二　永铎署伊犁将军

考订二二　永铎交印署伊犁将军事务，博厚接署乌鲁木齐都统印，永泰未赴署任。

（博厚）

钦定八旗通志·直省大臣年表

乾隆五十二年十一月署，旋解

满档

乾隆五十二年十一月初五日乌鲁木齐都统永铎奏令古城领队大臣博厚暂署乌鲁木齐都统印并启程赴伊犁折

古城领队大臣博厚十一月初四日到达乌鲁木齐，臣永铎把都统印和署理领队大臣钤记等交给博厚署理，于初五日前往伊犁。

乾隆五十二年十一月二十三日朱批
乾隆五十二年十一月初五日具奏
3177-001　140-3557

乾隆五十二年十一月初五日古城领队大臣博厚奏暂署乌鲁木齐都统印务折：今年十月初一日接到都统永铎处送文内最近接到的降旨内，派永铎署理伊犁将军印，派尚安署理乌鲁木齐都统印。奉此旨，因臣博厚距离近，就让臣来乌鲁木齐暂时署理都统印，派乌鲁木齐协领阿林署理古城领队大臣印。臣博厚十月初二日立即从古城启程，这天到三台会见协领阿林，交付领队大臣印。臣初四日到乌鲁木齐永铎处，永铎派人把都统印及乌鲁木齐领队大臣钤记等交给臣。等尚安到达后再转交给他。

乾隆五十二年十一月二十三日朱批
乾隆五十二年十一月初五日具奏
3176-033　140-3545

附注：考订二二　永铎交印署伊犁将军事务，博厚接署乌鲁木齐都统印，永泰未赴署任。

尚　安

钦定八旗通志·直省大臣年表

乾隆五十二年十一月任
乾隆五十九年七月内奉旨更名宜绵

乾隆六十年乙卯，五月丁巳迁。

清史稿·表

乾隆五十二年丁未，乌鲁木齐都统。

乾隆五十九年甲寅，六月，更名宜绵。

清史稿校注

乾隆五十二年丁未，乌鲁木齐都统。

乾隆五十九年甲寅，六月，更名宜绵。校：案高宗实录，谕令尚安改名宜绵在七月二十三日戊申。

乾隆六十年乙卯，五月丁巳迁。

实录

乾隆五十二年十二月庚申又谕曰："盛京将军公永玮病故，所遗员缺著永铎补授。永铎现署伊犁将军事务，俟保宁抵伊犁时，将应行事件交代毕，再行来京请训赴任。永铎未到任之前，著庆桂于差务毕后，来京请训，前往署理。永铎所遗乌鲁木齐都统员缺著尚安补授，并赏戴花翎，尚安所遗喀喇沙尔办事大臣员缺著德勒格楞贵调补。"

高宗实录（一七） 卷一二九五 P400

乾隆五十九年七月戊申谕曰："尚安著改名宜绵。"

高宗实录（一九） P437

乾隆朝起居注

乾隆五十二年十二月二十七日庚申奉谕旨："盛京将军永玮病故，所遗员缺著永铎补授，永铎现署伊犁将军事务，俟保宁抵伊犁日将应行交代事务明白交代后再来京请训赴任，永铎未抵任之前，著庆桂于差务毕后来京请训，前往署理盛京将军事务，永铎所遗乌鲁木齐都统员缺，著尚安补授，并著予都统职衔赏顶戴花翎。"

第三十六册 P189

乾隆六十年五月初七日丁巳奉谕旨，宜绵所遗乌鲁木齐都统员缺著永保补授，乌鲁木齐系有驻防兵丁省城，首缺著永保携家眷前往，所遗喀什噶尔参赞大臣员缺著琅玗调补，叶尔羌帮办事务员缺著雅德调补。

第四十二册 P167

满档

乾隆五十二年十一月初一日喀喇沙尔办事大臣尚安奏遵旨赴乌鲁木齐署理都统事务令穆和蔺掌喀喇沙尔印务折：十月二十九日接到军机处字寄内，乾隆五十二年十月十四日降旨，奎林面圣，暂将将军印交给海禄署理，派永铎署理伊犁将军事务，永铎把都统印暂交领队大臣永泰署理。派尚安署理乌鲁木齐都统。臣尚安接旨，十一月初一日立即携带喀喇沙尔领队大臣印赴乌鲁木齐。臣到乌鲁木齐后就把喀喇沙尔领队大臣印与穆和蔺交换。

乾隆五十二年十一月十九日朱批
乾隆五十二年十一月初一日具奏
3176-003 140-3347

乾隆五十二年十一月初五日古城领队大臣博厚奏暂署乌鲁木齐都统印务折：今年1月初一日接到都统永铎处送文内最近接到的降旨内，派永铎署理伊犁将军印，派尚安署理乌鲁木齐都统印。奉此旨，因臣博厚距离近，就让臣来乌鲁木齐暂时署理都统印，派乌鲁木齐协领阿林署理古城领队大臣印。臣博厚十月初二日立即从古城启程，这天到三台会见协领阿林，交付领队大臣印。臣初四日到乌鲁木齐永铎处，永铎派人把都统印及乌鲁木齐领队大臣钤记等交给臣。等尚安到达后再转交给他。

乾隆五十二年十一月二十三日朱批
乾隆五十二年十一月初五日具奏
3176-033 140-3545

乾隆五十三年三月初四日署喀喇沙尔办事大臣穆和蔺奏喀喇沙尔办事大臣印务移交德勒格楞贵并返回吐鲁番领队大臣任日期折

今年正月二十五日臣接到乌鲁木齐都统尚安处送文内，今年正月十六日接到军机处大臣字寄内乾隆五十二年十二月二十七日降旨，永铎乌鲁木齐都统缺由尚安补授。赏尚安都统职加衔。尚安喀喇沙尔办事大臣缺由德勒格楞贵调补。穆和蔺暂署理喀喇沙尔事务。德勒格楞贵到后，穆和蔺交代给他后再返回吐鲁番。德勒格楞贵今年三月初三日到达喀喇沙尔，臣把喀喇沙尔办事大臣印派人交给他。这月初四日穆和蔺启程前往吐鲁番。

乾隆五十三年三月二十五日朱批
乾隆五十三年三月初四日具奏
3181-040　141-1100

乾隆五十九年三月初四日署乌鲁木齐都统明兴奏接署印务日期并谢恩折

今年二月十八日接到兵部来文内乾隆五十九年正月十八日降旨，尚安处奏文内尚安将面圣，乌鲁木齐都统印由明兴署理，明兴二月二十九日到乌鲁木齐，三月初二日尚安把都统印交给明兴。

乾隆五十九年三月二十五日朱批
乾隆五十九年三月初四日具奏
3463-029　158-0206

乾隆五十九年三月初四日乌鲁木齐都统尚安奏将乌鲁木齐都统印务移交明兴署理后启程回京折

尚安三月初四日启程前往京城。

乾隆五十九年三月二十五日朱批
乾隆五十九年三月初四日具奏
3463-032　158-0221

乾隆五十九年十二月初三日乌鲁木齐都统宜绵奏接任日期并谢恩折

奴才宜绵奉旨于九月十七日从西宁出发，十一月二十六日到乌鲁木齐，明兴派人将都统印交给奴才。

乾隆五十九年十二月二十五日朱批
乾隆五十九年十二月初三日具奏
3488-004　159-1572

乾隆六十年七月初七日喀什噶尔参赞大臣永保奏谢补放乌鲁木齐都统之恩折

最近接到兵部来文内乾隆六十年五月初七日降旨，宜绵的乌鲁木齐都统缺由永保补授，永保的喀什噶尔参赞大臣缺调补琅玕接任。

乾隆六十年八月十日朱批
乾隆六十年七月初七日具奏
3508-029　160-2278

乾隆六十年八月十七日乌鲁木齐都统宜绵奏乌鲁木齐都统印务移交领队大臣书麟署理后起赴陕甘总督任折

八月十二日从署理总督秦成阿处来文内，总督勒宝来到临潼县，总督印交给秦成恩，秦成恩巡抚官防交给布政使倭什布看守，命书麟来乌鲁木齐，把都统印交给书麟署理，并让他兼管领队大臣事务，臣宜绵八月二十日从乌鲁木齐启程。

乾隆六十年九月初八日朱批
乾隆六十年八月十七日具奏
3501-012　160-2671

乾隆六十年八月二十八日署乌鲁木齐都统书麟奏报署理印务日期折

书麟八月十九日到乌鲁木齐，二十日从宜绵处接都统印，宜绵这一天从乌鲁木齐启程。

乾隆六十年九月二十日朱批
乾隆六十年八月二十八日具奏
3511-002　160-2867

满汉名臣传

宜绵，原名尚安，鄂济氏，正白旗满洲人……（乾隆）五十一年十一月，调喀什噶尔办事大臣。五十二年十二月，授乌鲁木齐都统，赏戴花翎……六十年五月，授陕甘总督。

满汉名臣传（三）　续集第二十六卷　P2838~2839

清代七百名人传

宜绵，原名尚安，鄂济氏，正白旗满洲人。（乾隆四十九年）三月赏给四品职衔，授吐鲁番领队大臣……五十二年十二月授乌鲁木齐都统，赏戴花翎……五十九年奏请陛见……又谕尚安著改名宜绵。六十年五月授陕甘总督。

近代中国史料丛刊623　沈云龙　主编　第63辑 清代七百名人传　蔡冠洛编　海文出版社

第二编　军事　陆军　P854~855

满汉大臣列传

宜绵，原名尚安，鄂济氏，正白旗满洲人。（乾隆四十九年十一月）是月调库车办事大臣。五十年七月命署乌鲁木齐都统事……五十一年十一月调喀什噶尔办事大臣。五十二年十二月授乌鲁木齐都统，赏戴花翎……五十九年奏请陛见……并谕尚安著改名宜绵。六十年五月授陕甘总督。

近代中国史料丛刊 续辑 第一辑63 满汉大臣列传　卷二十六　P1~2

清史稿·列传

宜绵，初名尚安，鄂济氏，满洲正白旗人。四十七年，擢广东巡抚，以盐商沈翼川狱瞻徇，褫职，戍新疆。寻予四品衔，充吐鲁番领队大臣。石峰堡回变，驻守平凉。历库车、喀什噶尔办事大臣，乌鲁木齐都统。五十九年，入觐，道经固关，值水灾，饬官吏赈抚，高宗嘉之，命改名宜绵。六十年，授陕甘总督。

清史稿卷三百四十五　列传一百三十二　P11168~11169

附注：考异一三　尚安任职日

考订二三　尚安陛见交印于明兴署理日

考订二四　宜绵回任、明兴卸署日

考订二五　宜绵交印、书麟接印署理日

[明兴]

满档

乾隆五十九年三月初四日署乌鲁木齐都统明兴奏接署印务日期并谢恩折

今年二月十八日接到兵部来文内乾隆五十九年正月十八日降旨，尚安处奏文内尚安将面圣，乌鲁木齐都统印由明兴署理，明兴二月二十九日到乌鲁木齐，三月初二日尚安把都统印交给明兴。

乾隆五十九年三月二十五日朱批
乾隆五十九年三月初四日具奏
3463-029　158-0206

乾隆五十九年三月初四日乌鲁木齐都统尚安奏将乌鲁木齐都统印务移交明兴署理后启程回京折

尚安三月初四日启程前往京城。

乾隆五十九年三月二十五日朱批
乾隆五十九年三月初四日具奏
3463-032　158-0221

乾隆五十九年三月初四日署乌鲁木齐都统明兴奏接署印日期并谢

恩折

　　今年二月十八日接到兵部来文内乾隆五十九年正月十八日降旨，尚安处奏文内尚安将面圣，乌鲁木齐都统印由明兴署理，明兴二月二十九日到乌鲁木齐，三月初二日尚安把都统印交给明兴。

乾隆五十九年三月二十五日朱批
乾隆五十九年三月初四日具奏
3463-029　158-0206

　　乾隆五十九年十二月初三日乌鲁木齐都统宜绵奏接任日期并谢恩折

　　奴才宜绵奉旨于九月十七日从西宁出发，十一月二十六日到乌鲁木齐，明兴派人将都统印交给奴才。

乾隆五十九年十二月二十五日朱批
乾隆五十九年十二月初三日具奏
3488-004　159-1572

　　附注：考订二三　尚安陛见交印于明兴署理日
　　　　　考订二四　宜绵回任、明兴卸署日

永　保

清史稿·表

乾隆六十年乙卯，九月，乌鲁木齐都统。

嘉庆元年丙辰，三月差。

章表

嘉庆元年 丙辰（1796）三月征陕西

魏表

乾隆六十年五月七日（1795，6，23）　　　调

嘉庆二年六月　日　缘事革职

备：任职根据乾隆六十年五月（上）起居注册，嘉庆元年十一月廿八日革太子太保花翎，离职根据国朝耆献类徵初编卷186页45

实录

嘉庆元年三月己酉"本日据恒瑞奏，永保由乌鲁木齐来京，业经札知速赴西安。现在湖北既须大员带兵，永保曾经军旅，著即由驿遄行，同恒瑞带兵从郧阳一带行走"。

仁宗实录（一）卷三　P92

嘉庆元年十一月庚午"以总统军务永保屡致贼匪奔窜，逮京交部治罪，以署工部尚书惠龄代统军务"。

仁宗实录（一）卷一一　P178～179

嘉庆元年十二月戊子"谕军机大臣等，景安奏，'贼匪由王家河等处分股渡河，向东南奔窜，此皆永保调度失宜之罪……遵旨将永保解京'"。

仁宗实录（一）卷一二　P184

嘉庆元年十二月己亥"永保业已解京"。

仁宗实录（一）卷一二　P187

东华录

嘉庆元年三月己酉"命乌鲁木齐都统永保往湖北郧阳会剿教匪"。

十二朝东华录　嘉庆朝（一）卷一　P3

嘉庆元年十一月庚午"永保逮京治罪，以惠龄代统军务"。

十二朝东华录　嘉庆朝（一）卷一　P11

嘉庆元年十二月己亥"永保业已解京"。

十二朝东华录　嘉庆朝（一）卷一　P13

乾隆朝起居注

乾隆六十年五月初七日丁巳奉谕旨，宜绵所遗乌鲁木齐都统员缺著永保补授，乌鲁木齐系有驻防兵丁省城，首缺著永保携家眷前往，所遗喀什噶尔参赞大臣员缺著琅玕调补，叶尔羌帮办事务员缺著雅德调补。

第四十二册 P167

满档

乾隆六十年七月初七日喀什噶尔参赞大臣永保奏谢补放乌鲁木齐都统之恩折

最近接到兵部来文内乾隆六十年五月初七日降旨，宜绵的乌鲁木齐都统缺由永保补授，永保的喀什噶尔参赞大臣缺调补琅玕接任。

乾隆六十年八月十日朱批

乾隆六十年七月初七日具奏

3508-029　160-2278

乾隆六十年十一月十二日乌鲁木齐都统永保等奏报接任日期折

臣永保十一月初六日到达乌鲁木齐，书麟将都统印交给臣。

乾隆六十年十二月初三日朱批

乾隆六十年十一月十二日具奏

3516-037　161-0553

满汉名臣传

永保，费莫氏，满洲镶红旗人。父大学士温福……（乾隆）五十八年五月，调喀什噶尔参赞大臣。（五十九年）八月，授户部左侍郎，留驻新疆……六十年，擢乌鲁木齐都统。嘉庆元年三月，来京陛见。行抵西安，会湖北教匪滋事，奉命驰赴军营……

满汉名臣传（三）　续集第二十八卷　P2896~2897

满汉大臣列传

永保，费莫氏，满洲镶红旗人。父大学士温福，自有传。（乾隆）六十年擢乌鲁木齐都统。嘉庆元年三月来京陛见，行抵西安会湖北教匪滋扰，奉命驰赴军营……（六月）是月署湖广总督……（十一月）著将伊解任，来京交部治罪，寻命革职。

近代中国史料丛刊 续辑 第一辑 63 满汉大臣列传　卷二十八　P9～12
清史稿·列传
永保，费莫氏，满洲镶红旗人，勒保之弟也。五十八年，调喀什噶尔参赞大臣，授户部侍郎，留驻新疆。六十年，调乌鲁木齐都统。嘉庆元年春，湖北教匪起，永保奉诏入京，行抵西安，命偕将军恒瑞率驻防兵二千，调陕西、广西、山东兵五千会剿。十一月……帝怒永保拥劲旅万余，徒尾追不迎击，致贼东西横躏无忌，褫职逮京，下狱，籍其家，并褫其子侍卫宁志、宁怡职，发往热河。

　　　　清史稿卷三百四十五　列传一百三十二　P11163～11164

附注：考异一四　永保任职日
　　　考异一五　永保离职日
　　　考订二六　书麟卸署、永保接印日

书　麟

清史稿·表
嘉庆元年丙辰，永保三月差，书麟三月署乌鲁木齐都统。
清史稿校注
嘉庆元年丙辰，（永保三月差）署乌鲁木齐都统。校：案仁宗实录，永保奉令出差在三月初三日己酉；谕永保调兵失宜，著革职解京在十二月十七日戊子。
章表
嘉庆元年 丙辰（1796）三月署
嘉庆四年 己未（1799）正月调　　（兴奎）
嘉庆四年己未，正月壬戌召。

魏表

嘉庆二年六月廿五日（1797，7，19） 署

嘉庆四年正月五日（1799，2，9） 到京另候简用

实录

嘉庆二年六月甲午"命古城领队大臣书麟以副都统衔署乌鲁木齐都统"。

仁宗实录（一） 卷一八 P243

嘉庆四年正月甲子"命乌鲁木齐都统书麟来京另候简用，以科布多参赞大臣富俊为乌鲁木齐都统"。

仁宗实录（一） 卷三七 P417

嘉庆四年正月戊辰"以乌鲁木齐都统书麟为吏部尚书"。

仁宗实录（一） 卷三七 P420

东华录

嘉庆四年正月戊辰"以书麟为吏部尚书。由乌鲁木齐都统迁"。

十二朝东华录 嘉庆朝（一） 卷二 P36

满档

乾隆六十年八月十七日乌鲁木齐都统宜绵奏乌鲁木齐都统印务移交领队大臣书麟署理后起赴陕甘总督任折

八月十二日从署理总督秦承恩处来文内，总督勒宝来到临潼县，总督印交给秦承恩，秦承恩巡抚官防交给布政使倭什布看守，命书麟来乌鲁木齐，把都统印交给书麟署理，并让他兼管领队大臣事务。臣宜绵八月二十日从乌鲁木齐启程。

乾隆六十年九月初八日朱批
乾隆六十年八月十七日具奏
3501-012　160-2671

乾隆六十年八月二十八日署乌鲁木齐都统书麟奏报署理印务日期折

书麟八月十九日到乌鲁木齐，二十日从宜绵处接都统印，宜绵这一天从乌鲁木齐启程。

乾隆六十年九月二十日朱批
乾隆六十年八月二十八日具奏
3511-002　160-2867

乾隆六十年十一月十二日乌鲁木齐都统永保等奏报接任日期折

臣永保十一月初六日到达乌鲁木齐，书麟将都统印交给臣。

乾隆六十年十二月初三日朱批
乾隆六十年十一月十二日具奏
3516-037　161-0553

嘉庆二年七月十二日署乌鲁木齐都统书麟奏谢署理乌鲁木齐都统之恩折

闰六月二十八日接到兵部来文内嘉庆二年六月二十五日降旨，乌鲁木齐都统缺赏书麟副都统衔署理都统印务。他的官职赏琅玕三等侍卫任古城领队大臣。

嘉庆二年八月初九日朱批
嘉庆二年七月十二日具奏
3569-008　164-0137

嘉庆道光两朝上谕档

嘉庆四年正月初九日内阁奉上谕：吏部尚书员缺著书麟补授。钦此。

第四册　P14

满档目录

嘉庆元年正月二十四日署理乌鲁木齐都统书麟为缴回奏稿事咨呈
3538-046.1　162-0176

清代边疆满文档案目录第十册（新疆卷五），P2136，广西师范大学出版社，1999.4

嘉庆四年正月二十八日署乌鲁木齐都统书麟为晓谕吐鲁番领队大臣佛智不必专折具奏兵丁训练事宜事咨呈 3592-025　165-2796

清代边疆满文档案目录第十册（新疆卷五），P2197，广西师范大学出版社，1999.4

满汉名臣传

书麟，满洲镶黄旗人……乾隆五十六年。仍授两江总督……五十八年正月，兼署江宁织造并龙江关税务。五十九年正月，兼署漕运总督。七月……旋因徇庇两淮盐政巴宁阿与商人交结，交部严议，夺职。九月，奉旨赏给三等侍卫，赴新疆换班效力。嘉庆元年，署乌鲁木齐都统……四年正月，授吏部尚书、正红旗汉军都统。

满汉名臣传（三）　续集第二十卷　P2733~2737

清代七百名人传

书麟，满洲镶黄旗人。（乾隆五十九年）九月奉旨赏给三等侍卫，赴新疆换班效力。嘉庆元年署乌鲁木齐都统……四年正月授吏部尚书、正红旗汉军都统。

近代中国史料丛刊623　沈云龙　主编　第63辑　清代七百名人传　蔡冠洛编　海文出版社

第二编　军事　陆军　P863~866

满汉大臣列传

书龄，满洲镶黄旗人。嘉庆元年署乌鲁木齐都统……四年正月授吏部尚书，正红旗汉军都统。

近代中国史料丛刊 续辑 第一辑 62 满汉大臣列传　卷二十　P1~5

清史稿·列传

书麟，字绂斋，高佳氏，满洲镶黄旗人，大学士高晋子。五十六年，仍授两江总督。两淮盐政巴宁阿交结商人，坐书麟徇庇，复夺职，予三等侍卫，赴新疆效力。嘉庆四年，和珅败，召授吏部尚书，兼正红旗汉军都统,加太子少保。寻协办大学士,授闽浙总督。

清史稿卷三百四十三　列传一百三十　P11125~11126

附注:考异一六　书麟嘉庆元年正月署至嘉庆四年正月

考订二五　宜绵交印、书麟接印署理日

考订二六　书麟卸署、永保接印日

富　俊

清史稿·表

嘉庆四年己未,乌鲁木齐都统。(兴奎)署。

嘉庆四年己未,八月戊子,迁。

清史稿校注

嘉庆四年己未,乌鲁木齐都统。(兴奎)署。

嘉庆四年己未,八月戊子,迁。校:案清国史仁宗本纪、仁宗实录,是年正月初五日甲子,命书麟来京,另候简用;同口,富俊自科布多参赞大臣调乌鲁木齐都统;八月初三日己丑,富俊调喀什噶尔参赞大臣,兴奎自乌鲁木齐提督调乌鲁木齐都统。

章表

嘉庆四年 己未(1799)正月命八月调

魏表

嘉庆四年正月五日(1799,2,9)　　　任

嘉庆四年八月三日(1799,9,2)　　　调喀什噶尔参赞大臣

实录

嘉庆四年正月甲子"命乌鲁木齐都统书麟来京另候简用,以科布多参赞大臣富俊为乌鲁木齐都统"。

仁宗实录(一)　卷三七　P417

217

嘉庆四年八月己丑"以乌鲁木齐都统富俊为喀什噶尔参赞大臣,乌鲁木齐提督兴奎为乌鲁木齐都统"。

仁宗实录（一）卷五〇　P621

嘉庆朝起居注

嘉庆四年八月初三日己丑奉谕旨,长麟著来京另候简用,富俊著以都统衔授为喀什噶尔参赞大臣,所遗乌鲁木齐都统员缺著兴奎补授。

第四册　P499

清史稿·列传

富俊,字松岩,卓特氏,蒙古正黄旗人。翻译进士,授礼部主事,历郎中。累迁内阁蒙古侍读学士、内阁学士,兼副都统。嘉庆元年,擢兵部侍郎,充科布多参赞大臣。四年,授乌鲁木齐都统,调喀什噶尔参赞大臣。历叶尔羌办事大臣、乌里雅苏台参赞大臣。召署镶红旗汉军都统、兵部侍郎。

清史稿卷三百四十二　列传一百二十九　P11119

附注：考异一七　兴奎嘉庆四年两次署及与富俊交接任日

兴　奎

清史稿·表

嘉庆四年己未,(书麟正月壬戌召,富俊任)署。

嘉庆四年己未,代。

嘉庆七年壬戌,七月调。

清史稿校注

嘉庆四年己未,(书麟正月壬戌召,富俊任)署。

嘉庆四年己未,代。校：案清国史仁宗本纪、仁宗实录,是年正月初五日甲子,命书麟来京,另候简用；同日,富俊自科布多参赞大臣调乌鲁木齐都统；八月初三日己丑，富俊调喀什噶尔参赞大臣，兴奎自乌鲁木齐提督调乌鲁木齐都统。

嘉庆七年壬戌，七月调。校：案仁宗实录，兴奎自乌鲁木齐都统调西安将军，明亮自正蓝旗满州副都统升乌鲁木齐都统在七月二十四日壬辰。

章表

嘉庆四年 己未（1799）八月命

嘉庆七年 壬戌（1802）七月调西安将军

魏表

嘉庆四年八月三日（1799，9，2）　　　任

嘉庆七年七月廿四日（1802，8，21）　　调西安将军

实录

嘉庆四年八月已丑"以乌鲁木齐都统富俊为喀什噶尔参赞大臣，乌鲁木齐提督兴奎为乌鲁木齐都统"。

仁宗实录（一）　卷五〇　P621

嘉庆七年七月壬辰"以乌鲁木齐都统兴奎为西安将军，正蓝旗满洲副都统明亮为乌鲁木齐都统"。

仁宗实录（二）　卷一〇一　P350

嘉庆朝起居注

嘉庆四年八月初三日己丑奉谕旨，长麟著来京另侯简用，富俊著以都统衔授为喀什噶尔参赞大臣，所遗乌鲁木齐都统员缺著兴奎补授。

第四册　P499

嘉庆七年正月二十九日辛丑奉谕旨，兴奎现丁母忧，著来京穿孝，所有乌鲁木齐都统印务著扎勒杭阿暂行兼署。

第七册　P34

嘉庆七年七月二十四壬辰奉谕旨，西安将军员缺著兴奎补授，兴奎

请训后即著驰驿前往赴任，乌鲁木齐都统员缺著明亮补授。

第七册 P351

满档

嘉庆四年十二月十七日乌鲁木齐都统兴奎奏请进京陛见折

都统印由皇帝派人署理。提督图桑阿到乌鲁木齐，兴奎把提督印交付给他后回京。

嘉庆五年正月初九日朱批

嘉庆四年十二月十七日具奏

3606-003　166-2706

嘉庆七年三月初六日乌鲁木齐提督札勒杭阿奏谢署乌鲁木齐都统恩折

今年二月二十六日接到兵部来文内，嘉庆七年正月二十九日降旨，兴奎之母病故，兴奎守孝返京，乌鲁木齐都统印暂交扎勒杭阿署理，二十七日兴奎派人把都统印交给扎勒杭阿。

嘉庆七年三月二十九日朱批

嘉庆七年三月初六日具奏

3638-006　169-1290

清史列传

兴奎，瓜儿佳氏，满洲镶白旗人……（乾隆）五十四年擢乌鲁木齐提督，嘉庆四年八月调乌鲁木齐都统……七年正月丁母忧，七月授西安将军。

清史列传　卷三十一　P50

附注：考异一七　兴奎嘉庆四年两次署及与富俊交接任日

考订二七　兴奎丁忧守孝、札勒杭阿命署都统及兴奎、札勒杭阿交接印日

[札勒杭阿]

嘉庆朝起居注

　　嘉庆七年正月二十九日辛丑奉谕旨，兴奎现丁母忧，著来京穿孝，所有乌鲁木齐都统印务著扎勒杭阿暂行兼署。

第七册　P34

满档

　　嘉庆七年三月初六日乌鲁木齐提督札勒杭阿奏谢署乌鲁木齐都统恩折

　　今年二月二十六日接到兵部来文内，嘉庆七年正月二十九日降旨，兴奎之母病故，兴奎守孝返京，乌鲁木齐都统印暂交札勒杭阿署理，二十七日兴奎派人把都统印交给札勒杭阿。

嘉庆七年三月二十九日朱批
嘉庆七年三月初六日具奏
3638-006　169-1290

　　嘉庆七年十二月初四日署乌鲁木齐都统札勒杭阿奏将乌鲁木齐都统印务移交明亮折

　　明亮十一月二十六日到乌鲁木齐，臣札勒杭阿把都统印交给他。

嘉庆七年十二月二十八日朱批
嘉庆七年十二月初四日具奏
3651-045　170-1557

　　嘉庆七年十二月初四日乌鲁木齐都统明亮奏谢调任乌鲁木齐都统日期折

　　臣明亮十一月二十六日到乌鲁木齐，札勒杭阿把都统印交给我。

嘉庆七年十二月二十八日朱批
嘉庆七年十二月初四日具奏
3651-043　170-1546

附注：考订二七　兴奎丁忧守孝、札勒杭阿命署都统及兴奎、札勒杭阿交接印日

考订二八　札勒杭阿卸署、明亮接印日

明　亮

清史稿·表

嘉庆七年壬戌，乌鲁木齐都统。

嘉庆九年甲子，五月己丑调。

清史稿校注

嘉庆七年壬戌，乌鲁木齐都统。校：案仁宗实录，兴奎自乌鲁木齐都统调西安将军，明亮自正蓝旗满州副都统升乌鲁木齐都统在七月二十四日壬辰。

嘉庆九年甲子，五月己丑调。校：案清国史仁宗本纪、仁宗实录，明亮自乌鲁木齐都统调镶蓝旗蒙古都统，奇臣自绥远城将军调乌鲁木齐都统在四月三十日戊子。

章表

嘉庆七年　壬戌（1802）七月命

嘉庆九年　甲子（1804）四月调

魏表

嘉庆七年七月廿四日（1802，8，21）　　　　任

嘉庆九年四月卅日（1804，6，7）　　　调镶蓝旗蒙古都统

实录

嘉庆七年七月壬辰"以乌鲁木齐都统兴奎为西安将军，正蓝旗满洲副都统明亮为乌鲁木齐都统"。

仁宗实录（二）　卷一〇一　P350

嘉庆九年四月戊子"调乌鲁木齐都统明亮为镶蓝旗蒙古都统，以绥远城将军奇臣为乌鲁木齐都统"。

仁宗实录（二） 卷一二八 P737

嘉庆朝起居注

嘉庆七年七月二十四壬辰奉谕旨，西安将军员缺著兴奎补授，兴奎请训后即著驰驿前往赴任，乌鲁木齐都统员缺著明亮补授。

第七册 P351

满档

嘉庆七年十二月初四日署乌鲁木齐都统札勒杭阿奏将乌鲁木齐都统印务移交明亮折

明亮十一月二十六日到乌鲁木齐，臣扎勒杭阿把都统印交给他。

嘉庆七年十二月二十八日朱批
嘉庆七年十二月初四日具奏
3651-045　170-1557

嘉庆七年十二月初四日乌鲁木齐都统明亮奏谢调任乌鲁木齐都统日期折

臣明亮十一月二十六日到乌鲁木齐，札勒杭阿把都统印交给我。

嘉庆七年十二月二十八日朱批
嘉庆七年十二月初四日具奏
3651-043　170-1546

清史稿·列传

明亮，富察氏，满洲镶黄旗人。（嘉庆）七年，自副都统外授乌鲁木齐都统。九年，内授都统，迁兵部尚书。

列传一百十七　卷三三〇　P10928~10933

国朝耆献类徵初编

明亮，富察氏，满洲镶黄旗人……（嘉庆）七年正月病痊，授正红旗汉军副都统，五月调正蓝旗满洲副都统，七月授乌鲁木齐都统，十二月以三省教匪戡定，论功行赏，上追念明亮前劳，特封一等男爵。九年四月内授镶蓝旗蒙古都统，六月转兵部尚书。……（十六年）七月调镶蓝旗满洲副都统。十七年授西安将军。

右　国史馆本传

国朝耆献类征初编 5 卷三十　宰辅三十　原三至二十页　清·李桓撰 江苏广陵古籍刻印社，1990 年 8 月第 1 版 P3~11

附注：考订二八　札勒杭阿卸署、明亮接印日

宗室奇臣

清史稿·表

嘉庆九年甲子，乌鲁木齐都统。

嘉庆十一年丙寅，十月乙巳，解任。

清史稿校注

嘉庆九年甲子，乌鲁木齐都统。校：案清国史仁宗本纪、仁宗实录，明亮自乌鲁木齐都统调镶蓝旗蒙古都统，奇臣自绥远城将军调乌鲁木齐都统在四月三十日戊子。

嘉庆十一年丙寅，十月乙巳，解任。

章表

嘉庆九年 甲子（1804）四月命

嘉庆十一年 丙寅（1806）十月解

魏表

嘉庆九年四月卅日（1804，6，7）　　　任

嘉庆十一年十月廿日（1806，11，29）　缘事解任

备：嘉庆十二年四月十九日革职，离职根据清史稿而推定

实录

嘉庆九年甲子四月卅戊子"以绥远城将军奇臣为乌鲁木齐都统,镶蓝旗蒙古都统春宁为绥远城将军"。

仁宗实录(二) 卷一二八 P737

嘉庆朝起居注

嘉庆十一年十月二十日癸巳奉谕旨,奇臣现有解任应迅事件,所遗乌鲁木齐都统员缺著和宁补授。

第十一册 P520

满档

嘉庆九年十月二十七日绥远将军奇臣奏接任乌鲁木齐都统谢恩折

奇臣十月二十四日到乌鲁木齐接都统印。

嘉庆九年十一月二十二日朱批
嘉庆九年十月二十七日具奏
3675-046 172-1411

嘉庆十一年十二月二十四日乌鲁木齐都统和宁奏接任日前折

和宁十二月十七日到乌鲁木齐,奇臣派人把都统印交给他。

嘉庆十二年正月二十日朱批
嘉庆十一年十二月二十四日具奏
3713-013 175-2634

满汉名臣传

宗室奇臣,满洲正蓝旗人……嘉庆四年八月,赏戴花翎。九月调库车办事大臣。七年调镶白旗蒙古副都统。八月,擢绥远城将军。九年,调乌鲁木齐都统。

满汉名臣传(三) 续集第二十卷 P2744

满汉大臣列传

宗室奇臣,满洲正蓝旗人。(嘉庆)八年擢绥远城将军,九年调乌鲁木齐都统……（十一年）十月命和宁代之。
近代中国史料丛刊 续辑 第一辑 62 满汉大臣列传 卷二十 P10~11

附注：考异一八 宗室奇臣离任日
　　　考订二九 奇臣接印日
　　　考订三〇 奇臣交印卸任、和宁接印日

和　宁

清史稿·表

嘉庆十一年丙寅，乌鲁木齐都统。

嘉庆十三年戊辰，十月丙午召。

清史稿校注

嘉庆十一年丙寅，乌鲁木齐都统。校：案历法，是年十月无乙巳。又案清史稿本纪十六仁宗、清国史仁宗本纪、仁宗实录，是年十月二十日癸巳，命和宁为乌鲁木齐都统。

嘉庆十三年戊辰，十月丙午召。校：案仁宗实录，是年十月十四日丙午，命和宁来京，令候简用。

章表

嘉庆十一年 丙寅（1806）十月命

嘉庆十三年 戊辰（1808）十月召

魏表

嘉庆十一年十月廿日（1806，11，29）　　　任

嘉庆十三年十月十四日（1808，12，1）　　到京另候简用

实录

嘉庆十一年十月癸巳"以户部右侍郎和宁为乌鲁木齐都统"。

仁宗实录（三）卷一六九 P198

嘉庆十三年十月丙午"命乌鲁木齐都统和宁来京另候简用,以直隶提督色克通阿为乌鲁木齐都统"。

仁宗实录（三）卷二〇二 P691

嘉庆朝起居注

嘉庆十一年十月二十日癸巳奉谕旨,奇臣现有解任应迅事件,所遗乌鲁木齐都统员缺著和宁补授。

第十一册 P520

嘉庆十三年十月十四日丙午奉谕旨,和宁在新疆年久,著来京另候简用,乌鲁木齐都统员缺著色克通阿补授。

第十三册 P587

满档

嘉庆十一年十一月初四日户部侍郎和宁奏谢授乌鲁木齐都统恩折

十一月初二日到凉州府接到的圣旨内,乌鲁木齐都统缺由和宁补授,臣初四日前往乌鲁木齐。

嘉庆十一年十二月十六日朱批

嘉庆十一年十一月初四日具奏

3712-004　175-2286

嘉庆十一年十二月二十四日乌鲁木齐都统和宁奏接任日前折

和宁十二月十七日到乌鲁木齐,奇臣派人把都统印交给他。

嘉庆十二年正月二十日朱批

嘉庆十一年十二月二十四日具奏

3713-013　175-2634

嘉庆十三年十一月二十日乌鲁木齐都统和宁奏准予回京候差谢恩折

十一月初六日接到嘉庆十三年十月十四日降旨,和宁在新疆年久,返京另派,乌鲁木齐都统之缺由色克通阿补授。

嘉庆十三年十二月十二日朱批

嘉庆十三年十一月二十日具奏

3752-033　178-2229

嘉庆十四年二月二十二日乌鲁木齐都统色克通阿奏接任谢恩折

二月十三日到吉木萨与和宁约见，和宁派人把乌鲁木齐都统印交给色克通阿，这个月色克通阿十九日到乌鲁木齐任职地。

嘉庆十四年二月二十二日具奏

3759-010.1　179-0150

嘉庆道光两朝上谕档

嘉庆十三年十月十四日内阁奉上谕："和宁在新疆年久，著来京另侯简用，乌鲁木齐都统员缺著色克通阿补授。"

第十三册　P612

满汉大臣列传

宗室奇臣，满洲正蓝旗人。（嘉庆）八年擢绥远城将军，九年调乌鲁木齐都统……（十一年）十月命和宁代之。

近代中国史料丛刊 续辑 第一辑 62 满汉大臣列传　卷二十　P10~11

清史稿·列传

和瑛，原名和宁，避宣宗讳改，字太菴，额勒德特氏，蒙古镶黄旗人。（嘉庆）十一年，召还京为吏部侍郎，调仓场。未几，复出为乌鲁木齐都统。……十四年，授陕甘总督。

清史稿卷三百五十三　列传一百四十　P11282~11283

附注：考订三〇　奇臣交印卸任、和宁接印日

考订三一　和宁卸任、色克通阿接印日

色克通阿

清史稿·表

嘉庆十三年戊辰,乌鲁木齐都统。

嘉庆十四年己巳,正月庚辰免。

清史稿校注

嘉庆十三年戊辰,乌鲁木齐都统。

嘉庆十四年己巳,正月庚辰免。校:案清国史仁宗本纪、仁宗实录,是年正月二十四日甲申,色克通阿缘前古北口提督任内,废弛马政,擅伐木植,命开缺来京,听候议处;同日,兴奎自宁夏将军调乌鲁木齐都统。

章表

嘉庆十三年 戊辰(1808)十月命

嘉庆十四年 己巳(1809)正月解

魏表

嘉庆十三年十月十四日(1808,12,1)　　任

嘉庆十四年正月廿四日(1809,3,9)　　缘事解职到京听候部议

实录

嘉庆十三年十月丙午"命乌鲁木齐都统和宁来京另候简用,以直隶提督色克通阿为乌鲁木齐都统"。

仁宗实录(三)卷二〇二　P691

嘉庆十四年正月甲申"谕内阁,薛大烈奏查明色克通阿任内马政废弛及砍伐官山木植情形一折……色克通阿著交部严加议处,先将乌鲁木齐都统开缺,即著来京听候部议"。

仁宗实录(三)卷二〇六　P757

嘉庆朝起居注

嘉庆十三年十月十四日丙午奉谕旨，和宁在新疆年久，著来京另候简用，乌鲁木齐都统员缺著色克通阿补授。

第十三册 P587

嘉庆十四年正月二十四日甲申奉谕旨，色克通阿著交部严加议处，先将乌鲁木齐都统开缺，即著来京听候部议。

第十四册 P40

满档

嘉庆十三年十一月二十日乌鲁木齐都统和宁奏准予回京候差谢恩折

十一月初六日接到嘉庆十三年十月十四日降旨，和宁在新疆年久，返京另派，乌鲁木齐都统之缺由色克通阿补授。

嘉庆十三年十二月十二日朱批

嘉庆十三年十一月二十日具奏

3752-033 178-2229

嘉庆十四年二月初八日宁夏将军兴奎奏调补乌鲁木齐都统谢恩折

嘉庆十四年二月初六日接到军机处送文内正月二十四日降旨，色克通阿因事返京等候部议，其乌鲁木齐都统之缺由兴奎补授。兴奎把将军印交给副都统格布舍署理，本月初九日从宁夏启程去新职任地。

嘉庆十四年二月三十日朱批

嘉庆十四年二月初八日具奏

3757-033 178-3309

嘉庆十四年二月二十二日乌鲁木齐都统色克通阿奏接任谢恩折

二月十三日到吉木萨与和宁约见，和宁派人把乌鲁木齐都统印交给色克通阿，这个月色克通阿十九日到乌鲁木齐任职地。

嘉庆十四年二月二十二日具奏

3759-010.1 179-0150

嘉庆十四年三月初十日乌鲁木齐领队大臣德勒克扎布奏暂署乌鲁木齐都统印务折

今年三月初五日司章京转告臣最近接到兵部来文内都统色克通阿离任，德勒克扎布暂时署理乌鲁木齐都统印，让兴奎加紧去乌鲁木齐任职地。色克通阿本月初九日前往京城。

嘉庆十四年四月初三日朱批
嘉庆十四年三月初十日具奏
3759-018　179-0205

嘉庆道光两朝上谕档

嘉庆十三年十月十四日内阁奉上谕："和宁在新疆年久，著来京另候简用，乌鲁木齐都统员缺著色克通阿补授。"

第十三册　P612

附注：考异一九　色克通阿离职日
　　　考订三一　和宁卸任、色克通阿接印日
　　　考异三二　色克通阿交印、德勒克扎布接印日

（德勒克扎布）

满档

嘉庆十四年三月初十日乌鲁木齐领队大臣德勒克扎布奏暂署乌鲁木齐都统印务折

今年三月初五日司章京转告臣最近接到兵部来文内都统色克通阿离任，德勒克扎布暂时署理乌鲁木齐都统印，让兴奎加紧去乌鲁木齐任职地。色克通阿本月初九日前往京城。

嘉庆十四年四月初三日朱批
嘉庆十四年三月初十日具奏
3759-018　179-0205

嘉庆十四年三月十八日乌鲁木齐领队大臣德勒克扎布奏报乌鲁木齐都统印务移交兴奎折

都统兴奎三月十三日到乌鲁木齐，臣把都统印交给兴奎。

嘉庆十四年四月十二日朱批
嘉庆十四年三月十八日具奏
3760-009　179-0293

嘉庆十四年三月十八日乌鲁木齐都统兴奎奏接任谢恩折

臣三月十三日到乌鲁木齐，德勒克扎布把都统印交给臣。

嘉庆十四年四月十二日朱批
嘉庆十四年三月十八日具奏
3760-006　179-0280

满汉名臣传

德勒克札布，博尔济吉特氏，正白旗蒙古人。（嘉庆）十三年三月，赏三等侍卫，授乌鲁木齐领队大臣，十四年三月，卒。

满汉名臣传（三）　续集第四十二卷　P3167~3169

满汉大臣列传

德勒克札布，博尔济吉特氏，正白旗蒙古人。（嘉庆十三年）三月赏三等侍卫授乌鲁木齐领队大臣，十四年三月卒。

近代中国史料丛刊 续辑 第一辑 64 满汉大臣列传　卷四十二　P13~16

　　附注：考异三二　色克通阿交印、德勒克扎布接印日
　　　　　考订三三　德勒克扎布卸署、兴奎接印日

兴　奎

清史稿·表

嘉庆十四年己巳，乌鲁木齐都统。

嘉庆十八年癸酉，七月戊辰革。

清史稿校注

嘉庆十四年己巳，乌鲁木齐都统。校：案清国史仁宗本纪、仁宗实录，是年正月二十四日甲申，色克通阿缘前古北口提督任内，废弛马政，擅伐木植，命开缺来京，听候议处；同日，兴奎自宁夏将军调乌鲁木齐都统。

嘉庆十八年癸酉，七月戊辰革。校：案清史稿疆臣年表七、清国史仁宗本纪、仁宗实录，是年七月二十日甲申，缘兴奎被废员恒杰呈词控告诸款，命即来京候旨；同日，长龄自河南巡抚调乌鲁木齐都统。

章表

嘉庆十四年 己巳（1809）正月命

嘉庆十八年 癸酉（1813）七月革

魏表

嘉庆十四年正月廿四日（1809，3，9）　　　调

嘉庆十八年七月廿日（1813，8，15）　　　缘事解任讯办

备：八月一日革职

实录

嘉庆十四年己巳正月二十四日甲申（1809.3.9）"调宁夏将军兴奎为乌鲁木齐都统，以镶蓝旗蒙古副都统珠隆阿为宁夏将军"。

仁宗实录三　卷二〇六　P758

嘉庆十八年七月甲申"谕军机大臣等，晋昌奏废员恒杰投递呈词，控告乌鲁木齐都统兴奎各款……有旨将长龄补授乌鲁木齐都统，会同松筠办理……至兴奎，年已衰老，即各款审系全虚，亦令其来京候旨。一经得实，松筠等即传旨将兴奎革职研讯，不必再行奏闻请旨"。

仁宗实录（四）卷二七一　P681

嘉庆十八年八月乙未"令将兴奎及伊子额僧保名下在京资产籍没外，

松筠、长龄二人到彼后，即著传旨将兴奎革职"。

仁宗实录（四）卷二七二　　P689

满档

嘉庆十四年二月初八日宁夏将军兴奎奏调补乌鲁木齐都统谢恩折

嘉庆十四年二月初六日接到军机处送文内正月二十四日降旨："色克通阿因事返京等候部议，他的乌鲁木齐都统之缺由兴奎补授"。臣把将军印交给副都统格布舍署理，本月初九日将从宁夏启程去新职任地。

嘉庆十四年二月三十日朱批
嘉庆十四年二月初八日具奏
3757-033　　178-3309

嘉庆十四年三月十八日乌鲁木齐领队大臣德勒克扎布奏报乌鲁木齐都统印务移交兴奎折

都统兴奎三月十三日到乌鲁木齐，臣把都统印交给兴奎。

嘉庆十四年四月十二日朱批
嘉庆十四年三月十八日具奏
3760-009　　179-0293

嘉庆十四年三月十八日乌鲁木齐都统兴奎奏接任谢恩折

臣三月十三日到乌鲁木齐，德勒克扎布把都统印交给臣。

嘉庆十四年四月十二日朱批
嘉庆十四年三月十八日具奏
3760-006　　179-0280

附注：考异二〇　　兴奎革职日

考订三三　　德勒克扎布卸署、兴奎接印日

长 龄

清史稿·表

嘉庆十八年癸酉,乌鲁木齐都统。九月壬辰迁。(晋昌)代。

清史稿校注

嘉庆十八年癸酉,乌鲁木齐都统。九月壬辰迁。(晋昌)代。校:案清史稿疆臣年表七、清国史仁宗本纪、仁宗实录,是年七月二十日甲申,缘兴奎被废员恒杰呈词控告诸款,命即来京候旨;同日,长龄自河南巡抚调乌鲁木齐都统。

章表

嘉庆十八年 癸酉(1813)七月命九月调陕甘总督　　(刘芬)

魏表

嘉庆十八年七月廿日(1813,8,15)　　　　任

嘉庆十八年九月廿九日(1813,10,22)　　调陕甘总督

实录

嘉庆十八年七月甲申"以河南巡抚长龄为乌鲁木齐都统"。

仁宗实录(四)卷二七一　P682

嘉庆十八年七月甲申"谕军机大臣等,晋昌奏废员恒杰投递呈词,控告乌鲁木齐都统兴奎各款……有旨将长龄补授乌鲁木齐都统,会同松筠办理"。

仁宗实录(四)卷二七一　P680

嘉庆十八年九月壬辰"以乌鲁木齐都统长龄为陕甘总督,前任伊犁将军晋昌为乌鲁木齐都统"。

仁宗实录(四)卷二七五　P750

东华录

嘉庆十八年七月甲申"以长龄为乌鲁木齐都统,调方受畴为河南巡抚"。

十二朝东华录　嘉庆朝(二)　卷十一　P369

嘉庆朝起居注

嘉庆十八年七月二十日甲申奉谕旨,长龄现已简放乌鲁木齐都统,著将河南巡抚印务交蒋继勋暂行护理。

第十七册　P263

嘉庆十八年九月二十九日壬辰奉谕旨,那彦成现有派办事件,陕甘总督员缺著长龄补授,长龄接奉谕旨即赴新任,所遗乌鲁木齐都统员缺著晋昌补授,现在乌鲁木齐查审案件著交松筠一手审办结案后即赴伊犁接印任事,以便晋昌交代启程,晋昌未到任之前,乌鲁木齐都统著刘芬暂行兼署。

第十七册　P385

满档

嘉庆十八年十月三十日伊犁将军晋昌奏因调补乌鲁木齐都统而谢恩折:新补授的陕甘总督长龄处传文内降旨:补授晋昌乌鲁木齐都统,晋昌到之前由刘芬暂署理印务,十月二十二日长龄派人把都统印交给刘芬。

嘉庆十八年十一月十二日朱批
嘉庆十八年十月二十二日具奏
3838-001　184-0479

嘉庆道光两朝上谕档

嘉庆十八年九月二十九日内阁奉上谕:那彦成现有派办事件,陕甘总督员缺著长龄补授,长龄接奉谕旨,即赴新任,所遗乌鲁木齐都统员缺著晋昌补授,现在乌鲁木齐审查案件著交松筠一手审办,结案后即赴伊犁接印任事，以便晋昌交代启程，晋昌未到任之前，乌鲁木齐都统著刘芬兼署。钦此。

第十八册　P329

清史稿·列传

长龄，字懋亭，萨尔图克氏，蒙古正白旗人，尚书纳延泰子，惠龄之弟也。（嘉庆）十六年，授河南巡抚。十八年，复授陕甘总督。

清史稿卷三百六十七　列传一百五十四　P11453

附注：考订三四　刘芬命署日及长龄交印、刘芬接署日

（刘芬）

清史稿·表

嘉庆十八年癸酉，（长龄九月壬辰迁，晋昌代）署。

章表

嘉庆十八年癸酉，长龄（刘芬）：十月命九月调陕甘总督

嘉庆朝起居注

嘉庆十八年九月二十九日壬辰奉谕旨，那彦成现有派办事件，陕甘总督员缺著长龄补授，长龄接奉谕旨即赴新任，所遗乌鲁木齐都统员缺著晋昌补授，现在乌鲁木齐查审案件著交松筠一手审办结案后即赴伊犁接印任事，以便晋昌交代启程，晋昌未到任之前，乌鲁木齐都统著刘芬暂行兼署。

第十七册　P385

满档

嘉庆十八年十月二十二日乌鲁木齐提督刘芬奏报奉旨署理乌鲁木齐都统印务而谢恩折：新补授的陕甘总督长龄处传文内降旨：补授晋昌乌鲁木齐都统，晋昌到之前由刘芬暂署理印务，十月二十二日长龄派人把

都统印交给刘芬。

嘉庆十八年十一月十二日朱批
嘉庆十八年十月二十二日具奏
3837-024　184-0375

嘉庆十八年十月三十日伊犁将军晋昌奏因调补乌鲁木齐都统而谢恩折：新补授的陕甘总督长龄处传文内降旨：补授晋昌乌鲁木齐都统，晋昌到之前由刘芬暂署理印务，十月二十二日长龄派人把都统印交给刘芬。

嘉庆十八年十一月十二日朱批
嘉庆十八年十月二十二日具奏
3838-001　184-0479

嘉庆道光两朝上谕档

嘉庆十八年九月二十九日内阁奉上谕：那彦成现有派办事件，陕甘总督员缺著长龄补授，长龄接奉谕旨，即赴新任，所遗乌鲁木齐都统员缺著晋昌补授，现在乌鲁木齐审查案件著交松筠一手审办，结案后即赴伊犁接印任事，以便晋昌交代启程，晋昌未到任之前，乌鲁木齐都统著刘芬兼署。钦此。

第十八册　P329

附注：考订三四　刘芬命署日及长龄交印、刘芬接署日

晋昌

清史稿·表

嘉庆十八年癸酉，（长龄九月壬辰迁）代。（刘芬）署。

嘉庆十八年癸酉，十二月，迁。

清史稿校注

嘉庆十八年癸酉，（长龄九月壬辰迁）代。（刘芬）署。

嘉庆十八年癸酉，十二月，迁。校：案仁宗实录，是年十二月二十四日丁巳，谕晋昌自乌鲁木齐都统调盛京将军，伊冲阿自塔尔巴哈台参赞大臣调乌鲁木齐都统。至翌年二月初三日乙未，复重申前谕。

章表

嘉庆十八年 癸酉（1813）九月命

嘉庆十九年 甲戌（1814）二月调盛京将军

魏表

嘉庆十八年九月廿九日（1813，10，22）　　　任

嘉庆十八年十二月廿四日（1814，1，15）　　　调盛京将军

备：十九年二月三日又书乌鲁木齐都统晋昌为盛京将军

实录

嘉庆十八年九月壬辰"以乌鲁木齐都统长龄为陕甘总督，前任伊犁将军晋昌为乌鲁木齐都统"。

仁宗实录四　卷二七五　P750

嘉庆十八年癸酉十二月二十四日丁巳（1814.1.24）："以乌鲁木齐都统晋昌为盛京将军。塔尔巴哈台参赞大臣伊冲阿，为乌鲁木齐都统。塔尔巴哈台领队大臣嵩福为参赞大臣。赏伊犁总管德克金布副都统衔，为塔尔巴哈台领队大臣"。

仁宗实录四　卷二百八十一　P844

嘉庆十九年甲戌二月乙未初三日："以乌鲁木齐都统晋昌为盛京将军。塔尔巴哈台参赞大臣伊冲阿，为乌鲁木齐都统。塔尔巴哈台领队大臣嵩福为参赞大臣。赏伊犁总管德克金布副都统衔，为塔尔巴哈台领队大臣"。

仁宗实录四　卷二八四　P878

嘉庆朝起居注

嘉庆十八年九月二十九日壬辰奉谕旨，那彦成现有派办事件，陕甘总督员缺著长龄补授，长龄接奉谕旨即赴新任，所遗乌鲁木齐都统员缺

著晋昌补授，现在乌鲁木齐查审案件著交松筠一手审办结案后即赴伊犁接印任事，以便晋昌交代启程，晋昌未到任之前，乌鲁木齐都统著刘芬暂行兼署。

第十七册　P385

满档

嘉庆十八年十月二十二日乌鲁木齐提督刘芬奏报奉旨署理乌鲁木齐都统印务而谢恩折：新补授的陕甘总督长龄处传文内降旨：补授晋昌乌鲁木齐都统，晋昌到之前由刘芬暂署理印务。十月二十二日长龄派人把都统印交给刘芬。

嘉庆十八年十一月十二日朱批

嘉庆十八年十月二十二日具奏

3837-024　184-0375

嘉庆十八年十月三十日伊犁将军晋昌奏因调补乌鲁木齐都统而谢恩折：新补授的陕甘总督长龄处传文内降旨：补授晋昌乌鲁木齐都统，晋昌到之前由刘芬暂署理印务。十月二十二日长龄派人把都统印交给刘芬。

嘉庆十八年十一月十二日朱批

嘉庆十八年十月二十二日具奏

3838-001　184-0479

嘉庆十八年十二月二十七日塔尔巴哈台参赞大臣伊冲阿奏调补乌鲁木齐都统而谢恩折：最近军机处来文内嘉庆十八年十一月二十四日降旨，补授晋昌为盛京将军，乌鲁木齐都统之缺由伊冲阿补授，塔尔巴哈台参赞大臣之缺由松福补授，松福之缺调伊犁总管德勒津布为塔尔巴哈台领队大臣，赏副都统衔。

嘉庆十九年正月二十三日朱批

嘉庆十八年十二月二十七日具奏

3840-056　184-1213

嘉庆十八年十二月二十七日乌鲁木齐都统晋昌奏奉旨调补盛京将军而谢恩折：最近军机处来文内降旨，晋昌补授盛京将军，臣乌鲁木齐都统由伊冲阿补授。

嘉庆十九年正月二十四日朱批
嘉庆十八年十二月二十七日具奏
3840-058　184—1221

嘉庆十九年四月二十二日新授伊犁将军松筠奏接任伊犁将军印务日期折：臣今年四月十八日到伊犁，晋昌这一天把将军印等交给我后本月二十五日回京。

嘉庆十九年五月二十日朱批
嘉庆十九年四月二十二日具奏
3846-030　184-2659

嘉庆道光两朝上谕档

嘉庆十八年九月二十九日内阁奉上谕：那彦成现有派办事件，陕甘总督员缺著长龄补授，长龄接奉谕旨，即赴新任，所遗乌鲁木齐都统员缺著晋昌补授，坝在乌鲁木齐审查案件著交松筠一手审办，结案后即赴伊犁接印任事，以便晋昌交代启程，晋昌未到任之前，乌鲁木齐都统著刘芬兼署。钦此。

第十八册　P329

附注：考异二一　晋昌调离、伊冲阿任职日
　　　考订三五　晋昌未到任

（刘芬）

实录

嘉庆十九年二月丙辰又谕，"本日署乌鲁木齐都统刘芬奏，审办客氏罗生云妒奸二命一案，折内将奸妇卜罗叙称'达妇'，殊属粗率。'达妇'二字，从未载入爰书，刘芬不学无术，著交部察议，并通谕内外问刑衙门，永不准用此等字"。

仁宗实录四　卷二八五　P901

满档

嘉庆十九年闰二月十六日新授乌鲁木齐都统伊冲阿奏接任乌鲁木齐都统日期折

伊冲阿闰二月初九日到乌鲁木齐，署理都统刘芬派人把都统印交给伊冲阿。十二日接到大学士松筠送文内降旨：松筠奏文内新补授的乌鲁木齐都统伊冲阿病未愈，命其返京，他的官缺由高杞补授，高杞到达之前由刘芬署理。伊冲阿把乌鲁木齐都统印交给刘芬，十六日启程回京。

嘉庆十九年闰二月十六日具奏
3844-025　184-2092

附注：考订三六　刘芬卸署、伊冲阿接印日；伊冲阿因病召京、刘芬再次命署以及伊冲阿交印、刘芬接署日

宗室伊冲阿

清史稿·表

嘉庆十八年癸酉，代。

嘉庆十九年甲戌，二月丙午，病免。

清史稿校注

嘉庆十八年癸酉，代。校：案清史稿疆臣年表七、清国史仁宗本纪、仁宗实录，是年七月二十日甲申，缘兴奎被废员恒杰呈词控告诸款，命即来京候旨；同日，长龄自河南巡抚调乌鲁木齐都统。又案仁宗实录，是年十二月二十四日丁巳，谕晋昌自乌鲁木齐都统调盛京将军，伊冲阿自塔尔

巴哈台参赞大臣调乌鲁木齐都统；至翌年二月初三日乙未，复重申前谕。

嘉庆十九年甲戌，二月丙午，病免。

章表

嘉庆十九年 甲戌（1814）二月命十二月病解 （刘芬）

魏表

嘉庆十八年十二月廿四日（1814，1，15）任

嘉庆十九年二月十四日（1814，3，5） 因病回京（刘芬署）

备：离职根据嘉庆十九年二月份上谕档，页00191

实录

嘉庆十九年二月乙未"以乌鲁木齐都统晋昌为盛京将军，塔尔巴哈台参赞大臣伊冲阿为乌鲁木齐都统"。

仁宗实录（四）卷二八四 P878

满档

嘉庆十八年十二月二十七日塔尔巴哈台参赞大臣伊冲阿奏调补乌鲁木齐都统而谢恩折：最近军机处来文内嘉庆十八年十一月二十四日降旨，补授晋昌为盛京将军，乌鲁木齐都统之缺由伊冲阿补授，塔尔巴哈台参赞大臣之缺由松福补授，松福之缺调伊犁总管德勒津布为塔尔巴哈台领队大臣，赏副都统衔。

嘉庆十九年正月二十三日朱批
嘉庆十八年十二月二十七日具奏
3840-056 184-1213

嘉庆十八年十二月二十七日乌鲁木齐都统晋昌奏奉旨调补盛京将军而谢恩折：最近军机处来文内降旨，晋昌补授盛京将军，臣乌鲁木齐都统由伊冲阿补授。

嘉庆十九年正月二十四日朱批
嘉庆十八年十二月二十七日具奏
3840-058 184—1221

嘉庆十九年闰二月十六日新授乌鲁木齐都统伊冲阿奏接任乌鲁木齐都统日期折

伊冲阿闰二月初九日到乌鲁木齐，署理都统刘芬派人把都统印交给伊冲阿。十二日接到大学士松筠送文内降旨：松筠奏文内新补授的乌鲁木齐都统伊冲阿病未愈，命其返京，他的官缺由高杞补授，高杞到达之前由刘芬署理。伊冲阿把乌鲁木齐都统印交给刘芬，十六日启程回京。

嘉庆十九年闰二月十六日具奏

3844-025　184-2092

附注：考异二一　晋昌调离、伊冲阿任职日

考订三六　刘芬卸署、伊冲阿接印日；伊冲阿因病召京、刘芬再次命署以及伊冲阿交印、刘芬接署日

（刘芬）

章表

嘉庆十九年 甲戌（1814）伊冲阿十二月病解（刘芬）

魏表

嘉庆十九年二月十四日（1814，3，5）伊冲阿因病回京（刘芬署）

满档

嘉庆十九年闰二月十六日新授乌鲁木齐都统伊冲阿奏接任乌鲁木齐都统日期折

伊冲阿闰二月初九日到乌鲁木齐，署理都统刘芬派人把都统印交给伊冲阿，十二日接到大学士松筠送文内降旨：松筠奏文内新补授的乌鲁木齐都统伊冲阿病未愈，命其返京，他的官缺由高杞补授，高杞到达之前由刘芬署理。伊冲阿把乌鲁木齐都统印交给刘芬，十六日启程回京。

嘉庆十九年闰二月十六日具奏

3844-025　184-2092

嘉庆二十年二月初三日署乌鲁木齐都统刘芬奏将乌鲁木齐都统印移交高杞折

高杞二月初三日到乌鲁木齐，臣把都统印交给他。

嘉庆二十年三月初二日朱批
嘉庆二十年二月初二日具奏
3859-017　185-2191

嘉庆二十年二月初九日乌鲁木齐都统高杞奏接任日期折

臣二月初三日到乌鲁木齐，刘芬把都统印交给臣。

嘉庆二十年三月初二日朱批
嘉庆二十年二月初二日具奏
3859-008　185-2158

附注：考订三六　刘芬卸署、伊冲阿接印日期及伊冲阿因病召京、刘芬命署和伊冲阿交印、刘芬接署日

考订三七　刘芬卸署交印于高杞日

高　杞

清史稿·表

嘉庆十九年甲戌，乌鲁木齐都统。（刘芬）署。

嘉庆二十二年丁丑，二月乙丑迁。

嘉庆二十二年丁丑，四月壬辰，革。（庆祥）代。

章表

嘉庆十九年　甲戌（1814）十二月命

嘉庆二十二年　丁丑（1817）二月调四月革　　（刘芬）

魏表

嘉庆十九年二月十四日（1814，3，5）　　　调

嘉庆廿二年四月十九日（1817，6，3）　　　　缘事革职
备：以署陕甘总督任内有失

实录

嘉庆十九年二月丙午"调热河都统高杞为乌鲁木齐都统，以前任盛京将军和宁为热河都统"。

仁宗实录（四）卷二八五　P890

嘉庆二十二年四月壬辰"前署陕甘总督高杞率准沈仁澍领运仓粮，黄方承领运脚，署藩司德克精阿私发库银数万余两，并不查究，实属溺职，高杞著即革职。余依议"。

仁宗实录（五）卷三二九　P335

东华录

嘉庆二十二年四月壬辰"前署陕甘总督高杞率准沈仁澍领运仓粮，黄方承领运脚，署藩司德克精阿私发库银数万余两，并不查究，实属溺职，高杞著即革职。余依议。"

十二朝东华录　嘉庆朝（二）　卷十三　P440

满档

嘉庆十九年闰二月十六日新授乌鲁木齐都统伊冲阿奏接任乌鲁木齐都统日期折

伊冲阿闰二月初九日到乌鲁木齐，署理都统刘芬派人把都统印交给伊冲阿。十二日接到大学士松筠送文内降旨：松筠奏文内新补授的乌鲁木齐都统伊冲阿病未愈，命其返京，他的官缺由高杞补授，高杞到达之前由刘芬署理。伊冲阿把乌鲁木齐都统印交给刘芬，十六日启程回京。

嘉庆十九年闰二月十六日具奏
3844-025　184-2092

嘉庆二十年二月初三日署乌鲁木齐都统刘芬奏将乌鲁木齐都统印移交高杞折

高杞二月初三日到乌鲁木齐，臣把都统印交给他。

嘉庆二十年三月初二日朱批
嘉庆二十年二月初二日具奏
3859-017　185-2191

嘉庆二十年二月初九日乌鲁木齐都统高杞奏接任日期折

臣二月初三日到乌鲁木齐，刘芬把都统印交给臣。

嘉庆二十年三月初二日朱批
嘉庆二十年二月初二日具奏
3859-008　185-2158

清史列传

高杞，高佳氏，满洲镶黄旗人。

卷三十三　P14

附注：考订三七　刘芬卸署交印于高杞日

（刘芬）

清史稿·表

嘉庆二十二年丁丑，兼署乌鲁木齐都统。

章表

嘉庆二十二年 丁丑（1817）高杞二月调四月革（刘芬）

满档

嘉庆二十二年八月二十二日署乌鲁木齐都统刘芬奏报卸任日期折

庆祥八月十六日到乌鲁木齐，臣刘芬派人把都统印交给他。

嘉庆二十二年九月十七日朱批
嘉庆二十二年八月二十二日具奏
3897-003　188-1245

嘉庆二十二年八月二十二日乌鲁木齐都统庆祥奏报接任谢恩折

臣庆祥八月十六日到乌鲁木齐，刘芬派人把都统印交给我。

嘉庆二十二年九月十七日朱批
嘉庆二十二年八月二十二日具奏
3897-002　188-1241

附注：考订三八　刘芬卸署、庆祥接印日

庆　祥

清史稿·表

嘉庆二十二年丁丑，（高杞四月壬辰革）代。

嘉庆二十四年己卯，十一月丙戌迁。

清史稿校注

嘉庆二十二年丁丑，（高杞四月壬辰革）代。

嘉庆二十四年己卯，十一月丙戌迁。校：案清国史仁宗本纪、仁宗实录，庆祥自乌鲁木齐都统调伊犁参赞大臣，以前任塔尔巴哈台参赞大臣贡楚克扎布为乌鲁木齐都统在十一月三十日戊子。

章表

嘉庆二十二年　丁丑（1817）四月命

嘉庆二十四年　己卯（1819）十一月降伊犁参赞大臣

魏表

嘉庆廿二年四月十九日（1817，6，3）　　　　调

嘉庆廿四年十一月卅日（1820，1，15）　　　调伊犁参赞大臣

实录

嘉庆二十二年四月壬辰"调热河都统庆祥为乌鲁木齐都统"。

仁宗实录（五）卷三二九　P336

嘉庆二十四年十一月戊子"以乌鲁木齐都统庆祥为伊犁参赞大臣，前任塔尔巴哈台参赞大臣贡楚克扎布为乌鲁木齐都统"。

仁宗实录（五）卷三六四　P819

嘉庆朝起居注

嘉庆二十二年四月十九日壬辰奉谕旨，乌鲁木齐都统员缺著庆祥调补，其所遗热河都统员缺著庆溥补授。

第十九册　P158

嘉庆二十四年十一月三十日戊子奉谕旨，庆祥著补授伊犁参赞大臣，随同将军晋昌学习办事，伊所出乌鲁木齐都统员缺著贡楚克扎布补授，庆祥、贡楚克扎布接奉此旨即各赴新任。

第二十一册　P514

满档

嘉庆二十二年八月二十二日署乌鲁木齐都统刘芬奏报卸任日期折

庆祥八月十六日到乌鲁木齐，臣刘芬派人把都统印交给他。

嘉庆二十二年九月十七日朱批
嘉庆二十二年八月二十二日具奏
3897-003　188-1245

嘉庆二十二年八月二十二日乌鲁木齐都统庆祥奏报接任谢恩折

臣庆祥八月十六日到乌鲁木齐，刘芬派人把都统印交给我。

嘉庆二十二年九月十七日朱批
嘉庆二十二年八月二十二日具奏
3897-002　188-1241

嘉庆二十四年十二月二十七日乌鲁木齐都统庆祥奏调补伊犁参赞大臣缺谢恩折

十二月二十二日接到嘉庆二十四年十一月三十日降旨，庆祥授为伊犁参赞大臣随将军晋昌办理事务，其乌鲁木齐都统员缺由贡楚克扎布接任。

嘉庆二十五年正月二十一日朱批

嘉庆二十四年十二月二十七日具奏

3935-020　190-3023

嘉庆二十五年二月二十八日乌鲁木齐都统庆祥奏报调任伊犁参赞大臣缺任折

贡楚克扎布二月二十五日到乌鲁木齐，臣庆祥派人把都统印交给他。

嘉庆二十五年三月二十四日朱批

嘉庆二十五年二月二十八日具奏

3937-037　190-3515

嘉庆二十五年二月二十八日乌鲁木齐都统贡楚克扎布奏接任谢恩折

臣贡楚克扎布二月二十五日到乌鲁木齐，庆祥派人把都统印交给我。

嘉庆二十五年三月二十四日朱批

嘉庆二十五年二月二十八日具奏

3937-038　190-3519

清史稿·列传

庆祥，图博特氏，蒙古正白旗人，大学士保宁子。授蓝翎侍卫。十八年，率京营兵从那彦成剿滑县教匪，凯旋，擢正黄旗汉军都统，历热河、乌鲁木齐都统。二十五年，授伊犁将军。

清史稿卷三百六十八　列传一百五十五　P11482~11483

附注：考异二二　庆祥降职

考订三八　刘芬卸署、庆祥接印日

考订三九　庆祥交印、贡楚克扎布接印日

贡楚克扎布

清史稿·表

嘉庆二十四年己卯,乌鲁木齐都统。

嘉庆二十五年庚辰,十月戊寅,回京。

清史稿校注

嘉庆二十四年己卯,乌鲁木齐都统。校:案清国史仁宗本纪、仁宗实录,庆祥自乌鲁木齐都统调伊犁参赞大臣,以前任塔尔巴哈台参赞大臣贡楚克扎布为乌鲁木齐都统在十一月三十日戊子。

嘉庆二十五年庚辰,十月戊寅,回京。校:案清史稿本纪十七宣宗一、清国史宣宗本纪、宣宗实录,命贡楚克扎布来京,德英阿自调乌鲁木齐都统在十月二十五日戊申。

章表

嘉庆二十四年 己卯(1819)十一月命

嘉庆二十五年 庚辰(1820)十月召

魏表

嘉庆廿四年十一月卅日(1820,1,15)　　　任

嘉庆廿五年十月廿五日(1820,11,30)　　命回京

实录

嘉庆二十四年十一月戊子"以乌鲁木齐都统庆祥为伊犁参赞大臣,前任塔尔巴哈台参赞大臣贡楚克扎布为乌鲁木齐都统"。

仁宗实录(五)卷三六四　P819

嘉庆二十五年十月戊申"命乌鲁木齐都统贡楚克扎布来京,以成都将军德英阿为乌鲁木齐都统"。

宣宗实录(一)卷七　P164

嘉庆朝起居注

嘉庆二十四年十一月三十日戊子奉谕旨，庆祥著补授伊犁参赞大臣，随同将军晋昌学习办事，伊所出乌鲁木齐都统员缺著贡楚克扎布补授，庆祥、贡楚克扎布接奉此旨即各赴新任。

第二十一册　P514

嘉庆二十五年十月二十五日戊申奉谕旨，贡楚克扎布在新疆多年且亦年老，著施恩令其回京，另侯简用，所遗乌鲁木齐都统员缺著德英阿补授。

第二十二册　P442

满档

嘉庆二十四年十二月二十七日乌鲁木齐都统庆祥奏调补伊犁参赞大臣缺谢恩折

十二月二十二日接到嘉庆二十四年十一月三十日降旨，庆祥授为伊犁参赞大臣随将军晋昌办理事务，其乌鲁木齐都统员缺由贡楚克扎布接任。

嘉庆二十五年正月二十一日朱批
嘉庆二十四年十二月二十七日具奏
3935-020　190-3023

嘉庆二十五年二月二十八日乌鲁木齐都统庆祥奏报调任伊犁参赞大臣缺任折

贡楚克扎布二月二十五日到乌鲁木齐，臣庆祥派人把都统印交给他。

嘉庆二十五年三月二十四日朱批
嘉庆二十五年二月二十八日具奏
3937-037　190-3515

嘉庆二十五年二月二十八日乌鲁木齐都统贡楚克扎布奏接任谢恩折

臣贡楚克扎布二月二十五日到乌鲁木齐，庆祥派人把都统印交给臣。

嘉庆二十五年三月二十四日朱批

嘉庆二十五年二月二十八日具奏

3937-038　190-3519

嘉庆二十五年十二月初二日乌鲁木齐都统贡楚克扎布奏卸任回京行差谢恩折

最近接到兵部来文内嘉庆二十五年十月二十五日降旨，贡楚克扎布在新疆年久且年老，令其返京。乌鲁木齐都统由德英阿补授，德英阿成都将军缺由尼玛善补授。

嘉庆二十五年十二月二十七日朱批

嘉庆二十五年十二月初二日具奏

3951-018　191-2844

道光元年十二月十五日乌鲁木齐都统贡楚克扎布奏报卸任回京折

德英阿十二月初八日到乌鲁木齐，臣派人把都统印交给他后，本月十五日从乌鲁木齐前往京城。

道光二年正月十一日朱批

道光元年十二月十五日具奏

3967-047　192-2500

道光元年十二月十七日新授乌鲁木齐都统德英阿奏遵旨赴任折

臣十二月初八日到乌鲁木齐，贡楚克扎布派人把都统印交给臣后，本月十五日从乌鲁木齐前往京城。

道光元年十二月十七日具奏

3967-045　192-2493

附注：考异二三　贡楚克扎布召京日

考订三九　庆祥交印、贡楚克扎布接印日

考订四〇　贡楚克扎布交印、德英阿接印日

德英阿

清史稿·表

嘉庆二十五年庚辰，乌鲁木齐都统。

道光二年壬午。

清史稿校注

嘉庆二十五年庚辰，乌鲁木齐都统。校：案清史稿本纪十七宣宗一、清国史宣宗本纪、宣宗实录，命贡楚克扎布来京，德英阿自调乌鲁木齐都统在十月二十五日戊申，又案历法，是年十月无"戊寅"。此"戊寅"当作"戊申"。

道光二年壬午。校：案清史稿本纪十七宣宗一、宣宗实录，是年六月二十七日己巳，德英阿自乌鲁木齐都统调黑龙江将军。

章表

嘉庆二十五年 庚辰（1820）十月命

道光二年 壬午（1822）六月调黑龙江将军

魏表

嘉庆廿五年十月廿五日（1820，11，30）	任
道光二年六月廿七日（1822，8，13）	调黑龙江将军

实录

嘉庆二十五年十月戊申"命乌鲁木齐都统贡楚克扎布来京，以成都将军德英阿为乌鲁木齐都统"。

宣宗实录（一）卷七　P164

道光二年壬午六月二十七日己巳（1822.7.20）："调黑龙江将军松筠为吉林将军，以乌鲁木齐都统德英阿为黑龙江将军"。

宣宗实录（一）卷三十七　P669

道光二年六月己巳"以乌鲁木齐都统德英阿为黑龙江将军，正红旗汉军副都统英惠为乌鲁木齐都统"。

宣宗实录（一）卷三七　P669

嘉庆朝起居注

嘉庆二十五年十月二十五日戊申奉谕旨，贡楚克扎布在新疆多年且亦年老，著施恩令其回京，另候简用，所遗乌鲁木齐都统员缺著德英阿补授。

第二十二册　P442

满档

嘉庆二十五年十一月二十日成都将军德英阿奏调补乌鲁木齐都统谢恩折

最近接到兵部来文内，嘉庆二十五年十月二十五日降旨，乌鲁木齐都统缺补授德英阿，德英阿之缺补授尼玛善为成都将军。

嘉庆二十五年十二月十五日朱批
嘉庆二十五年十一月二十日具奏
3950-015　191-2640

嘉庆二十五年十二月初二日乌鲁木齐都统贡楚克扎布奏卸任回京行差谢恩折

最近接到兵部来文内嘉庆二十五年十月二十五日降旨，贡楚克扎布在新疆年久且年老，令其返京。乌鲁木齐都统由德英阿补授，德英阿成都将军缺由尼玛善补授。

嘉庆二十五年十二月二十七日朱批
嘉庆二十五年十二月初二日具奏
3951-018　191-2844

道光元年十二月十五日乌鲁木齐都统贡楚克扎布奏报卸任回京折

德英阿十二月初八日到乌鲁木齐，臣派人把都统印交给他后，本月十五日从乌鲁木齐前往京城。

道光二年正月十一日朱批
道光元年十二月十五日具奏
3967-047　192-2500

道光元年十二月十七日新授乌鲁木齐都统德英阿奏遵旨赴任折

臣十二月初八日到乌鲁木齐。贡楚克扎布派人把都统印交给臣后,于本月十五日从乌鲁木齐前往京城。

道光元年十二月十七日具奏
3967-045　192-2493

道光元年十二月十七日新授乌鲁木齐都统德英阿奏遵旨赴任折

臣十二月初八日到乌鲁木齐,贡楚克扎布派人把都统印交给臣后,本月十五日从乌鲁木齐前往京城。

道光元年十二月十七日具奏
3967-045　192-2493

道光二年十月二十三日乌鲁木齐都统英惠奏报到任日期折

十月十七日英惠到乌鲁木齐,十八日德英阿派人把都统印交给臣。

道光二年十一月十七日朱批
道光二年十月二十三日具奏
3980-025　193-1670

附注:考订四〇　贡楚克扎布交印、德英阿接印日

考订四一　德英阿交印、英惠接印日

英　惠

清史稿·表

道光二年壬午,六月己巳,乌鲁木齐都统。

道光九年己丑，十一月丁巳召。

清史稿校注

道光二年壬午，六月己巳，乌鲁木齐都统。

道光九年己丑，十一月丁巳召。校：案清史稿本纪十七宣宗一、宣宗实录，是年十一月二十七日丁巳，合英惠来京。

章表

道光二年 壬午（1822）六月命

道光九年 己丑（1829）十一月召

魏表

道光二年六月廿七日	（1822，8，13）	任
道光五年十一月廿六日	（1826，1，4）	暂署伊犁将军
道光九年十一月廿七日	（1829，12，22）	命到京

实录

道光二年六月己巳"以乌鲁木齐都统德英阿为黑龙江将军，正红旗汉军副都统英惠为乌鲁木齐都统"。

宣宗实录（一）卷三七　P669

道光五年十一月己酉又谕，"现在永芹患病日久，若俟长龄到任后永祥再行前往未免稽迟，所有伊犁将军印务著英惠驰往暂行署理。其乌鲁木齐都统印务著达凌阿暂行兼署。该都统等奉到此旨，如探得长龄将次到境，即毋庸启程前往"。

宣宗实录（二）卷二九一　P479

道光九年十一月丁巳"命乌鲁木齐都统英惠来京，调热河都统成格为乌鲁木齐都统"。

宣宗实录（三）卷一六二　P517

满档

道光二年十月二十三日乌鲁木齐都统英惠奏报到任日期折

十月十七日英惠到乌鲁木齐，十八日德英阿派人把都统印交给臣。

道光二年十一月十七日朱批

道光二年十月二十三日具奏

3980-025　193-1670

道光六年正月初三日伊犁将军庆祥奏将伊犁将军印务移交英惠后启程赴喀什噶尔折：英惠正月初二日到伊犁，这一天庆祥派人把将军印交给他。

道光六年二月初四日朱批

道光六年正月初三日具奏

4029-048　196-1647

道光十年正月二十六日乌鲁木齐都统英惠奏奉旨回京当差谢恩折

正月十九日接到户部来文内，道光九年十一月二十七日内阁抄出降旨内，令英惠返京等候另派，乌鲁木齐都统缺调补成格接任。

道光十年二月二十二日朱批

道光十年正月二十六日

4085-029　200-1166

道光十年闰四月二十三日乌鲁木齐都统成格奏接任谢恩折

臣闰四月二十一日到乌鲁木齐，英惠派人把都统印交给臣后，二十三日回京。

道光十年闰四月二十三日具奏

4089-008　200-2019

道光十年闰四月二十三日乌鲁木齐都统英惠奏卸任回京折

成格闰四月二十一日到乌鲁木齐，臣派人把都统印交给他后，二十三日回京。

道光十年五月二十一日朱批

道光十年闰四月二十三日具奏

4089-010　200-2025

附注：考订四一　德英阿交印、英惠接印日
　　　考订四二　英惠交印、成格接印日

［达凌阿］

魏表

道光五年十一月廿六日（1826，1，4）　　暂兼署

实录

道光五年十一月己酉又谕，"现在永芹患病日久，若俟长龄到任后永祥再行前往未免稽迟，所有伊犁将军印务著英惠驰往暂行署理。其乌鲁木齐都统印务著达凌阿暂行兼署。该都统等奉到此旨，如探得长龄将次到境，即毋庸启程前往"。

宣宗实录（二）卷二九一　P479

成　格

清史稿·表

道光九年己丑，乌鲁木齐都统。
道光十四年甲午，三月庚午迁。

章表

道光九年 己丑（1829）十一月命
道光十四年 甲午（1834）三月调刑部尚书

魏表

道光九年十一月廿七日（1829，12，22）　　调
道光十四年三月五日（1834，4，13）　　调刑部尚书
备：十年闰四月廿一日接任

实录

道光九年十一月丁巳"命乌鲁木齐都统英惠来京，调热河都统成格为乌鲁木齐都统"。

宣宗实录（三）卷一六二　P517

道光十四年三月庚午"以乌鲁木齐都统成格为刑部尚书兼正黄旗汉军都统，以叶尔羌参赞大臣长清为乌鲁木齐都统"。

宣宗实录（四）卷二五〇　P770-771

东华录

道光十四年三月庚午"明山病免，以成格为刑部尚书。由乌鲁木齐都统迁"。

十二朝东华录　道光朝（二）　卷八　P260

满档

道光九年十二月初五日热河都统成格奏谢调任乌鲁木齐都统折

十二月初四日接到小抄内降旨内，调补臣成格任乌鲁木齐都统。

道光九年十二月初九日朱批

道光九年十二月初五日具奏

4083-014　200-0617

道光十年正月二十六日乌鲁木齐都统英惠奏奉旨回京当差谢恩折

正月十九日接到户部来文内，道光九年十一月二十七日内阁抄出降旨内，令英惠返京等候另派，乌鲁木齐都统缺调补成格接任。

道光十年二月二十二日朱批

道光十年正月二十六日

4085-029　200-1166

道光十年闰四月二十三日乌鲁木齐都统成格奏接任谢恩折

臣闻四月二十一日到乌鲁木齐，英惠派人把都统印交给臣后，二十三日回京。

道光十年闰四月二十三日具奏
4089-008　200-2019

道光十年闰四月二十三日乌鲁木齐都统英惠奏卸任回京折

成格闰四月二十一日到乌鲁木齐，臣派人把都统印交给他后，二十三日回京。

道光十年五月二十一日朱批
道光十年闰四月二十三日具奏
4089-010　200-2025

道光十四年六月二十日乌鲁木齐都统成格奏报卸任回京日期折

长清六月十七日到乌鲁木齐，臣派人将都统印交给长清后，本月二十日启程回京。

道光十四年七月十六日朱批
道光十四年六月二十日具奏
4141-042　204-0846

道光十四年六月二十一日乌鲁木齐都统长清奏接任并谢恩折

臣六月十七日到乌鲁木齐，成格派人将都统印交给臣后，本月二十日启程回京。

道光十四年六月二十一日具奏
4141-038　204-0826

附注：考订四二　英惠交印、成格接印日
　　　考订四三　成格交印、长清接印日

长 清

清史稿·表

道光十四年甲午，乌鲁木齐都统。

道光十五年乙未，十月己卯召。

清史稿校注

道光十四年甲午，乌鲁木齐都统。

道光十五年乙未，十月己卯召。校：案宣宗实录，是年十月二十四日乙卯，命长清来京。

章表

道光十四年 甲午（1834）三月命

道光十五年 乙未（1835）十月召

长清 钮祜禄氏。满镶红。道五，阿克苏。道十二，叶尔羌。道十四，乌都。福将。道十七，卒。谥勤毅。

魏表

道光十四年三月五日（1834，4，13）　　　任

道光十五年十月廿四日（1835，12，13）　　命到京

长清（—1837）钮祜禄氏，特成额子，满镶红，阴生，道五、十二，阿克苏办，六、七，调，九月再任，十二、十，叶尔羌参，十四、三，乌都，十五、十，回京，十二月福将，十七、三，卒，谥勤毅。（清史列传页1267、国朝耆献类征初编卷三二一页3~11）

实录

道光十四年三月庚午"以乌鲁木齐都统成格为刑部尚书兼正黄旗汉军都统，以叶尔羌参赞大臣长清为乌鲁木齐都统"。

宣宗实录（四）　卷二五〇　P770~771

道光十五年十月己卯"以乌鲁木齐都统长清署镶蓝旗汉军都统,未到京前,仍以刑部尚书成格署理。命乌鲁木齐都统长清……来京,以盛京刑部侍郎富呢扬阿为乌鲁木齐都统"。

宣宗实录（五） 卷二七三 P213

满档

道光十四年六月二十日乌鲁木齐都统成格奏报卸任回京日期折

长清六月十七日到乌鲁木齐,臣派人将都统印交给长清后,本月二十日启程回京。

道光十四年七月十六日朱批
道光十四年六月二十日具奏
4141-042 204-0846

道光十四年六月二十一日乌鲁木齐都统长清奏接任并谢恩折

臣六月十七日到乌鲁木齐,成格派人将都统印交给臣后,本月二十日启程回京。

道光十四年六月二十一日具奏
4141-038 204-0826

道光十五年十一月二十六日科布多参赞大臣富呢扬阿奏谢授乌鲁木齐都统折

道光十五年十一月二十一日接到兵部来文内,今年十月二十四日降旨,长清在新疆已三年多,令其回京当差,长清的乌鲁木齐都统之缺补授富呢扬阿,长清等富呢扬阿到后再回京。

道光十五年十二月十三日朱批
道光十五年十一月二十六日具奏
4160-041 205-2103

道光十五年十二月初三日乌鲁木齐都统长清奏奉旨准回京城署理镶蓝旗汉军都统谢恩折

十一月二十七日接到兵部来文内，道光十五年十二月二十四日降旨，特依顺保管辖的镶蓝汉军旗都统事务由长清署理，长清回京之前所属旗的都统事务仍由成额署理。十二月初一日接到兵部来文内，道光十五年十月二十四日内阁抄出这一天降旨内长清在新疆已三年多，令其回京当差，长清的乌鲁木齐都统之缺补授富呢扬阿，长清等富呢扬阿到后再回京。

道光十五年十二月三十日朱批
道光十五年十二月初三日具奏
4161-026　205-2248

道光十六年正月二十日乌鲁木齐都统长清奏报卸任回京日期折

正月十五日富呢扬阿到乌鲁木齐，长清派人将印交给臣。

道光十六年二月十六日朱批
道光十六年正月二十日具奏
4163-026　205-2732

清史稿·列传

长清，钮祜禄氏，满洲镶红旗人，内大臣策楞孙，副都统特成额子也。（道光）十二年，加提督衔，充叶尔羌办事大臣，驭夷开屯，措施并称职。十四年，授乌鲁木齐都统。逾年，召回京。寻授福州将军，加太子太保。

清史稿卷三百六十八　列传一百五十五　P11879~11841

附注：考订四三　成格交印、长清接印日
　　　考订四四　长清交印、富呢扬阿接印日

富呢扬阿

清史稿·表

道光十五年乙未，乌鲁木齐都统。

道光十六年丙申，九月壬辰迁。

清史稿校注

道光十五年乙未，乌鲁木齐都统。校：案宣宗实录，是年十月二十四日乙卯，命长清来京。又案道光朝东华录，"富呢扬阿"作"富尼扬阿"。此为同音异译。不赘述。

道光十六年丙申，九月壬辰迁。

章表

道光十五年 乙未（1835）十月命

道光十六年 丙申（1836）九月调

魏表

道光十五年十月廿四日（1835，12，13）　　　任

道光十六年九月十二日（1836，10，21）　　　调陕抚

实录

道光十五年十月己卯"命乌鲁木齐都统长清……来京，以盛京刑部侍郎富呢扬阿为乌鲁木齐都统"。

宣宗实录（五）　卷二七三　P213

道光十六年九月壬辰"以乌鲁木齐都统富呢扬阿为陕西巡抚，泰宁镇总兵官廉敬为乌鲁木齐都统"。

宣宗实录（五）　卷二八八　P450

东华录

道光十五年十月己卯"以富呢扬阿为乌鲁木齐都统，调鄂顺安为刑部侍郎"。

十二朝东华录　道光朝（二）　卷八　P277

道光十六年九月壬辰"以富呢扬阿为陕西巡抚，由乌鲁木齐都统迁"。

十二朝东华录　道光朝（二）　卷八　P285

满档

道光十五年十一月二十六日科布多参赞大臣富呢扬阿奏谢授乌鲁木齐都统折

道光十五年十一月二十一日接到兵部来文内，今年十月二十四日降旨，长清在新疆已三年多，令其回京当差，长清的乌鲁木齐都统之缺补授富呢扬阿，长清等富呢扬阿到后再回京。

道光十五年十二月十三日朱批

道光十五年十一月二十六日具奏

4160-041 205-2103

道光十五年十二月初三日乌鲁木齐都统长清奏奉旨准回京城署理镶蓝旗汉军都统谢恩折

十一月二十七日接到兵部来文内，道光十五年十二月二十四日降旨，特依顺保管辖的镶蓝旗汉军旗都统事务由长清署理，长清回京之前所属旗的都统事务仍由成额署理。十二月初一日又接到兵部来文内，道光十五年，十月二十四日内阁抄出这一天降旨内长清在新疆已三年多，令其回京当差，长清的乌鲁木齐都统之缺补授富呢扬阿，长清等富呢扬阿到后再回京。

道光十五年十二月三十日朱批

道光十五年十二月初三日具奏

4161-026 205-2248

道光十六年正月二十日乌鲁木齐都统富呢扬阿奏接任并谢恩折

正月十五日富呢扬阿到乌鲁木齐，长清派人将印交给臣。

道光十六年二月十六日朱批

道光十六年正月二十日具奏

4163-025 205-2728

道光十六年十月二十日署乌鲁木齐都统中福奏接署印务谢恩折

最近新补授的陕西巡抚富呢扬阿的传文内降旨,陕西巡抚之缺补授富呢扬阿,乌鲁木齐都统之缺补授廉敬,乌鲁木齐都统暂由中福兼署。

道光十六年十一月十六日朱批

道光十六年十月二十日具奏

4172-020　206-1693

嘉庆道光两朝上谕档

道光十六年九月十二日内阁奉上谕:陕西巡抚著富呢扬阿补授,乌鲁木齐都统著廉敬补授……富呢扬阿接奉谕旨即赴新任,毋庸来京请训,所有乌鲁木齐都统印务著中福暂行兼署。钦此。

第四十一册　P386

附注:考订四四　长清交印、富呢扬阿接印日

(中福)

满档

道光十六年十月二十日署乌鲁木齐都统中福奏接署印务谢恩折

最近新补授的陕西巡抚富呢扬阿的传文内降旨,陕西巡抚之缺补授富呢扬阿,乌鲁木齐都统之缺补授廉敬,乌鲁木齐都统暂由中福兼署。(此件内容档案本身或翻译有缺漏,待进一步查证)

道光十六年十一月十六日朱批

道光十六年十月二十日具奏

4172-020　206-1693

道光十七年五月初四日乌鲁木齐都统廉敬奏接任并谢恩折

五月初一日臣到乌鲁木齐,中福派人把都统印交给臣。

道光十七年六月初一日朱批

道光十七年五月初四日具奏

4177-031　206-3325

道光十七年五月初四日署乌鲁木齐都统中福奏报交卸印务日期折

五月初一日廉敬到乌鲁木齐，臣派人把都统印交给他。

道光十七年六月初一日朱批
道光十七年五月初四日具奏
4177-032 206-3329

道光十八年四月十一日乌鲁木齐都统廉敬奏报接任谢恩折

三月二十八日臣到乌鲁木齐，中福派人将都统印交给臣。

道光十八年闰四月初九日朱批
道光十八年四月十一日具奏
4186-056 207-2489

道光十八年四月十一日署乌鲁木齐都统中福奏报卸任日期折

三月二十八日廉敬到乌鲁木齐，臣派人将都统印交给他。

道光十八年四月十一日具奏
4186-057 207-2496

嘉庆道光两朝上谕档

道光十六年九月十二日内阁奉上谕："陕西巡抚著富呢扬阿补授，乌鲁木齐都统著廉敬补授……富呢扬阿接奉谕旨即赴新任，毋庸来京请训，所有乌鲁木齐都统印务著中福暂行兼署。钦此。"

第四十一册　P386

附注：考订四五　中福署任及中福命署、接署、卸署和廉敬接印日
　　　考订四六　中福卸署、廉敬回任接印日

廉敬

清史稿·表

道光十六年丙申，乌鲁木齐都统。

道光十九年己亥。

清史稿校注

道光十六年丙申，乌鲁木齐都统。

道光十九年己亥。校：案清史稿本纪十八宣宗二、清国史宣宗本纪、宣宗实录，是年三月十九日乙卯，廉敬自乌鲁木齐都统调成都将军，惠吉自热河都统调乌鲁木齐都统。

章表

道光十六年 丙申（1836）九月命

道光十九年 己亥（1839）三月调成都将军

魏表

道光十六年九月十二日（1836,10,21）　　　任

道光十九年三月十九日（1839,5,2）　　　调成都将军

实录

道光十六年九月壬辰"以乌鲁木齐都统富呢扬阿为陕西巡抚，泰宁镇总兵官廉敬为乌鲁木齐都统"。

宣宗实录（五）　卷二八八　P450

道光十九年三月乙卯"以乌鲁木齐都统廉敬为成都将军，调热河都统惠吉为乌鲁木齐都统"。

宣宗实录（五）　卷三二〇　P1016

满档

道光十六年九月二十日泰宁镇总兵廉敬奏奉旨谢授乌鲁木齐都统折

九月十九日接到京城文内赐恩廉敬补授为乌鲁木齐都统。

道光十六年九月二十四日朱批

道光十六年九月二十日具奏

4170-020　206-1099

道光十六年十月二十日署乌鲁木齐都统中福奏接署印务谢恩折

最近新补授的陕西巡抚富呢扬阿的传文内降旨，陕西巡抚之缺补授富呢扬阿，乌鲁木齐都统之缺补授廉敬，乌鲁木齐都统暂由中福兼署。

道光十六年十一月十六日朱批
道光十六年十月二十日具奏
4172-020　206-1693

道光十七年五月初四日乌鲁木齐都统廉敬奏接任并谢恩折
五月初一日臣到乌鲁木齐，中福派人把都统印交给臣。

道光十七年六月初一日朱批
道光十七年五月初四日具奏
4177-031　206-3325

道光十七年五月初四日署乌鲁木齐都统中福奏报交卸印务日期折
五月初一日廉敬到乌鲁木齐，臣派人把都统印交给他。

道光十七年六月初一日朱批
道光十七年五月初四日具奏
4177-032　206-3329

道光十八年四月十一日乌鲁木齐都统廉敬奏报接任谢恩折
三月二十八日臣到乌鲁木齐，中福派人将都统印交给臣。

道光十八年闰四月初九日朱批
道光十八年四月十一日具奏
4186-056　207-2489

道光十八年四月十一日署乌鲁木齐都统中福奏报卸任日期折
三月二十八日廉敬到乌鲁木齐，臣派人将都统印交给他。

道光十八年四月十一日具奏
4186-057　207-2496

道光十九年九月二十八日乌鲁木齐都统廉敬奏报卸任起赴新任折

惠吉九月二十五日到乌鲁木齐，二十六日臣派人将都统印交给他。

道光十九年十一月初二日朱批

道光十九年九月二十八日具奏

4203-031　209-0265

道光十九年十月初四日乌鲁木齐都统惠吉奏接任谢恩折

惠吉九月二十五日到乌鲁木齐，二十六日廉敬派人将都统印交给臣。

道光十九年十月初四日具奏

4203-032　209-0271

嘉庆道光两朝上谕档

道光十六年九月十二日内阁奉上谕："陕西巡抚著富呢扬阿补授，乌鲁木齐都统著廉敬补授……富呢扬阿接奉谕旨即赴新任，毋庸来京请训，所有乌鲁木齐都统印务著中福暂行兼署。钦此。"

第四十一册　P386

附注：考订四五　中福命署、接署、卸署和廉敬接印日

考订四六　中福卸署、廉敬回任接印日

考订四七　廉敬交印、惠吉接印日

惠　吉

清史稿·表

道光十九年己亥，三月十九日乙卯乌鲁木齐都统。

道光二十三年癸卯，四月甲戌，病免。

清史稿校注

道光十九年己亥，三月十九日乙卯乌鲁木齐都统。校：案清史稿本纪十八宣宗二、清国史宣宗本纪、宣宗实录，是年三月十九日乙卯，廉

敬自乌鲁木齐都统调成都将军，惠吉自热河都统调乌鲁木齐都统。

道光二十三年癸卯，四月甲戌，病免。

章表

道光十九年 己亥（1839）三月命

道光二十三年 癸卯（1843）四月病解

魏表

道光十九年三月十九日（1839，5，2）　　　调

道光廿三年四月一日（1843，4，30）　　　因病解任

备：九月廿六日接任

实录

道光十九年三月乙卯"以乌鲁木齐都统廉敬为成都将军，调热河都统惠吉为乌鲁木齐都统"。

宣宗实录（五）　卷三二〇　P1016

道光二十三年四月甲戌朔"乌鲁木齐都统惠吉因病解任，以兵部右侍郎惟勤为乌鲁木齐都统"。

宣宗实录（六）　卷三九一　P1019

满档

道光十九年四月初一日热河都统惠吉奏奉旨补放乌鲁木齐都统谢恩折

本月二十八日接到兵部来文内，今年三月十九日降旨，乌鲁木齐都统之缺调补惠吉。

道光十九年四月初六日朱批

道光十九年四月初一日具奏

4197-010　208-1977

道光十九年九月二十八日乌鲁木齐都统廉敬奏报卸任起赴新任折

惠吉九月二十五日到乌鲁木齐，二十六日臣派人将都统印交给他。

道光十九年十一月初二日朱批
道光十九年九月二十八日具奏
4203-031　209-0265

道光十九年十月初四日乌鲁木齐都统惠吉奏接任谢恩折

惠吉九月二十五日到乌鲁木齐，二十六日廉敬派人将都统印交给臣。

道光十九年十月初四日具奏
4203-032　209-0271

附注：考订四七　廉敬交印、惠吉接印日

（中福）

清史稿·表

道光二十三年癸卯，（惠吉四月甲戌病免，惟勤任）署。

道光二十三午癸卯，（惟勤十月丁未差）仍署。

道光二十九年己酉，六月庚寅迁。

清史稿校注

道光二十三年癸卯，（惠吉四月甲戌病免，惟勤任）署。

道光二十三年癸卯，（惟勤十月丁未差）仍署。校：案宣宗实录，惟勤奉令出差，乌鲁木齐都统仍著中福署理在十月初七日丙午。

道光二十九年己酉，六月庚寅迁。

章表

道光二十三年　癸卯（1843）四月署

满档

道光二十三年八月二十日署乌鲁木齐都统中福奏报交卸乌鲁木齐都统印务日期折

最近新任都统惟勤八月十三日到乌鲁木齐。中福派官将都统印交给他。

道光二十三年九月十九日朱批
道光二十三年八月二十日具奏
4252-026 212-1672

附注：考订四八　中福卸署、惟勤接印日

惟　勤

清史稿·表

道光二十三年癸卯，乌鲁木齐都统。（中福）署。

道光二十三年癸卯，十月丁未差。（中福）仍署。

章表

道光二十三年 癸卯（1843）四月命（中福四月署）

道光二十九年 己酉（1849）六月调热河都统

魏表

道光廿三年四月一日（1843，4，30）　　　　任

道光廿三年十月七日（1843，11，28）　　驰往伊犁审办事件

备：八月十三日接任

魏表

道光廿九年六月廿四日（1849，8，12）　　调热河都统

实录

道光二十三年四月甲戌朔"乌鲁木齐都统惠吉因病解任，以兵部右侍郎惟勤为乌鲁木齐都统"。

宣宗实录（六）　卷三九一　P1019

道光二十三年十月丙午谕"内阁，前据联顺奏参达明阿遣子行贿一

件……联顺著即解任，交布彦泰、惟勤、庆昌将达明阿、郭勒敏图及案内应讯人证一并迅速提至伊犁，秉公严讯……惟勤即驰驿前赴伊犁会同审办。乌鲁木齐都统著中福署理"。

宣宗实录（六） 卷三九八 P1126

道光二十九年六月庚寅"调热河都统毓书为乌鲁木齐都统，乌鲁木齐都统惟勤为热河都统"。

宣宗实录（七） 卷四六九 P907

东华录

道光二十三年四月甲戌朔"以惟勤为乌鲁木齐都统，调舒兴阿为兵部右侍郎"。

十二朝东华录 道光朝（二） 卷十一 P375

满档

道光二十三年四月二十二日兵部右侍郎惟勤奏补放乌鲁木齐都统请准其子随任折：四月初一日皇帝赐恩补授臣惟勤乌鲁木齐都统。

道光二十三年四月二十二日具奏
4247-038　212-0557

道光二十三年八月二十日署乌鲁木齐都统中福奏报交卸乌鲁木齐都统印务日期折

最近新任都统惟勤八月十三日到乌鲁木齐。臣派官将都统印交给他。

道光二十三年九月十九日朱批
道光二十三年八月二十日具奏
4252-026　212-1672

道光二十九年七月三十日乌鲁木齐都统惟勤奏奉旨调补热河都统谢恩折

七月二十七日接到兵部来文内道光二十九年六月二十四日降旨，毓书调补乌鲁木齐都统,热河都统之缺调补惟勤。

道光二十九年八月二十五日朱批
道光二十九年七月三十日具奏
4320-040　217-1530

道光三十年正月十九日乌鲁木齐都统惟勤奏报交卸印务启程折

毓书正月初六日到乌鲁木齐,臣将都统印交给他。

道光三十年二月十六日朱批
道光三十年正月十九日具奏
4324-050　217-2754

道光三十年正月二十二日乌鲁木齐都统毓书奏接任谢恩折

臣正月初六日到乌鲁木齐,惟勤将都统印交给臣。

道光三十年正月二十二日具奏
4324-047　217-2741

附注:考订四八　中福卸署、惟勤接印日

考订四九　惟勤交印、毓书接印日

[中福]

清史稿·表

道光二十三年癸卯,惟勤十月丁未差。(中福)仍署。

魏表

道光廿三年十月七日(1843,11,28)　署

实录

道光二十三年十月丙午"谕内阁,前据联顺奏参达明阿遣子行贿一件……联顺著即解任,交布彦泰、惟勤、庆昌将达明阿、郭勒敏图及案

内应讯人证一并迅速提至伊犁，秉公严讯……惟勤即驰驿前赴伊犁会同审办。乌鲁木齐都统著中福署理"。

宣宗实录（六）卷三九八 P1126

毓 书

清史稿·表

道光二十九年己酉，乌鲁木齐都统。

咸丰元年辛亥，十一月癸亥召。

章表

道光二十九年 己酉（1849）六月命

咸丰元年 辛亥（1851）十一月召

魏表

道光廿九年六月廿四日（1849，8，12）　　调

咸丰元年十一月十二日（1852，1，2）　　命回京

实录

道光二十九年六月庚寅"调热河都统毓书为乌鲁木齐都统，乌鲁木齐都统惟勤为热河都统"。

宣宗实录（七）卷四六九 P907

咸丰元年十一月癸亥"命乌鲁木齐都统毓书、西宁办事大臣哈勒吉那、库伦办事大臣玉明、巴里坤领队大臣景亮、伊犁领队大臣岳明阿回京，以盛京副都统乐斌为乌鲁木齐都统"。

文宗实录（一）卷四七 P643

满档

道光二十九年七月三十日乌鲁木齐都统惟勤奏奉旨调补热河都统谢

恩折

　　七月二十七日接到兵部来文内道光二十九年六月二十四日降旨，毓书调补乌鲁木齐都统，热河都统之缺调补惟勤。

道光二十九年八月二十五日朱批
道光二十九年七月三十日具奏
4320-040　217-1530

道光三十年正月十九日乌鲁木齐都统惟勤奏报交卸印务启程折
　　毓书正月初六日到乌鲁木齐，臣将都统印交给他。

道光三十年二月十六日朱批
道光三十年正月十九日具奏
4324-050　217-2754

道光三十年正月二十二日乌鲁木齐都统毓书奏接任谢恩折
　　臣正月初六日到乌鲁木齐，惟勤将都统印交给臣。

道光三十年正月二十二日具奏
4324-047　217-2741

咸丰二年正月十一日乌鲁木齐都统毓书奏谢准回京当差之恩折
　　去年十二月二十七日接到兵部来文内咸丰元年十一月十二日内阁抄出这一天降旨内令毓书回京行差，他的乌鲁木齐都统缺补授乐斌。

咸丰二年二月初六日朱批
咸丰二年正月十一日具奏
4347-032　219-1606

咸丰二年七月十二日乌鲁木齐都统毓书奏交卸印务折
　　七月十二日乐斌到乌鲁木齐，臣派人将都统印交给他。

咸丰二年八月十日朱批
咸丰二年七月十二日具奏
4355-015　219-3521

附注：考订四九　惟勤交印、毓书接印日
　　　考订五〇　毓书交印、乐斌接印日

觉罗乐斌

清史稿·表

咸丰元年辛亥，署。

咸丰三年癸丑，丁酉迁。

清史稿校注

咸丰元年辛亥，署。校：案文宗实录，是年十一月十二日癸亥，命毓书回京，乐斌自盛京副都统升乌鲁木齐都统。

咸丰三年癸丑，丁酉迁。

章表

咸丰元年　辛亥（1851）十一月命

咸丰三年　癸丑（1853）二月调绥远城将军

魏表

咸丰元年十一月十二日（1852，1，2）　　　　任

咸丰三年二月十八日（1853，3，27）　　　　调绥远城将军

实录

咸丰三年癸丑二月 癸巳（1853）"调绥远城将军托明阿为江宁将军，以乌鲁木齐都统乐斌为绥远城将军"。

　　　　　　　　　　　　　　宣宗实录　卷八五　P109

咸丰元年十一月癸亥"命乌鲁木齐都统毓书、西宁办事大臣哈勒吉那、库伦办事大臣玉明、巴里坤领队大臣景亮、伊犁领队大臣岳明阿回京，以盛京副都统乐斌为乌鲁木齐都统"。

　　　　　　　　　　　　　文宗实录（一）卷四七 P643

咸丰三年二月癸巳"以乌鲁木齐都统乐斌为绥远城将军，调热河都统庚福为乌鲁木齐都统"。

文宗实录（二）卷八五　P109

满档

咸丰二年正月十一日乌鲁木齐都统毓书奏谢准回京当差之恩折

去年十二月二十七日接到兵部来文内咸丰元年十一月十二日内阁抄出这一天降旨内令毓书回京行差，他的乌鲁木齐都统缺补授乐斌。

咸丰二年二月初六日朱批
咸丰二年正月十一日具奏
4347-032　219-1606

咸丰二年七月十二日乌鲁木齐都统毓书奏交卸印务折

七月十二日乐斌到乌鲁木齐，臣派人将都统印交给他。

咸丰二年八月十日朱批
咸丰二年七月十二日具奏
4355-015　219-3521

咸丰三年三月二十九日绥远城将军乐斌奏谢放绥远将军折：这一年三月二十二日接到兵部来文，咸丰三年二月十八日降旨，江宁将军员缺调托明阿，绥远城将军员缺调乐斌补授，乌鲁木齐都统员缺调赓福，热河都统员缺调花山太补授。奉此旨，臣立即叩头谢恩，待赓福来后臣再启程。

咸丰三年四月二十五日朱批
咸丰三年三月二十九日具奏
4364-005　220-2767

咸丰三年九月二十八日乌鲁木齐都统乐斌奏交卸乌鲁木齐都统印务并启程赴成都将军任折：赓福九月二十五日到乌鲁木齐，二十八日臣把都统印派官交给他。

咸丰三年十一月初五日朱批
咸丰三年九月二十八日具奏
4371-010　221-1140

咸丰三年十月初九日乌鲁木齐都统赓福奏接任都统任日期折

臣赓福九月二十五日到乌鲁木齐，二十八日乐斌把都统印派官交给臣。

咸丰三年十月初九日具奏
4371-004　221-1118

附注：考订五〇　毓书交印、乐斌接印日
考订五一　乐斌交印、赓福接印日

赓　福

清史稿·表

咸丰三年癸丑，校：案清国史文宗本纪、文宗实录，乐斌自乌鲁木齐都统调绥远城将军，赓福自热河都统调乌鲁木齐都统在二月十八日癸巳。

咸丰五年乙卯，八月甲午，病免。

清史稿校注

咸丰三年癸丑，校：案清国史文宗本纪、文宗实录，乐斌自乌鲁木齐都统调绥远城将军，赓福自热河都统调乌鲁木齐都统在二月十八日癸巳。

咸丰五年乙卯，八月甲午，病免。

章表

咸丰三年　癸丑（1853）二月命

咸丰五年 乙卯（1855）八月卒

魏表

咸丰三年二月十八日（1853，3，27）　　　　调

咸丰五年八月四日（1855，9，14）　　　　因病解任

实录

咸丰三年二月癸巳"以乌鲁木齐都统乐斌为绥远城将军，调热河都统庚福为乌鲁木齐都统"。

文宗实录（二）卷八五　P109

咸丰五年八月甲午"乌鲁木齐都统庚福因病解任，以盛京户部侍郎恒毓为乌鲁木齐都统"。

文宗实录（三）卷一四七 P942

满档

咸丰三年三月二十九日绥远城将军乐斌奏谢放绥远将军折：这一年三月二十二日接到兵部来文，咸丰三年二月十八日降旨，江宁将军员缺调托明阿，绥远城将军员缺调乐斌补授，乌鲁木齐都统员缺调庚福，热河都统员缺调花山太补授。奉此旨，臣立即叩头谢恩，待庚福来后臣再启程。

咸丰三年四月二十五日朱批
咸丰三年三月二十九日具奏
4364-005　220-2767

咸丰三年九月二十八日乌鲁木齐都统乐斌奏交卸乌鲁木齐都统印务并启程赴成都将军任折：庚福九月二十五日到乌鲁木齐，二十八日臣把都统印派官交给他。

咸丰三年十一月初五日朱批
咸丰三年九月二十八日具奏
4371-010　221-1140

咸丰三年十月初九日乌鲁木齐都统赓福奏接任都统任日期折

臣赓福九月二十五日到乌鲁木齐，二十八日乐斌把都统印派官交给臣。

咸丰三年十月初九日具奏

4371-004　221-1118

咸丰同治两朝上谕档

咸丰五年八月初四日内阁奉上谕：赓福奏因病恳请开缺一折，乌鲁木齐都统赓福准其开缺回旗调整。钦此。

第五册　P287

附注：考订五一　乐斌交印、赓福接印日

恒　毓

清史稿·表

咸丰五年乙卯，十月丙申召。

章表

咸丰五年　乙卯（1855）八月命十月召

魏表

咸丰五年八月四日（1855，9，14）　　　任

咸丰五年十月六日（1855，11，15）　　调署正红旗蒙古都统

实录

咸丰五年八月甲午"乌鲁木齐都统赓福因病解任，以盛京户部侍郎恒毓为乌鲁木齐都统"。

文宗实录（三）卷一四七　P942

咸丰五年十月丙申"以乌鲁木齐都统恒毓署正红旗蒙古都统，喀什噶尔办事大臣倭什珲布为乌鲁木齐都统"。

文宗实录（三）卷一七九　P1002

满档

咸丰五年八月二十五日盛京户部侍郎恒毓奏谢授乌鲁木齐都统恩折

最近接到兵部来文内，咸丰五年八月初四日降旨，乌鲁木齐都统之缺补授恒毓。

咸丰五年九月初一日朱批
咸丰五年八月二十五日具奏
4398-025　233-1143

咸丰同治两朝上谕档

咸丰五年八月初四日内阁奉上谕："乌鲁木齐都统著恒毓补授，书元著调补盛京户部侍郎兼管奉天府尹事务，善焘著调补盛京刑部侍郎，盛京工部侍郎著锡龄补授。钦此。"

第五册　P287

（业普冲额）

满档

咸丰六年四月二十七日署乌鲁木齐都统业普冲额奏报交卸所署乌鲁木齐都统印务日期折

倭什珲布四月二十五日到乌鲁木齐，二十七日臣派人将都统印交付。

咸丰六年六月初四日朱批
咸丰六年四月二十七日具奏
4406-038　224-0247

附注：考订五二　业普冲额卸署、倭什珲布接印日

倭什珲布

清史稿·表

咸丰五年乙卯，代。

咸丰八年戊午，十月辛酉召。

清史稿校注

咸丰五年乙卯，代。校：案文宗实录，是年十月初六日丙申，恒毓自乌鲁木齐都统调署正红旗蒙古都统。

咸丰八年戊午，十月辛酉召。校：案文宗实录，是年十月十九日辛酉，命倭什珲布回京。

章表

咸丰五年 乙卯（1855）十月命

咸丰八年 戊午（1858）十月召

魏表

咸丰五年十月六日（1855，11，15）　　　任

咸丰八年十月十九日（1858，11，24）　　命回京

备：十一月廿四日调宁夏将军

实录

咸丰五年十月丙申"以乌鲁木齐都统恒毓署正红旗蒙古都统，喀什噶尔办事大臣倭什珲布为乌鲁木齐都统"。

文宗实录（三）卷一七九　P1002

咸丰八年十月辛酉"命乌鲁木齐都统倭什珲布回京，以西宁办事大臣图伽布为乌鲁木齐都统"。

文宗实录（四）卷二六七　P1143

咸丰八年十一月乙未"以乌鲁木齐都统倭什珲布为宁夏将军，哈密办事大臣庆英署乌鲁木齐都统"。

文宗实录（四）卷二七〇　P1185

满档

咸丰六年四月二十七日署乌鲁木齐都统业普冲额奏报交卸所署乌鲁木齐都统印务日期折

倭什珲布四月二十五日到乌鲁木齐，二十七日臣派人将都统印交付。

咸丰六年六月初四日朱批
咸丰六年四月二十七日具奏
4406-038　224-0247

咸丰六年五月初六日乌鲁木齐都统倭什珲布奏报接任都统日期并谢恩折

倭什珲布四月二十五日到乌鲁木齐，二十七日业普冲额派人将都统印交付。

咸丰六年五月初六日具奏
4406-037　224-0243

咸丰九年六月十三日乌鲁木齐都统倭什珲布奏报交卸乌鲁木齐都统印信启程赴宁夏将军任折："去年十二月接旨让倭什珲布返京当差，现又降旨让他补授宁夏将军。现新授乌鲁木齐都统图伽布六月十日到达乌鲁木齐，十三日臣倭什珲布把都统印交之。这个月十六日从乌鲁木齐启程前往宁夏。"

咸丰九年七月二十四日朱批
咸丰九年六月十三日具奏
4439-047　227-0534

咸丰九年六月十三日乌鲁木齐都统图伽布奏报接任日期折

臣六月十日到乌鲁木齐，十三日倭什珲布派人将都统印交付。

咸丰九年七月二十四日朱批

咸丰九年六月十三日具奏

4439-046　227-0530

附注：考订五二　业普冲额卸署、倭什珲布接印日

　　　　考订五三　倭什珲布交印、图伽布接印日

（庆英）

清史稿·表

咸丰八年戊午署。

章表

咸丰八年　戊午（1858）十月署

魏表

咸丰八年十一月廿四日（1858，12，28）　署

实录

咸丰八年十月辛酉"命乌鲁木齐都统倭什珲布回京，以西宁办事大臣图伽布为乌鲁木齐都统"。

文宗实录（四）卷二六七　P1143

咸丰八年十一月乙未"以乌鲁木齐都统倭什珲布为宁夏将军，哈密办事大臣庆英署乌鲁木齐都统"。

文宗实录（四）卷二七〇　P1185

附注：考异二四　庆英命署，未莅署任

图伽布

清史稿·表

咸丰八年戊午，倭什珲布，十月辛酉召。图伽布，乌鲁木齐都统。
咸丰十年庚申，二月己未迁。闰三月癸酉，卒。

章表

咸丰八年 戊午（1858）十月命（庆英十月署）
咸丰十年 庚申（1860）二月召闰三月卒

魏表

咸丰八年十月十九日（1858，11，24）　　　任
咸丰十年二月廿四日（1860，3，16）　　　到京当差
备：由西宁办事大臣迁，离职根据传包

实录

咸丰八年十月辛酉"命乌鲁木齐都统倭什珲布回京，以西宁办事大臣图伽布为乌鲁木齐都统"。

文宗实录（四）卷二六七　P1143

满档

咸丰八年十二月初八日西宁办事大臣图伽布奏谢授乌鲁木齐都统之恩折

咸丰八年十一月三十日接到兵部来文内十月十九日降旨，乌鲁木齐都统之缺补授图伽布。

咸丰八年二月二十一日朱批
咸丰八年十二月初八日具奏
4433-009　226-1792

咸丰九年六月十三日乌鲁木齐都统图伽布奏报接任日期折

臣六月十日到乌鲁木齐，十三日倭什珲布派人将都统印交付。

咸丰九年七月二十四日朱批

咸丰九年六月十三日具奏

4439-046　227-0530

咸丰十年三月初七日署理乌鲁木齐都统印务乌鲁木齐提督业普冲额奏报乌鲁木齐都统图伽布病故请拣员补放折

图伽布三月初五日病故出缺。

咸丰十年闰三月初九日朱批

咸丰十年三月初七日具奏

4446-070　227-3425

咸丰同治两朝上谕档

咸丰十年二月二十四日内阁奉上谕："常清著调补乌鲁木齐都统，热河都统著春佑补授，图伽布著来京当差。"

第十册　P90

附注：考订五二　倭什珲布交印、图伽布接印日

考异二五　图伽布离职及卒日

（业普冲额）

章表

咸丰十年　庚申（1860）三月署

满档

咸丰十年三月初七日署理乌鲁木齐都统印务乌鲁木齐提督业普冲额奏报乌鲁木齐都统图伽布病故请拣员补放折

图伽布三月初五日病故出缺。

咸丰十年闰三月初九日朱批

咸丰十年三月初七日具奏
4446-070 227-3425

咸丰同治两朝上谕档

咸丰十年闰三月初九日奉上谕：本日据叶布冲额奏前任乌鲁木齐都统图伽布业经病故，新调都统常清到任尚需时日，法福礼著毋容俟景廉到任即行驰驿前往乌鲁木齐署理都统印务，俟常清到任后再行交卸，将此谕令知之。钦此。

第十册　P172

附注：考异二六　业普冲额循例暂署
　　　考订五四　业普冲额命署、卸署和法福礼接署日

宗室常清

清史稿·表

咸丰十年庚申，图伽布，二月己未迁。常清，乌鲁木齐都统。

章表

咸丰十年 庚申（1860）二月命七月调伊犁将军（业普冲额三月署）

魏表

咸丰十年二月廿四日（1860，3，16）　　　调

咸丰十年七月十七日（1860，9，2）　　　调伊犁将军

备：由热河都统迁

实录

咸丰十年二月已未"调热河都统常清为乌鲁木齐都统"。

文宗实录（五）卷三〇八　P513

咸丰十年七月己酉"以乌鲁木齐都统常清为伊犁将军"。

文宗实录（五）卷三二五　P832

满档

咸丰十年三月初十日热河都统常清奏谢调任乌鲁木齐都统之恩折

三月十日常清接到小抄，皇帝赐恩调补常清为乌鲁木齐都统。

咸丰十年三月十六日朱批
咸丰十年三月十日具奏
4446-032　227-3208

咸丰十年九月初一日乌鲁木齐都统法福礼奏接任谢恩折

法福礼八月二十三日接到兵部来文内，内阁抄出咸丰十年七月十七日降旨，伊犁将军之缺补授常清，乌鲁木齐都统之缺补授法福礼。

咸丰十年十月初二日朱批
咸丰十年九月初一日具奏
4451-006　228-1545

咸丰十年九月十五日伊犁将军常清奏报交卸乌鲁木齐都统印务赴伊犁将军任折

法福礼八月二十三日接到兵部来文内，内阁抄出咸丰十年七月十七日降旨，伊犁将军之缺补授常清，乌鲁木齐都统之缺补授法福礼。

咸丰十年九月十五日具奏
4451-054　228-1753

咸丰同治两朝上谕档

咸丰十年二月二十四日内阁奉上谕："常清著调补乌鲁木齐都统，热河都统著春佑补授，图伽布著来京当差。"

第十册　P90

咸丰十年闰三月初九日奉上谕："本日据叶布冲额奏前任乌鲁木齐都统图伽布业经病故，新调都统常清到任尚需时日，法福礼著毋容俟景廉到任即行驰驿前往乌鲁木齐署理都统印务，俟常清到任后再行交卸，将此谕令知之。钦此。"

第十册　P172

清史列传

宗室常清,镶蓝旗人……(咸丰)六年十月,擢伊犁将军……八年授热河都统……十年二月调乌鲁木齐都统。七月,再授伊犁将军。……(同治三年十月)诏旨切责,授明绪为伊犁将军,夺常清职,留伊犁听候查办。

卷五十 P29~31

(业普冲额)

清史稿·表

咸丰十年庚申,闰三月癸酉,图伽布卒。法福礼,署。业布冲额暂署。七月己酉迁。

满档

咸丰十年四月二十二日乌鲁木齐提督业普冲额奏谢署乌鲁木齐都统之恩折

最近接到军机处来文内咸丰十年闰三月初九日降旨,法福礼到任之前,由业普冲额暂署乌鲁木齐都统印。

咸丰十年五月二十三日朱批
咸丰十年四月二十二日具奏
4448-035　228-0441

咸丰十年五月初六日署理乌鲁木齐都统法福礼奏接署印信日期并谢恩折

法福礼四月二十八日到乌鲁木齐,业普冲额派官将都统印交付。

咸丰十年六月初九日朱批
咸丰十年五月初六日具奏
4448-072　228-0624

咸丰同治两朝上谕档

咸丰十年闰三月初九日奉上谕：本日据叶布冲额奏前任乌鲁木齐都统图伽布业经病故，新调都统常清到任尚需时日，法福礼著毋容俟景廉到任即行驰驿前往乌鲁木齐署理都统印务，俟常清到任后再行交卸，将此谕令知之。钦此。

第十册 P172

附注：考订五四 业普冲额命署、卸署和法福礼接署日

法福礼

清史稿·表

咸丰十年庚申，闰三月癸酉，图伽布，卒。法福礼，署。业布冲额，暂署。七月己酉迁。法福礼，代。

咸丰十一年辛酉，十一月丙戌召。

清史稿校注

咸丰十年庚申，闰三月癸酉，图伽布，卒。法福礼，署。业布冲额，暂署。七月己酉迁。法福礼，代。校：案历法，是年闰三月无癸酉。又案文宗实录，是年闰三月初九日癸卯，法福礼以正白旗蒙古副都统署乌鲁木齐都统；七月十七日己酉，常清自乌鲁木齐都统调伊犁将军。

咸丰十一年辛酉，十一月丙戌召。

章表

咸丰十年 庚申（1860）七月命

咸丰十一年 辛酉（1861）十一月召

魏表

咸丰十年闰三月九日（1860，4，29） 署

咸丰十一年十一月二日（1861，12，3） 召

备：离职根据清史稿

实录

咸丰十年闰三月癸卯"以正白旗蒙古副都统法福礼署乌鲁木齐都统"。

文宗实录（五）卷三一二　P588

满档

咸丰十年四月十三日伊犁参赞大臣法福礼奏谢署乌鲁木齐都统之恩折

四月初八日接到咸丰十年闰三月初九日降旨，新补授乌鲁木齐都统还需时日到任，派法福礼署理都统事务。这一天又接到降旨法福礼莫等景廉，速去乌鲁木齐。

咸丰十年五月二十三日朱批

咸丰十年四月十三日具奏

4448-040　228-0465

咸丰十年四月二十二日乌鲁木齐提督业普冲额奏谢署乌鲁木齐都统之恩折

最近接到军机处来文内咸丰十年闰三月初九日降旨，法福礼到任之前，由业普冲额暂署乌鲁木齐都统印。

咸丰十年五月二十三日朱批

咸丰十年四月二十二日具奏

4448-035　228-0441

咸丰十年五月初六日署理乌鲁木齐都统法福礼奏接署印信日期并谢恩折

法福礼四月二十八日到乌鲁木齐，业普冲额派官将都统印交付。

咸丰十年六月初九日朱批

咸丰十年五月初六日具奏

4448-072　228-0624

咸丰十年九月初一日乌鲁木齐都统法福礼奏接任谢恩折

　　法福礼八月二十三日接到兵部来文内，内阁抄出咸丰十年七月十七日降旨，伊犁将军之缺补授常清，乌鲁木齐都统之缺补授法福礼。

咸丰十年十月初二日朱批
咸丰十年九月初一日具奏
4451-006　228-1545

同治元年三月初八日乌里雅苏台参赞大臣平瑞奏谢授乌鲁木齐都统并启程赴任折

　　平瑞最近接到小抄内降旨内，令法福礼回京行差，乌鲁木齐都统补授平瑞。赏林兴副都统衔任乌里雅苏台参赞大臣，三月二十日加紧启程前往新职任地。

同治元年三月二十三日朱批
同治元年三月初八日具奏
4464-047　230-0175

咸丰同治两朝上谕档

　　咸丰十年闰三月初九日奉上谕：本日据叶布冲额奏前任乌鲁木齐都统图伽布业经病故，新调都统常清到任尚需时日，法福礼着毋容俟景廉到任即行驰驿前往乌鲁木齐署理都统印务，俟常清到任后再行交卸，将此谕令知之。钦此。

第十册　P172

　　附注：考订五四　业普冲额命署、卸署和法福礼接署日
　　　　考订五五　法福礼实授日
　　　　考异二七　法福礼召京、平瑞任职日

（业普冲额）

满档

同治元年四月二十五日乌鲁木齐都统平瑞奏报接任日期并谢恩折

平瑞三月二十日启程，四月十八日到乌鲁木齐，暂署都统业普冲额派人把都统印交给平瑞。

同治元年五月二十八日朱批

同治元年四月二十五日具奏

4465-056　230-0723

附注：考订五六　业普冲额卸署、平瑞接印日

平　瑞

清史稿·表

咸丰十一年辛酉。

同治三年甲子，九月辛丑殉。

章表

咸丰十一年 辛酉（1861）十一月命

同治三年 甲子（1864）九月为起义军所杀

魏表

咸丰十一年十一月二日（1861，12，3）		任
同治三年九月三日（1864，l0，3）		殉难

备：离职根据近代中国史事日志

清史稿校注

咸丰十一年辛酉。

同治三年甲子，九月辛丑殉。（十月戊寅保恒）署。校：案穆宗实录，续碑传集卷五十二、六十八，是年十月初八日乙亥，保恒以哈密办事大臣暂署乌鲁木齐都统；十一月三十日丁卯，卒于军。

实录

咸丰十一年十一月丙戌"以乌里雅苏台参赞大臣平瑞为乌鲁木齐都统"。

穆宗实录（一）卷九　P234

同治三年十月乙亥"平瑞不知下落，乌鲁木齐都统著保恒暂行署理"。

穆宗实录（三）　卷一一七　P600

东华录

同治三年十月乙亥"平瑞不知下落，乌鲁木齐都统著保恒暂行署理"。

十二朝东华录　同治朝（二）　卷三十九　P597

同治三年十月乙亥"回匪陷乌鲁木齐满城，都统平瑞死之，以保恒署乌鲁木齐都统"。

十二朝东华录　同治朝（二）　卷三十九　P597

满档

同治元年三月初八日乌里雅苏台参赞大臣平瑞奏谢授乌鲁木齐都统并启程赴任折

平瑞最近接到小抄内降旨内，令法福礼回京行差，乌鲁木齐都统补授平瑞。赏麟兴副都统衔任乌里雅苏台参赞大臣，三月二十日加紧启程前往新职任地。

同治元年三月二十三日朱批
同治元年三月初八日具奏
4464-047　230-0175

同治元年四月二十五日乌鲁木齐都统平瑞奏报接任日期并谢恩折

平瑞三月二十日启程,四月十八日到乌鲁木齐,暂署都统业普冲额派人把都统印交给平瑞。

同治元年五月二十八日朱批
同治元年四月二十五日具奏
4465-056　230-0723

续碑传集

近代中国史料丛刊987 沈云龙主编　续碑传集 缪荃孙篆录 海文出版社

续碑传集　卷六十七　忠壮公平瑞传　陈继聪

平瑞公,满洲正黄旗人。(咸丰间)洊升新疆参赞大臣。同治元年擢授乌鲁木齐都统。三年(同治)五月逆回变起……九月十三日城陷,公尚在西北堞楼督兵……公知事不可为,北向顿首,讫持佩刀谓诸人曰:"我不可以身受辱,汝曹各觅生路"。言已,遂自刭。其妻妾二女二幼子及仆媪等在署中闻变,俱殉焉。十三年哈密协办大臣景廉以公死状奏闻。诏命从优议恤。

清史列传

平瑞,那拉氏,满洲正黄旗人……(咸丰)十一年授乌鲁木齐都统……(同治三年)十月回匪攻扑迪化州城,平瑞督兵守御,已阅数月,卒以粮尽援绝城陷,平瑞力战阵亡,阖家被害……九月初三日州城被陷,都统平瑞全家殉难。

清史列传　卷五十　P35~36

近代中国史事日志　迪化城陷

1864(同治三年)10,3(九,三)新疆回阿訇妥明及索焕章,马升,马泰,马仲,马明,马官占乌鲁木齐满城(巩宁城),都统平瑞,兵备道伊昌阿以下万余人均死之(复合奇台回马福占奇台)。

近代中国史事日志（上）郭廷以编著 中华书局 1987 年 5 月据台湾 1963 年 3 月初版影印　P454

附注：考异二七　法福礼召京、平瑞任职日
考订五六　业普冲额卸署、平瑞接印日
考异二八　平瑞卒日

保　恒

清史稿·表

同治三年甲子，十月戊寅，署。
同治四年乙丑，二月卒。

清史稿校注

同治三年甲子，十月戊寅，署。校：案穆宗实录，续碑传集卷五十二、六十八，是年（同治三年）十月初八日乙亥，保恒以哈密办事大臣暂署乌鲁木齐都统；十一月三十日丁卯，卒于军。

同治四年乙丑，二月卒。校：案穆宗实录，续碑传集卷五十二、六十八，同治三年十一月三十日丁卯，保恒以卒于军；至是年（同治四年）二月十三日己卯，予祭葬，如副都统例。又同治朝东华录可参见。

章表

同治三年　甲子（1864）十月署
同治四年　乙丑（1865）二月卒

魏表

同治三年十月八日（1864，11，6）　　　暂署
同治四年二月十三日（1865，3，10）　　卒
备：实三年十一月卅日卒（传包）

实录

同治三年十月乙亥 "平瑞不知下落,乌鲁木齐都统著保恒暂行署理"。

穆宗实录(三) 卷一一七 P600

同治四年二月己卯 "予故署乌鲁木齐都统哈密办事大臣保恒祭葬恤廕如副都统例"。

穆宗实录(四) 卷一三〇 P77

东华录

同治三年十月乙亥 "平瑞不知下落,乌鲁木齐都统著保恒暂行署理"。

十二朝东华录 同治朝(二) 卷三十九 P597

同治三年十月乙亥 "回匪陷,乌鲁木齐满城都统平瑞死之,以保恒署乌鲁木齐都统"。

十二朝东华录 同治朝(二) 卷三十九 P597

同治四年二月己卯 "予故署乌鲁木齐都统哈密办事大臣保恒祭葬恤廕如副都统例"。

十二朝东华录 同治朝(二) 卷四十三 P637

续碑传集

公讳保恒,字艾峰。其先为元裔蒙古博尔济吉特氏,始世垂尔札尔。天聪八年,以兀鲁特贝子部落来归,隶满洲正蓝旗。同治二年三月署古城领队大臣。三年六月调哈密办事大臣。先是葱岭以南,汉回叛陷库车、喀拉沙尔,岭北亦煽变犯古城,公击退之,会乌鲁木齐汉城自陷,满城求援于伊犁,持久不至,亦陷岭。遂迫于贼,南北路绝,伊犁自卫。于西东则哈密、巴里坤皆偝扰,于是公始奉命兼署乌鲁木齐都统。十一月三十日卒于军,年七十。

近代中国史料丛刊987 沈云龙 主编 续碑传集 缪荃孙纂录,海文出

版社

卷五十二 武臣 副都统衔哈密办事大臣兼署乌鲁木齐都统保公行状 刘达善

续碑传集

保恒公，满洲人。同治三年署古城领队大臣。六月二十日，寇至。公集军民反复喻以大义……誓以死守，会公升哈密办事大臣兼署乌鲁木齐都统，以事急，未能赴任。乃与新任古城领队大臣惠庆同心协力间出奇兵击之。迭挫兇锋，俄而公以积劳成疾，至十一月病益剧。弥留时谓惠公曰："古城北通蒙部，为乌科两城咽喉，无古城，北路危矣。"言讫而卒，年七十余。

近代中国史料丛刊 989 沈云龙主编 续碑传集 缪荃孙纂录 海文出版社

卷六十八 忠节十五 领队大臣保恒公传 陈继聪

附注： 考异二九 保恒卒日

景　廉

清史稿·表

同治十年辛未，癸酉。

光绪元年乙亥，三月丙寅迁。

清史稿校注

同治十年辛未，十月癸酉。校：案清国史穆宗本纪、穆宗实录，景廉自哈密帮办大臣升乌鲁木齐都统在十月十五日壬申。

光绪元年乙亥，三月丙寅迁。

章表

同治十年 辛未（1871）十月命（自四年保恒卒后至是始任命）

同治十三年 甲戌（1874）七月授钦差大臣督办新疆军务

光绪元年 乙亥（1875）三月调

魏表

同治十年十月十五日（1871，11，27）　　　　任

光绪元年三月廿八日（1875，5，3）　　　　调正白旗汉军都统

实录

同治十年十月壬申"以哈密帮办大臣景廉为乌鲁木齐都统"。

穆宗实录（七）　卷三二二　P257

同治十三年七月壬子"授乌鲁木齐都统景廉为钦差大臣督办新疆军务，正白旗汉军都统金顺帮办军务"。

穆宗实录（七）　卷三六八　P878

光绪元年三月乙丑谕"军机大臣等本日已有旨令左宗棠以钦差大臣督办新疆事务，金顺调补乌鲁木齐都统，景廉回京供职"。"调乌鲁木齐都统景廉为正白旗汉军都统，回京当差"。

德宗实录（一）　卷六 P156

东华录

同治十年十月壬申"本日有旨，将景廉简放乌鲁木齐都统，哈密帮办大臣令锡纶补授"。

十二朝东华录　同治朝（二）　卷九十二　P1196

光绪元年三月乙丑"调金顺为乌鲁木齐都统，景廉为正白旗汉军都统，命左宗棠以钦差大臣督办新疆军务，金顺仍帮办新疆军务"。

十二朝东华录　光绪朝（一）　P35

光绪元年三月乙丑谕"军机大臣等，本日已有降旨，令左宗棠以钦差大臣督办新疆军务，金顺调补乌鲁木齐都统，仍帮办军务。景廉调补正白旗汉军都统，回京供职。景廉著俟金顺行抵古城后，将各营兵勇粮饷移交金顺接管再行启程回京"。

十二朝东华录　光绪朝（一）　P35~36

满档

光绪元年五月二十五日帮办新疆军务正白汉军旗都统金顺奏谢授乌鲁木齐都统恩折

光绪元年五月十二日接到军机处来文内光绪元年三月二十八日降旨乌鲁木齐都统之缺补授金顺，正白汉军旗都统之缺补授景廉立即回京当差。

光绪元年九月初五日朱批
光绪元年五月二十五日具奏
4525-035　238-0594

续碑传集

公，讳景廉，字俭卿，一字季泉，颜札氏，正黄旗满洲人。十年（同治）八月密诏，以俄人已得伊犁，将图乌鲁木齐，命公亟往规复。公即率所部度天山驻巴里坤，十二月授乌鲁木齐都统。十三年八月授钦差大臣督办新疆军务。

近代中国史料丛刊982　沈云龙　主编　续碑传集　缪荃孙纂录，海文出版社

续碑传集　卷十三　道碑铭

清史稿·列传

景廉，字秋坪，颜札氏，隶满洲正黄旗。父彦德，官绥远城将军。时乌鲁木齐回酋妥得璘勾结汉、回、缠头万八千余东犯，潜约哈密回子郡王为内应。王素骏，其母福晋迈哩巴纽贤明有才略，以逆书呈官军，誓效力守。景廉遣使奖慰，复令富山率兵会办事大臣文麟、裨将孔才击贼，连战六昼夜，大败之。论功，升擢有差。旋授乌鲁木齐都统。……景廉以忧勤致疾，再乞解职，温旨慰留。（同治）十三年，授钦差大臣，督办新疆军务。

清史稿卷四百三十九　列传二百二十六　P12393~12396

金 顺

清史稿·表

光绪元年乙亥。

光绪二年丙子，十月乙卯迁。

清史稿校注

光绪元年乙亥。校清国史德宗本纪稿、德宗实录，景廉自乌鲁木齐都统调正白旗汉军都统，金顺授乌鲁木齐都统在三月二十八日乙丑，光绪朝东华录同。

光绪二年丙子，十月乙卯迁。

章表

光绪元年 乙亥（1875）三月命

光绪二年 丙子（1876）十月调伊犁将军

魏表

光绪元年三月廿八日（1875，5，3）　　　任

光绪二年十月廿八日（1876，12，13）　　调伊犁将军

实录

光绪元年三月乙丑"命陕甘总督左宗棠以钦差大臣督办新疆军务。金顺为乌鲁木齐都统，仍帮办新疆军务"。"本日已明降谕旨，授金顺为乌鲁木齐都统，并将景廉调补正白旗汉军都统，与袁保恒一并谕令来京供职矣"。

"调乌鲁木齐都统景廉为正白旗汉军都统，回京当差"。

德宗实录（一）卷六　P156

光绪二年十月乙卯"命署理伊犁将军荣全来京当差，以乌鲁木齐都统金顺为伊犁将军，革职前两广总督英翰赏给二品顶戴，署理乌鲁木齐

都统"。

德宗实录（一）卷四 P595

东华录

光绪元年三月乙丑"调金顺为乌鲁木齐都统，景廉为正白旗汉军都统，命左宗棠以钦差大臣督办新疆军务，金顺仍帮办新疆军务"。

十二朝东华录 光绪朝（一） P35

光绪元年三月乙丑"谕军机大臣等，本日已有降旨，令左宗棠以钦差大臣督办新疆军务，金顺调补乌鲁木齐都统，仍帮办军务。景廉调补正白旗汉军都统，回京供职。景廉著俟金顺行抵古城后，将各营兵勇粮饷移交金顺接管再行启程回京"。

十二朝东华录 光绪朝（一） P35～36

光绪二年十月乙卯"召荣全来京，以金顺为伊犁将军，英翰署乌鲁木齐都统，杜嘎尔为乌里雅苏台参赞大臣"。

十二朝东华录 光绪朝（一） P300

满档

光绪元年五月二十五日帮办新疆军务正白汉军旗都统金顺奏谢授乌鲁木齐都统恩折

光绪元年五月十二日接到军机处来文内，光绪元年三月二十八日降旨乌鲁木齐都统之缺补授金顺，正白汉军旗都统之缺补授景廉立即回京当差。

光绪元年九月初五日朱批
光绪元年五月二十五日具奏
4525-035 238-0594

光绪三年正月二十日乌鲁木齐都统金顺奏谢授伊犁将军恩折：光绪三年正月初七日接到兵部来文内，光绪二年十月二十九日内阁抄出二十八日降旨，令荣全回京当差，伊犁将军之缺补授金顺。赏英翰二品顶戴署理乌鲁木齐都统事务，赏杜嘎尔副都统衔任乌里雅苏台参赞大臣，他的察哈尔副都统之缺补授奎昌。

光绪三年四月二十六日朱批
光绪三年正月二十日具奏
4529-013　238-2648

光绪三年九月二十六日：乌鲁木齐都统英翰奏报接任日期并谢恩折：奴才请旨后从京出发，于今年五月二十日到苏州，七月二十四日到古城后，乌鲁木齐都统金顺派官员将都统关防等将给奴才。

光绪三年九月二十九日朱批
光绪三年九月二十六日具奏
4530-012　238-3111

明发档案

国家图书馆历史档案文献丛刊　全国图书馆文献缩微复制中心
P110

光绪二年十月二十八日奉旨，荣全著来京当差，伊犁将军著金顺补授，英翰著赏给二品顶戴署理乌鲁木齐都统，杜嘎尔著赏给副都统衔作为乌里雅苏台参赞大臣，所遗察哈尔副都统著奎昌补授，英翰照例驰驿前往，荣全俟金顺到任后再行来京。钦此。

续碑传集

近代中国史料丛刊987　沈云龙　主编　续碑传集　缪荃孙纂录，海文出版社

续碑传集　卷五十二　武臣　金顺传　吉林通志

金顺，字和甫，姓伊尔根觉罗氏，吉林人，隶满洲镶蓝旗。（同治十二年）道授正白旗汉军都统……寻命帮办新疆军务。光绪元年调乌鲁木齐都统，明年予云骑尉世职，调伊犁将军。

清史列传

金顺，伊尔根觉罗氏，满洲镶蓝旗人，吉林驻防。

卷五十五　P45~47

清史稿·列传

金顺，字和甫，伊尔根觉罗氏，满洲镶蓝旗人，世居吉林。光绪改元，代景廉为都统。二年，军阜康。刘锦棠赴军所商进止，议先攻古牧。乃轻骑袭黄田，通汲道，克之。连下乌鲁木齐、迪化、昌吉、呼图壁诸城，直逼玛纳斯，斩其伪帅马兴，南北二城以次皆下。赏双眼花翎，予世职，调伊犁将军。

清史稿卷四百五十四　列传二百四十一　P12618~12620

附注：考订五七　金顺卸任、英翰接署日

英　翰

清史稿·表

光绪二年丙子，十月乙卯，乌鲁木齐都统。

光绪三年丁丑。

光绪四年戊寅，卒。

清史稿校注

光绪二年丙子。校：案德宗实录，是年十月二十八日乙卯，英翰以二品顶戴署乌鲁木齐都统，光绪朝东华录同。

光绪三年丁丑。校：案德宗实录，是年十月壬午朔，英翰实授乌鲁木齐都统。

光绪四年戊寅，卒。

章表

光绪二年 丙子（1876）十月署

光绪三年 丁丑（1877）十月实授

光绪四年 戊寅（1878）正月卒（金运昌）

魏表

光绪二年十月廿八日（1876，12，13）　　　　署

光绪四年正月十二日（1878，2，13）　　　　卒

备：传包中之行状、续碑传集卷51页15、清史稿·列传，页1360皆书光绪元年十月署，二年十二月卒，此为实录误。

实录

光绪二年十月乙卯"命署理伊犁将军荣全来京当差，以乌鲁木齐都统金顺为伊犁将军，革职前两广总督英翰赏给二品顶戴，署理乌鲁木齐都统"。

德宗实录（一）卷四　P595

光绪三年十月壬午朔"实授英翰为乌鲁木齐都统"。

德宗实录（一）卷五九　P809

光绪四年正月壬戌"谕内阁，乌鲁木齐都统英翰才猷练达，勋绩懋昭，由知县剿办捻匪，叠著战功……遽闻溘逝……从优赐恤"。"谕军机大臣等，本日据金运昌奏，英翰因病出缺，乌鲁木齐都统已有旨令豫师署理。未到任以前，令金运昌暂行护理矣"。

德宗实录（二）卷六五　P6

东华录

光绪二年十月乙卯"召荣全来京，以金顺为伊犁将军，英翰署乌鲁木齐都统，杜嘎尔为乌里雅苏台参赞大臣"。

十二朝东华录　光绪朝（一）P300

光绪四年正月壬戌"乌鲁木齐都统英翰卒，增恤如例，并赏其母银二千两、人参六两"。

十二朝东华录　光绪朝（一）P507

光绪四年正月辛未"左宗棠奏：'臣接署乌鲁木齐提督金运昌、署镇迪道周崇传会报，乌鲁木齐都统英翰于上年六月出关接篆……十月初三日忽患疟疾……十一月旬服药稍瘥，遇事躬行裁决，仍未少休。迨二十三日忽转痢证……十二月初八日自知不起……延至酉刻出缺'"。

十二朝东华录　光绪朝（一）　P507~508

满档

光绪三年正月二十日乌鲁木齐都统金顺奏谢授伊犁将军恩折：光绪三年正月初七日接到兵部来文内光绪二年十月二十九日内阁抄出二十八日降旨，令荣全回京当差，伊犁将军之缺补授金顺。赏英翰二品顶戴署理乌鲁木齐都统事务，赏杜嘎尔副都统衔任乌里雅苏台参赞大臣，他的察哈尔副都统之缺补授奎昌。

光绪三年四月二十六日朱批
光绪三年正月二十日具奏
4529-013　238-2648

光绪三年九月二十六日乌鲁木齐都统英翰奏报接任日期并谢恩折：奴才请旨后从京出发，于今年五月二十日到苏州，七月二十四日到古城后，乌鲁木齐都统金顺派官员将都统关防等将给奴才。

光绪三年九月二十九日朱批
光绪三年七月二十六日具奏
4530-012　238-3111

明发档案

光绪二年十月二十八日奉旨，荣全著来京当差，伊犁将军著金顺补授，英翰著赏给二品顶戴署理乌鲁木齐都统，杜嘎尔著赏给副都统衔作为乌里雅苏台参赞大臣，所遗察哈尔副都统著奎昌补授，英翰照例驰驿前往，荣全俟金顺到任后再行来京。钦此。

国家图书馆历史档案文献丛刊　全国图书馆文献缩微复制中心　P110

光绪三年十月初一日奉旨乌鲁木齐都统著英翰补授。钦此。

明发档案　国家图书馆历史档案文献丛刊　全国图书馆文献缩微复制中心
　　　明发　光绪三年冬季　四本　二十二条　清秀谨译　宜桢覆阅

户部陕西司奏稿

460　光绪十年五月二十五日议驳乌鲁木齐都统恭镗初案报销折："……查英翰三年七月到任，十二月因病出缺，奴才（恭镗）四年十二月初到署任时奏……"

《户部陕西司奏稿》卷三　P24

（《清代新疆希见奏牍汇编》同治、光绪、宣统朝卷　中册 新疆人民出版社，1997年7月，P683）

续碑传集

本贯满洲正红旗人，年四十有九。公讳英翰，字西林。以其年（光绪元年）十月赏还世职，旋赏二品顶戴，署乌鲁木齐都统。二年春，西出关，七月至古城接篆，遂赴迪化州边疆……命下，公已病疟四十余日，强起谢恩。翼日夏患痢，自知不起力疾，草遗疏十二月八日薨事闻。

近代中国史料丛刊987　沈云龙　主编　续碑传集 缪荃孙纂录，海文出版社

续碑传集　卷五十一　武臣　国敏公行状　董沛

清史稿·列传

英翰，字西林，萨尔图氏，满洲正红旗人。道光二十九年举人。光绪元年，入觐，晋二等轻车都尉世职。广东闱姓捐奉旨严禁，英翰奏请弛禁助饷，又因随员招摇，为广州将军长善等所劾，召还京，被议，褫职。未几，命还世职，以二品顶戴署乌鲁木齐都统。二年，实授。寻卒，赠太子太保，复勇号，赐恤，谥果敏。

清史稿卷四百二十五　列传二百一十二　P12224~12227

附注：考异三〇　英翰命署及实授日

考异三一　英翰卒日
考订五七　金顺卸任、英翰接署日

（金运昌）

清史稿·表

光绪四年戊寅，暂护。

魏表

光绪四年正月十二日（1878，2，13）　　豫师署

备：西宁办事大臣，（豫师）未到任前，以金运昌暂护

章表

光绪四年 戊寅（1878）正月卒（金运昌）

实录

光绪四年正月壬戌"谕军机大臣等，本日据金运昌奏，英翰因病出缺，乌鲁木齐都统已有旨令豫师署理。未到任以前，令金运昌暂行护理矣"。

德宗实录（二）卷六五　P6

光绪四年正月壬戌"以西宁办事大臣豫师署乌鲁木齐都统。未到任前，以署乌鲁木齐提督金运昌暂行护理"。

德宗实录（二）卷六五　P8

明发档案

光绪四年正月十二日奉旨乌鲁木齐都统著豫师署理，即行驰驿前往。未到任以前，著金运昌暂行护理。钦此。

国家图书馆历史档案文献丛刊　全国图书馆文献缩微复制中心 P168

明发头本　光绪四年春季　共三十七条　文诠谨译　徐致喜覆阅

户部陕西司奏稿

455 光绪十年五月初九日核议护理乌鲁木齐都统收支粮饷折:"奏为覈销乌鲁木齐收支款目仰祈圣鉴事,前乌鲁木齐都统恭镗奏将前护都统金运昌任内收支款目造册咨部覈销一片……兹准前护都统金运昌将前在护任内自光绪四年正月十七日起至十二月十五日止收支各项银两造具清册……"

《户部陕西司奏稿》卷二　P51

《清代新疆希见奏牍汇编》同治、光绪、宣统朝卷　中册
新疆人民出版社,1997年7月,P666

清史稿·列传

金运昌,字景亭,安徽盱眙人。少孤,遭寇乱,总兵郭宝昌之母曹氏抚之,从姓郭。光绪二年,宗棠请敕淮勇出关助剿,报可。明年夏,行抵乌鲁木齐,命署提督,越二年,实授。

清史稿卷四百五十五　列传二百四十二　P12635~12636

附注:考订五九　金运昌护任日

(豫师)

清史稿·表

光绪四年戊寅,正月壬戌,署。

光绪四年戊寅,十月乙未,病免。

章表

光绪四年 戊寅(1878)正月署十月开缺

魏表

光绪四年正月十二日(1878,2,13)　　　署

光绪四年十月十九日(1878,11,13)　　　开缺回旗

备:西宁办事大臣,未到任前,以金运昌暂护

实录

光绪四年正月壬戌"谕军机大臣等，本日据金运昌奏，英翰因病出缺，乌鲁木齐都统已有旨令豫师署理。未到任以前，令金运昌暂行护理矣"。

德宗实录（二）卷六五　P6

光绪四年正月壬戌"以西宁办事大臣豫师署乌鲁木齐都统。未到任前，以署乌鲁木齐提督金运昌暂行护理"。

德宗实录（二）卷六五　P8

光绪四年十月乙未"命署乌鲁木齐都统西宁办事大臣豫师开缺回旗，以乌鲁木齐领队大臣恭镗署理乌鲁木齐都统"。

德宗实录（二）卷八　P223

光绪三十二年九月予故前任西宁办事大臣署乌鲁木齐都统豫师恤典如例。

德宗实录（八）卷五六四　P464

东华录

光绪四年十月乙未谕："西宁办事大臣豫师奏目疾加剧请开缺回旗一折，豫师著准其开缺回旗调理，其所署乌鲁木齐都统著恭镗署理。"

十二朝东华录　光绪朝（一）　P630

明发档案

光绪四年正月十二日奉旨乌鲁木齐都统著豫师署理，即行驰驿前往。未到任以前，著金运昌暂行护理。钦此。

国家图书馆历史档案文献丛刊　全国图书馆文献缩微复制中心　P168

明发头本　光绪四年春季　共三十七条　文诠谨译　徐致喜覆阅

清史稿·列传

有豫师者，字锡之，内务府汉军。进士。官至乌鲁木齐都统，以讲学为桐所倾服。

清史稿卷四百六十五　列传二百五十二　P12750

附注：考订六〇　豫师未到署

恭　镗

清史稿·表

光绪四年戊寅，署。

光绪九年癸未，十一月乙未迁。

清史稿校注

光绪四年戊寅，署。校：案德宗实录，是年正月十二日壬戌，以英翰卒，赠官，察例议恤，赐谥；十月十九日乙未，命豫师开缺回旗，乌鲁木齐都统著恭镗以乌鲁木齐领队大臣署理。

光绪九年癸未，十一月乙未迁。

章表

光绪四年　戊寅（1878）十月署

光绪九年　癸未（1883）十一月调西安将军

魏表

光绪四年十月十九日（1878，11，13）　　署

魏表

光绪五年十一月一日（1879，12，13）　　署

光绪九年十一月十八日（1883，12，17）　　调西安将军

实录

光绪四年十月乙未"命署乌鲁木齐都统西宁办事大臣豫师开缺回旗，以乌鲁木齐领队大臣恭镗署理乌鲁木齐都统"。

德宗实录（二）卷八〇P223

光绪五年十一月庚午朔"赏乌鲁木齐领队大臣恭镗二品顶戴署乌鲁木齐都统"。

德宗实录（二）卷一〇三 P529

光绪九年十一月乙未"以乌鲁木齐都统恭镗为西安将军，哈密帮办大臣长顺为乌鲁木齐都统"。

德宗实录（三）卷一七四 P426

光绪十年二月己酉"谕军机大臣等本日据长顺奏请赏假回旗葬亲一折，已明降谕旨，赏假六个月，乌鲁木齐都统令升泰署理矣。升泰著迅赴署任，恭镗著俟升泰到后再行交卸启程"。

德宗实录（三）卷一七八 P477

东华录

光绪四年十月乙未"谕西宁办事大臣豫师奏目疾加剧请开缺回旗一折，豫师著准其开缺回旗调理，其所署乌鲁木齐都统著恭镗署理"。

十二朝东华录 光绪朝（一） P630

光绪九年十一月乙未"以恭镗为西安将军，长顺为乌鲁木齐都统"。

十二朝东华录 光绪朝（三） P1599

满档

光绪六年正月十九日署理乌鲁木齐都统恭镗奏实授乌鲁木齐都统谢恩折

光绪五年十二月二十八日接到兵部来文内十一月初二日内阁抄出初一日降旨内赏恭镗二品顶戴补授乌鲁木齐都统。

光绪六年三月十二日朱批
光绪六年正月十九日具奏
4538-014　239-3394

光绪十年三月初二日新放西安将军前乌鲁木齐都统恭镗奏准其开缺回旗调理而谢恩折（原件满汉合璧）：臣今年二月二十九日在乌鲁木齐

都统职任地接到内阁抄录内光绪九年十二月十一日降旨，西安将军恭镗回旗调理。

光绪十年五月初七日朱批
光绪十年三月初二日具奏
4551-025　241-2633

光绪十年四月三十日署理乌鲁木齐都统升泰奏报接署印务日期折（原件满汉合璧）

四月二十六日升泰到乌鲁木齐，前任都统恭镗派官将乌鲁木齐都统钤印交给升泰，这一天接任。

光绪十年闰五月初六日朱批
光绪十年四月三十日具奏
4551-041　241-2736

明发档案

光绪五年十一月初一日奉旨春福、松湛均着来京当差，乌里雅苏台将军着吉和补授，色愣额着作为驻藏办事大臣，维庆着赏给副都统衔作为驻藏帮办大臣，所遗成都副都统着托克湍调补，恭镗着赏给二品顶戴补授乌鲁木齐都统，吉和、维庆均着照例驰驿前往。钦此。

国家图书馆历史档案文献丛刊　全国图书馆文献缩微复制中心 P266

户部陕西司奏稿

460　光绪十年五月二十五日议驳乌鲁木齐都统恭镗初案报销折："……查英翰三年七月到任，十二月因病出缺，奴才（恭镗）四年十二月初到署任时奏……"

《户部陕西司奏稿》卷三　P24
《清代新疆希见奏牍汇编》同治、光绪、宣统朝卷　中册
新疆人民出版社，1997年7月，P683

清史稿·列传

恭镗,字振魁,博尔济吉特氏,满洲正黄旗人,大学士琦善子。同治十年,擢奉天府府尹,坐事降。光绪三年,赏二等侍卫,充乌鲁木齐领队大臣。越二年,迁都统。九年,除西安将军,病免。

清史稿卷四百五十三　列传二百四十　P12594~12595

附注：考订六一　恭镗到署任日

考异三二　恭镗实授日

考订六二　恭镗卸任、升泰接印署理日

长　顺

清史稿·表

光绪九年癸未。

光绪十年甲申,二月己酉假。

章表

光绪九年　癸未（1883）十一月命

光绪十年　甲申（1884）二月请假八月调

魏表

光绪九年十一月十八日（1883,12,17）　　　任

光绪十年八月七日（1884,9,25）　　　调正白旗汉军都统

实录

光绪九年十一月乙未"以乌鲁木齐都统恭镗为西安将军,哈密帮办大臣长顺为乌鲁木齐都统"。

德宗实录（三）卷一七四 P174

光绪十年二月己酉"谕军机大臣等本日据长顺奏请赏假回旗葬亲一折,已明降谕旨,赏假六个月,乌鲁木齐都统令升泰署理矣。升泰著迅

赴署任，恭镗著俟升泰到任再行交卸启程"。

德宗实录（三）卷一七八 P477

光绪十年八月戊寅"乌鲁木齐都统长顺为正白旗汉军都统……以伊犁参赞大臣升泰署乌鲁木齐都统"。

德宗实录（三）卷一九一 P700

东华录

光绪九年十一月乙未"以恭镗为西安将军，长顺为乌鲁木齐都统"。

十二朝东华录　光绪朝（三）　P1599

光绪十年二月戊申"谕长顺奏请赏假回旗葬亲一折，长顺著赏假六个月，乌鲁木齐都统著升泰驰驿署理"。

十二朝东华录　光绪朝（三）　P1638

满档

光绪九年十二月二十八日新授乌鲁木齐都统长顺奏谢授乌鲁木齐都统恩折（原件满汉合璧）

十二月二十二日接到兵部来文内内阁抄出降旨乌鲁木齐都统之缺补授长顺。

光绪十年正月二十一日朱批
光绪九年十二月二十八日具奏
4550-005　241-2024

光绪十年三月十八日伊犁参赞大臣升泰奏谢署乌鲁木齐都统恩折(原件满汉合璧)

三月十一日接到军机处字寄内光绪十年二月初三日降旨，长顺处奏请赏假回旗，这一天帝准其六个月假期，乌鲁木齐都统由升泰署理。

光绪十年四月二十九日朱批
光绪十年三月十八日具奏
4551-013　241-2559

光绪十年十月二十七日伊犁参赞大臣升泰奏谢署乌鲁木齐都统事务恩折（原件满汉合璧）

光绪十年九月十九日接到兵部来文内光绪十年八月十九日内阁抄出，初八日降旨，正红满洲旗都统之缺补授额勒和布，他的正白旗汉军都统之缺调补长顺，长顺的乌鲁木齐都统之缺仍由升泰署理，长顺到任之前由本格署理。

光绪十年十二月十日朱批
光绪十年十月二十七日具奏
4553-053 242-0239

光绪十年八月初八日奉旨，额勒和布著调补正红旗满洲都统，所遗正白旗汉军都统著常顺调补，所遗乌鲁木齐都统仍著升泰署理，常顺未到任以前，著本格署理。钦此。

国家图书馆历史档案文献丛刊　全国图书馆文献缩微复制中心

清史稿·列传

长顺，字鹤汀，达呼里郭贝尔氏，隶满洲正白旗，世居布特哈。

清史稿卷四百六十一　列传二百四十八　P12724

附注：考订五八　长顺未到任
考异三三　长顺调离、升泰命署日

（升泰）

清史稿·表

光绪十年甲申，署。

章表

光绪十年 甲申（1884）二月署（十月裁缺）

魏表

光绪十年八月七日（1884，9，25）署

光绪十年九月卅日（1884，11，17）裁缺

光绪十年九月卅日新疆设省，缺裁

实录

光绪十年二月己酉"谕军机大臣等本日据长顺奏请赏假回旗葬亲一折，已明降谕旨，赏假六个月，乌鲁木齐都统令升泰署理矣。升泰著迅赴署任，恭镗著俟升泰到任再行交卸启程"。

德宗实录（三）卷一七八 P477

光绪十年八月戊寅"乌鲁木齐都统长顺为正白旗汉军都统……以伊犁参赞大臣升泰署乌鲁木齐都统"。

德宗实录（三）卷一九一 P700

光绪十年九月辛未又谕："户部等部会奏议覆刘锦棠奏统筹新疆全局一折……著照所议，添设甘肃、新疆巡抚、布政使各一员，其应裁之办事、帮办、领队、参赞各大臣及乌鲁木齐都统等缺，除未经简放有人外，所有实缺及署任各员，著俟新设巡抚、布政使到任后，再行交卸，候旨简用。"

德宗实录（三）卷一九四 P764

东华录

光绪十年二月戊申"谕长顺奏请赏假回旗葬亲一折，长顺著赏假六个月，乌鲁木齐都统著升泰驰驿署理"。

十二朝东华录 光绪朝（三） P1638

光绪十年十月壬申朔谕，"户部等部会奏议覆刘锦棠奏统筹新疆全局一折……著照所议，添设甘肃、新疆巡抚、布政使各一员，其应裁之办事、帮办、领队、参赞各大臣及乌鲁木齐都统等缺，除未经简放有人外，所有实缺及署任各员著俟新设巡抚、布政使到任后，再行交卸，候旨简

用"。

十二朝东华录　光绪朝（三）　P1812

满档

光绪十年三月十八日伊犁参赞大臣升泰奏谢署乌鲁木齐都统恩折（原件满汉合璧）

三月十一日接到军机处字寄内光绪十年二月初三日降旨，长顺处奏请赏假回旗，这一天帝准其六个月假期，乌鲁木齐都统由升泰署理。

光绪十年四月二十九日朱批

光绪十年三月十八日具奏

4551-013　241-2559

光绪十年四月三十日署理乌鲁木齐都统升泰奏报接署印务日期折（原件满汉合璧）

四月二十六日升泰到乌鲁木齐，前任都统恭镗派官将乌鲁木齐都统银印交给升泰，这一天接任。

光绪十年闰五月初六日朱批

光绪十年四月三十日具奏

4551-041　241-2736

光绪十年十月二十七日伊犁参赞大臣升泰奏谢署乌鲁木齐都统事务恩折（原件满汉合璧）

光绪十年九月十九日接到兵部来文内光绪十年八月十九日内阁抄出，初八日降旨，正红满洲旗都统之缺补授额勒和布，他的正白旗汉军都统之缺调补长顺，长顺的乌鲁木齐都统之缺仍由升泰署理，长顺到任之前由本格署理。

光绪十年十二月十日朱批

光绪十年十月二十七日具奏

4553-053　242-0239

光绪十二年三月二十四日护理乌鲁木齐都统富勒铭额奏遵旨护理乌鲁木齐都统谢恩折（原件满汉合璧）

光绪十二年三月初三日接到兵部来文内，军机处奉旨富勒铭额暂时护理乌鲁木齐都统印，三月二十一日署理都统升泰将乌鲁木齐都统钤印派官交给富勒铭额，富勒铭额这一天接职。

光绪十二年四月二十八日朱批
光绪十二年三月二十四日具奏
4558-041　242-2693

明发档案

光绪十年八月初八日奉旨，额勒和布著调补正红旗满洲都统，所遗正白旗汉军都统著常顺调补，所遗乌鲁木齐都统仍著升泰署理，常顺未到任以前，著本格署理。钦此。

国家图书馆历史档案文献丛刊　全国图书馆文献缩微复制中心

刘襄勤公奏稿

220　报都统升泰丁忧日期折　光绪十一年十二月十四日

奏为具报署都统臣奉文丁忧日期恭折仰祈圣鉴事窃：据藩司魏光焘详称，署乌鲁木齐都统升泰遣家丁报称，光绪十一年十一月初八日准兵部咨开准、正黄蒙古旗分咨称，本旗恩杰佐领下革职留任副都统衔内阁学士兼礼部侍郎衔伊犁参赞大臣署乌鲁木齐都统升泰之亲母爱新觉罗氏于本年九月初十日在京病故等，因升泰系属亲子，例应丁忧交卸回旗守制，当将都统印信封存，其应行事件暂委领队衙门代拆代行，报由迪化州申转详请具奏。并据署乌鲁木齐领队大臣富勒铭额报同前情，臣等覆核无异，所有署乌鲁木齐都统臣升泰奉文丁忧日期除分咨旗部浵查外，谨会同陕甘总督臣谭钟麟合词具奏，再此折系臣锦棠主稿合并陈明。伏乞皇太后、皇上圣鉴。谨奏

军机大臣奉旨：知道了 钦此

刘襄勤公奏稿　卷十　P21

清代新疆希见奏牍汇编　同治、光绪、宣统朝卷　上册
新疆人民出版社 1997 年 7 月　卷十　P326

221　都统员缺应否派员护理片　光绪十一年十二月十四日

再乌鲁木齐都统员缺前经奉旨裁撤，唯正议归并旗营之际，尚多应行事件，升泰现在丁忧，应否派员暂行护理印务，俾升泰得以迅速交卸回旗伏侯谕旨遵行，谨会同陕甘总督臣谭钟麟合词附奏。再此折系臣锦棠主稿，合并陈明。伏乞圣鉴训示。谨奏

军机大臣奉旨：著富勒铭额暂行护理　钦此

刘襄勤公奏稿　卷十　P22

清代新疆希见奏牍汇编　同治、光绪、宣统朝卷　上册
新疆人民出版社 1997 年 7 月　卷十　P326

清史稿·列传

升泰，字竹珊，卓特氏，蒙古正黄旗人。光绪七年，赏副都统衔，充伊犁参赞大臣，寻授内阁学士。明年，署乌鲁木齐都统，与俄罗斯定阿尔泰山边界。俄人遇事龃，升泰执原议不稍让。始受约束。十三年，改充驻藏帮办大臣。

清史稿卷四百五十三　列传二百四十　P12589

附注：考异三三　长顺调离、升泰命署日
　　　考订六二　恭镗卸任、升泰接印署理日
　　　考订六三　升泰卸署、富勒铭额接印暂护日

（富勒铭额）

满档

光绪十二年三月二十四日护理乌鲁木齐都统富勒铭额奏遵旨护理乌

鲁木齐都统谢恩折（原件满汉合璧）

光绪十二年三月初三日接到兵部来文内，军机处奉旨富勒铭额暂时护理乌鲁木齐都统印，三月二十一日署理都统升泰将乌鲁木齐都统钤印派官交给富勒铭额，富勒铭额这一天接职。

光绪十二年四月二十八日朱批
光绪十二年三月二十四日具奏
4558-041　242-2693

光绪十三年六月初八日：署理乌鲁木齐都统印务领队大臣富勒铭额奏交卸乌鲁木齐都统印务折（原件满汉合璧）：奴才今年五月初十日收到兵部转来朱批内：将乌鲁木齐都统印和乌鲁木齐领队大臣关防交给巡抚刘锦棠。

光绪十三年六月初八日具奏
光绪十三年七月十六日朱批
4563-001　243-1479

刘襄勤公奏稿

220　报都统升泰丁忧日期折　光绪十一年十二月十四日

奏为具报署都统臣奉文丁忧日期恭折仰祈圣鉴事窃：据藩司魏光焘详称，署乌鲁木齐都统升泰遣家丁报称，光绪十一年十一月初八日准兵部咨开准、正黄蒙古旗分咨称，本旗恩杰佐领下革职留任副都统衔内阁学士兼礼部侍郎衔伊犁参赞大臣署乌鲁木齐都统升泰之亲母爱新觉罗氏于本年九月初十日在京病故等，因升泰系属亲子，例应丁忧交卸回旗守制，当将都统印信封存，其应行事件暂委领队衙门代拆代行，报由迪化州申转详请具奏。并据署乌鲁木齐领队大臣富勒铭额报同前情，臣等覆核无异，所有署乌鲁木齐都统臣升泰奉文丁忧日期除分咨旗部浤查外，谨会同陕甘总督臣谭钟麟合词具奏，再此折系臣锦棠主稿合并陈明。伏

乞皇太后、皇上圣鉴。谨奏

      军机大臣奉旨：知道了 钦此
       刘襄勤公奏稿 卷十 P21
     清代新疆希见奏牍汇编 同治、光绪、宣统朝卷 上册
      新疆人民出版社1997年7月 卷十 P326

221 都统员缺应否派员护理片 光绪十一年十二月十四日

  再乌鲁木齐都统员缺前经奉旨裁撤，唯正议归并旗营之际，尚多应行事件，升泰现在丁忧，应否派员暂行护理印务，俾升泰得以迅速交卸回旗伏侯谕旨遵行，谨会同陕甘总督臣谭钟麟合词附奏。再此折系臣锦棠主稿，合并陈明。伏乞圣鉴训示。谨奏

     军机大臣奉旨：著富勒铭额暂行护理 钦此
       刘襄勤公奏稿 卷十 P22
     清代新疆希见奏牍汇编 同治、光绪、宣统朝卷 上册
      新疆人民出版社1997年7月 卷十 P326

297 前乌鲁木齐都统钤印及木质关防分别缴销片 光绪十二年七月初三日

  再臣准前护乌鲁木齐都统臣富勒铭额咨称光绪十三年六月初八日由驿具奏交卸护任日期，业经钞稿咨明在案。兹将原接光字十二号乌鲁木齐都统钤印及领队大臣木质关防各一颗一并封固，派员赍送咨请代缴等因前来，除将收到钤印一颗派弁赍缴礼部查销，并将木质关防由臣销毁外，理合附折具陈。伏乞圣鉴谨奏

       朱批礼部：知道了 钦此
       刘襄勤公奏稿 卷十三 P19
     清代新疆希见奏牍汇编 同治、光绪、宣统朝卷 上册
      新疆人民出版社1997年7月 卷十三 P420

清史稿·列传

富勒铭额，佚其氏，隶满洲镶白旗，古城驻防。乌鲁木齐陷，古城大恐。富勒铭额出与寇战，数被创。事亟，如乌里雅苏台乞援，弗应，城破，全家殉焉。富勒铭额适在外，得免于难，愤诣文麟军所，原从杀贼。红柳湾之役，以功擢防御。回扰安西，设计抗御，斩虏多，并搜治西山逸匪，尽歼之，解敦煌围，晋头品秩，赐号坚勇巴图鲁，充古城协领。西陲告宁，置屯田，修兵房。以都统恭镗荐，光绪十四年，授伊犁副都统。时游勇构哈萨克回寇边，富勒铭额遣军捕其酋，余烬悉平。十六年，署将军。

清史稿卷四百五十四　列传二百四十一　P12628

附注：考订六三　升泰卸署、富勒铭额接印暂护日

考订六四　富勒铭额卸护日

参 考 文 献

1. 上谕档.中国第一历史档案馆藏.
2. 月折档.中国第一历史档案馆藏.
3. 外纪档.中国第一历史档案馆藏.
4. 长编总档.中国第一历史档案馆藏.
5. 军机处档.中国第一历史档案馆藏.
6. 奏折档.中国第一历史档案馆藏.
7. 宫中档.中国第一历史档案馆藏.
8. 起居注册.中国第一历史档案馆藏.
9. 电报档.国家清史编纂中心藏.
10. 清史稿.北京:中华书局,1984.
11. 清实录.北京:中华书局,1985.
12. 东华录.北京:中华书局,1980.
13. 光绪政要.清宣统元年上海崇义堂铅印本.
14. 大清会典事例.清光绪二十五年石印本.
15. 皇清奏议.罗振玉刊印本,1936.
16. 皇朝经世文编.广百宋斋校印本.
17. 宫中档雍正朝奏折.故宫博物院,1982.
18. 钦定八旗通志.国家图书馆出版社,2013.
19. 八旗通志初集.国家图书馆出版社,2013.
20. 钦定皇舆西域图志.清乾隆四十七年武英殿刻本.
21. 清史列传.北京:中华书局,1928.
22. 回疆通志.1925年铅印本.

23. 中国边疆丛书:哈密志.清道光二十六年本.

24. 卫藏通志.清光绪十八年石印本.

25. 新疆图志.清宣统二年本.

26. 平定七省方略·陕甘新.北京:中国书店出版社,2000.

27. 李桓.国朝耆献类徵初编.湘阴李氏刻本.

28. 钱仪吉.碑传集.江苏书局刻本.

29. 缪荃孙.续碑传集.江苏书局刻本.

30. 闵尔昌.碑传集補.燕京大学1931年排印本.

31. 李元度.国朝先正事略.清光绪丁亥广百宋齐排印本.

32. 朱孔彰.中兴将帅别传.清光绪丁酉江宁刻本.

33. 李集等.鹤徵录.清同治十一年漾葭老屋刻本.

34. 李富孙.鹤徵后录.清同治十一年漾葭老屋刻本.

35. 徐世昌.大清畿辅先哲传.天津徐氏刻本.

36. 三十三种清代传记综合引得.哈佛燕京学社编本.

37. 增校清朝进士题名碑录.哈佛燕京学社编本.

38. 清国史馆.部院大臣年表.国家清史编纂中心藏.

39. 清国史馆.黄绫本各朝本纪.国家清史编纂中心藏.

40. 清国史馆.传包,传稿.国家清史编纂中心藏.

41. 清代官员履历档案全编.中国第一历史档案馆藏.

42. 魏秀梅.清季职官年表·京外高级职官表.台北中央研究院近代史所,1978.

43. 钱实甫.清代职官年表·驻防大臣.北京:中华书局,1980.

44. 中国第一历史档案馆,中国人民大学清史研究所,中国社会科学院中国边疆史地研究中心编.清代边疆满文档案目录.桂林:广西师范大学出版社,1999.

45. 章伯锋.清代各地将军都统大臣等年表.北京:中华书局,2004.